Peter Fenwick & Elizabeth Fenwick

Die Kunst des Sterbens

Peter Fenwick
Elizabeth Fenwick

Die Kunst des Sterbens

Warum die Seele offenbar weiterlebt und
wie man sich schrittweise auf das Sterben vorbereitet

Die erstaunlichen Berichte
eines führenden Nahtod-Forschers

Impressum:

Peter Fenwick & Elizabeth Fenwick
Die Kunst des Sterbens
Warum die Seele offenbar weiterlebt
und wie man sich schrittweise auf das Sterben vorbereitet

Titelbild: AGD Beukhof (www.istockphoto.com)
Umschlaggestaltung: Gernot Ottowitz

Titel der Originalausgabe:
The Art of Dying
A Journey to Elsewhere

Aus dem Englischen übersetzt von Rita Höner

1. Auflage 2021

in der Mediengruppe Westarp
Kirchstr. 5 - 39326 Hohenwarsleben
www.westarp.de, www.westarp-bs.de, www.book-on-demand.de

ISBN: 978-3-86617-184-8

Satz, Druck und Bindung:
Kühne & Partner Druck GmbH, Helmstedt
www.druckerei-kuehne.de, www.unidruck7-24.de

Printed in Germany.

Anmerkung der Übersetzerin und des Verlags: In diesem Buch wird die männliche Form der Ansprache verwendet. Dies ist ausdrücklich nicht diskriminierend zu verstehen und wir bitten alle Menschen, sich gleichermaßen angesprochen zu fühlen.

Inhalt

Für

Gareth und Annabelle
Huw, Carwyn und Madoc

John und Natasha
Sebastian, Oliver, Benjamin und Juliette

Tris und Kako
Cameron und Ryan

Wir werden da sein und euch begrüßen!

Der Tod ist nicht beängstigend

Vorwort zur deutschsprachigen Ausgabe

Der Tod ist eine universelle Erfahrung. Und doch scheint es in unserer westlichen Kultur Tradition zu sein, so zu tun, als würde er nie eintreten – oder zumindest nicht für uns. Wir haben eine existenzielle Angst vor dem Sterben; wir sprechen ohne Probleme über den Tod eines anderen, aber wir tun alles Erdenkliche, um zu vermeiden, über unseren eigenen Tod nachzudenken oder zu sprechen. Dies wird als Freud'sches Paradoxon bezeichnet.

Ein Teil unseres Problems besteht darin, dass wir zwar alles über den Tod wissen oder zu wissen glauben, aber tatsächlich nicht viel über den eigentlichen Prozess des Sterbens wissen. Im Laufe des 20. Jahrhunderts wurde der Tod mehr und mehr ein medizinisches Thema, sodass viel mehr Menschen in der klinischen Umgebung eines Krankenhauses starben und weniger in ihrem eigenen Zuhause im Kreis ihrer Familie. Und so haben weniger Menschen den Tod miterlebt und beobachtet, was eigentlich dabei passiert und wie die Sterbenden selbst auf das, was mit ihnen geschieht, reagieren.

In diesem Buch haben wir Berichte von Mitarbeitern aus Hospizen und Pflegeheimen in Großbritannien und in den Niederlanden gesammelt, und wir haben auch Berichte von Menschen erhalten, die eigene Familienmitglieder beim Sterben betreut haben und in deren letzten Tagen und Stunden bei ihnen waren. Als wir im Jahr 2000 mit dieser Forschung begannen, stellten wir fest, dass wir zwei sehr unterschiedliche Bilder vom Sterbeprozess erhielten. Die

Mediziner hatten ihre eigene Sicht auf das Sterben – es war hier einfach ein Abschalten, ein Ende von allem –, während die Krankenschwestern und Pfleger, die tatsächlich Zeit mit ihren Patienten verbrachten, ein völlig anderes Bild vermittelten. Letzteres deckte sich mit den Beschreibungen der Menschen, die zu Hause bei ihren eigenen Familienmitgliedern waren, während diese starben.

Die Beschreibungen all dieser Menschen geben uns ein viel deutlicheres Bild davon, wie es ist, zu sterben. Sie beschreiben Besuche, die der Sterbende von toten Verwandten erhielt, die sagten, sie würden kommen, um ihm auf seiner Reise zu helfen. Sie hören, wie die sterbende Person davon spricht, in eine andere Realität hinein- und wieder aus ihr herauszugehen – an einen Ort, an den sie eigentlich wollte und von wo sie nur ungern zurückkehren würde. Und die Erfahrungen, die sie beschreiben, haben alle eines gemeinsam. Sie sind nichts, wovor man sich fürchten müsste. Eher das Gegenteil ist der Fall. Es ist fast so, als ob der ganze Prozess beruhigend wirken soll – nicht nur für die Sterbenden selbst, sondern auch für diejenigen, die bei ihnen sind.

Wir erhielten auch viele Berichte von Angehörigen und engen Freunden der Sterbenden, die „Besuche" beschreiben, die sie von der sterbenden Person zum Zeitpunkt des Todes bekommen hatten und die ihnen immer die liebevolle und beruhigende Botschaft gaben, dass es ihr gut geht.

Covid-19 hat den Tod in den Vordergrund unseres Denkens gerückt. Viele Menschen, die sich bisher für zu jung oder zu fit gehalten haben, um über den bevorstehenden Tod nachzudenken, erkennen plötzlich, dass der eigene Tod eine Möglichkeit geworden ist und dass ein solcher Tod wahrscheinlich sehr plötzlich auf einer Intensivstation eintreten würde, wahrscheinlich sogar, wenn sie bewusstlos sind. Ohne die Zeit, sich auf den Tod vorzubereiten –

würden da auch die Erfahrungen gelten, über die wir hier im Buch berichten? Viele Menschen mit einer Nahtoderfahrung, z. B. bei einem Unfall oder einem Herzinfarkt, beschreiben nach dem Wiedererlangen des Bewusstseins, dass sie denselben Bereich der Liebe und des Lichts besucht haben, wie den, den Sterbende so oft schildern. Und das, obwohl die Menschen, denen sie dabei begegneten, nicht da waren, um ihnen auf ihrer „Reise" zu helfen, sondern um sie zurückzuschicken, weil ihre Zeit noch nicht gekommen war.

Alle Informationen, die wir haben, deuten darauf hin, dass, wie auch immer man stirbt, der Prozess des Todes derselbe bleibt.

Eine kürzlich durchgeführte Forschungsstudie der Schweizer Palliativmedizinerin Monika Renz über den mentalen Zustand von Patienten, die sich anschicken zu sterben, ergab wenig überraschend, dass Patienten, die zuvor eine Nahtoderfahrung gemacht hatten, ruhig und angstfrei dem Tod entgegensahen. Auch Menschen, die regelmäßig meditierten, zeigten eher weniger Angst. Aber der vielleicht unerwartetste Schutz, der sich uns allen bietet, ist die Neugier. Dieses Buch beschreibt ein ganzes Spektrum von Erfahrungen, die um den Zeitpunkt des Todes herum auftreten können, alle sind interessant, keine davon beängstigend.

Dies ist also die Botschaft, die Sie mitnehmen sollten: Der Tod ist nichts, wovor man Angst haben muss. Er ist wie die Geburt einer der beiden größten Übergänge in einen anderen Bewusstseinszustand, die wir in unserem Leben machen werden. Wenn Sie Ihre Beziehungen in Ordnung gebracht haben und mit sich selbst im Reinen sind, brauchen Sie nichts mehr zu tun, um einen friedlichen Tod zu erleben, außer dieser einen Sache: Seien Sie neugierig.

Dr. Peter und Elizabeth Fenwick im Januar 2021

Dank

Zunächst möchten wir allen danken, die uns geschrieben haben und bereit waren, ihre ganz persönlichen Erfahrungen mit uns zu teilen. Ihre Geschichten bilden das Herzstück dieses Buches, und wir verdanken ihnen enorm viel. Auch wenn es nicht möglich war, alle Berichte aufzunehmen, haben sie doch alle einen Pinselstrich zu dem Gemälde beigetragen, das wir zeichnen wollten. Wir danken auch den Journalisten, die uns interviewt und so Menschen auf dieses Thema aufmerksam gemacht haben, die sonst vielleicht nie daran gedacht hätten, offen über ihre Erfahrungen zu sprechen und mit uns in Verbindung zu treten. Insbesondere danken wir Danny Penman für seinen Artikel in der *Daily Mail* sowie Richard und Judy für ihre verständnisvolle Behandlung des Themas im Fernsehen.

Der Universität von Southampton danken wir dafür, dass sie die Forschungsstudie von ethischer Seite genehmigt hat: Professor Pevelar vom Institut für Neuropsychiatrie dieser Universität, der das Projekt beherbergt hat, und Shirley Firth und Tony Walter für ihren Rat und ihre Anregungen. Meine Forschungsassistentinnen Sue Brayne und Hilary Lovelace sind verantwortlich für den Erfolg der Studie bei den Betreuungsteams in den Hospizen, Pflegeheimen und Palliativeinrichtungen; ohne ihre profunde praktische Erfahrung wären wir nie zu unseren Einsichten gekommen. Ein besonderes Dankeschön gilt Dr. Sam Parnia, der uns bei der Studie helfend und unterstützend zur Seite stand. Sam und ich arbeiten auf diesem Feld seit vielen Jahren reibungslos und produktiv zusammen.

Allan Kellehear schulden wir besonderen Dank. Er hat uns auf die Bedeutung des soziologischen Kontextes hingewiesen, in dem diese Erfahrungen in verschiedenen

Kulturen und im Lauf der Geschichte stattgefunden haben; und er hat uns in Cafés in San Marino zwischen zwei Konferenzvorträgen mit der Vorstellung eines „anderswo" als möglichem Ziel der Reise bekannt gemacht.

Aufrichtig danken möchten wir dem Palliativteam des Londoner Stadtbezirks Camden, das uns die erste Gelegenheit bot, solche Erfahrungen in der Praxis zu untersuchen. Unser Dank gilt ebenso allen KrankenpflegerInnen und Seelsorgern, die sich an der Forschung beteiligten, sowie dem Phyllis-Tuckwell-Hospiz, dem Princess-Alice-Hospiz und dem Kingsley-House-Pflegeheim, wo wir unsere Forschung fortsetzen konnten und so die Wirkung der Erfahrungen auf Pflegende und Patienten noch besser verstanden.

Kapitel 1

Die Reise beginnt

Der Tod und das Sterben waren schon immer von Mythen umgeben. Die ganze Geschichte hindurch hatte jede Kultur ihre speziellen Vorboten des Todes. Der nordische Krieger, der auf dem Schlachtfeld eine prachtvolle Walküre erblickte, wusste, dass der Tod ihn erwartete. Für die Habsburger im österreichisch-ungarischen Kaiserreich waren Raben und die Weiße Frau, die vor dem Tod eines Angehörigen erschien, das Omen für drohendes Unheil. Schwarze Pferde oder die schwarzen Hunde, die als sogenannte Gabrielshunde Nordengland durchstreiften, sagen traditionell einen Todesfall voraus; auf den Philippinen schrieb man dies schwarzen Schmetterlingen zu. In Cornwall gelten Amseln als Vorboten des Todes, wenn sie über dem Haus eines Kranken kreisen. Vögel – Raben, Eulen, Amseln, weiße Kuckucke und insbesondere Krähen – spielen so oft eine Rolle in der Todes- und Sterbefolklore, dass sich kaum eine Vogelart finden lässt, die nicht in irgendeiner Nation oder Kultur als Vorzeichen eines baldigen Todes genannt wird. Van Goghs düster-unheilschwangeres Gemälde „Kornfeld mit Krähen" wurde oft als Hinweis auf seinen Selbstmord gedeutet, zum einen, weil es als sein letztes Werk galt, zum anderen wegen des Schwarms schwarzer Krähen, der auf den Betrachter zufliegt (oder von ihm weg? Die Richtung ist nicht eindeutig). Eine nette, aber unbegründete Theorie, denn „Kornfeld mit Krähen" war nicht Van Goghs letztes Bild; und einiges deutet darauf hin, dass der Künstler Krähen genauso schätzte wie alles andere in der Natur und ihnen bestimmt keine symbolische Bedeutung beimaß.

Reisegefährten

Ein anderer Überlieferungsfundus konzentriert sich auf das, was nach dem Tod geschieht – beim Übergang von dieser Welt in das, was dann kommen mag. Solche Überzeugungen erscheinen in der ein oder anderen Form in praktisch allen Kulturen und während der gesamten schriftlich fixierten Geschichte; und selbst in der Zeit davor wurden die Toten offenbar mit einer gewissen Erwartungshaltung bestattet.[1] Die Annahme, dass nach dem Tod tatsächlich noch etwas *geschieht*, ist sogar so universell, dass die reduktionistische wissenschaftliche Kultur des Westens mit ihrem unerschütterlichen Glauben an die Endgültigkeit des Todes fast alleine dasteht.

Die meisten Überlieferungen drehen sich um die Reise, die der Tote unternehmen muss, um das nächste Stadium seiner Existenz zu erreichen. In manchen Kulturen haben die Erscheinungen, die der Sterbende auf dem Totenbett sieht – die so genannten Sterbebettvisionen – offenbar eine Doppelrolle: sie sind Vorboten des Todes und Garanten für den gefahrlosen Übergang in das Leben danach.

In vielen indigenen Kulturen dienten Schamanen dem Sterbenden als Führer; sie reisten mit ihm vom Land der Lebenden ins Land der Toten. In manchen afrikanischen und indianischen Traditionen erscheint beim Sterben der Rabe, der mit seiner guten Sehkraft den Toten auf seiner letzten Reise leitet. In der griechischen Mythologie war es passenderweise Hermes, der Reisegott, der die Seele von diesem Leben in den Hades und damit das Reich der Toten führte. Die phosphoreszierenden Lichter, die in Wales ‚corpse candles' und in Irland und Nordengland ‚fetch candles', also ‚Leichen'- bzw. ‚Geisterkerzen' genannt werden und dem Volksglauben nach über den Dächern von Häusern schweben, in denen ein Tod bevorsteht, oder über dem Körper von Sterbenden erscheinen, begleiten angeblich die Seelen der Verstorbenen und erlöschen, wenn die Seele die Erde verlässt.

Einige religiöse Traditionen verfügen über komplexe Rituale, die von der Seele beim Sterben ausgeführt werden sollen. Das Ägyptische Totenbuch und die Texte auf altägyptischen Sarkophagen gaben detaillierte Anweisungen für die Reise der Seele ins nächste Leben. In der Tradition des tibetischen Buddhismus leiten Mönche die Seele des Sterbenden durch den Tod in ihre nächste Inkarnation. Bei den Christen bilden Schutzengel die traditionelle Eskorte der Seele auf dem Weg ins Paradies. Das Grab des heiligen Franz von Assisi zeigt ihn, wie er im Augenblick des Todes seine Arme einer Schar von Engeln entgegenstreckt, die zu seiner Begrüßung erschienen sind; und bei römisch-katholischen Bestattungen erklingt noch immer die alte Hymne „In Paradisum", in der die Engel dazu aufgerufen werden, die Seele in den Himmel zu begleiten.

Auch in Teilen Indonesiens sind aufwendige Bestattungen mit komplexen Ritualen noch immer erforderlich, denn man glaubt, dass die Seele bei der ersten Beisetzung noch eine Zeitlang in der Nähe der Lebenden verweilt und erst nach angemessenen Ritualen der Familie das Land der Geister erreicht. Auf der indonesischen Insel Ostsumba werden beim Tod eines Edelmanns ein Hahn und ein Pferd geopfert – der Hahn soll die Seele wecken, damit sie sich für die Reise bereit macht, und das Pferd soll die Seele auf ihrer Reise ins Land der Toten begleiten. Der Verstorbene wird prachtvoll gekleidet und in eine Hockstellung gebracht, Goldstücke und Schmuck bedecken seine Augen, seinen Mund und seine Brust. Die Praxis, mit dem Toten einen Schatz zu vergraben, hat dazu geführt, dass Gräber – vor allem solche von Königen oder wohlhabenden Personen – schon immer ein Ziel von Grabräubern waren. Der älteste bekannte Goldschmuck – er stammt aus der Zeit um 3000 v. Chr. – wurde in den Gräbern der sumerischen Königinnen Zer und Pua-bi von Ur entdeckt; die größte und wahrscheinlich bekannteste Gold- und Schmucksammlung der Welt fand man im Grab Tutanchamuns (2. Jahrtausend v. Chr.). Als sich das Christentum überall auf dem europäischen Kontinent ausbreitete, hörte man auf, die Toten mit ihrem Geschmeide zu bestatten; allerdings geht das Gerücht, Papst Johannes Paul II habe sich bei seinem Tod im Jahr 2005 ebenfalls mit einem Goldstück unter der Zunge beisetzen lassen.

Historisch sind Sterbebettvisionen in der westlichen Welt fest im christlichen Glauben an die Auferstehung und die Gemeinschaft der Heiligen verwurzelt, das heißt dem fortdauernden Einwirken der Toten auf das spirituelle Wohlergehen der Lebenden. Christlichen Berichten über das Leben der Jungfrau Maria aus dem 3. Jahrhundert zufolge erschien Christus ihr, um ihr zu sagen, dass die Stunde ihres Todes nahte, und sie in die Herrlichkeit Gottes zu führen. Auch Geschichten über frühchristliche Märtyrer und Heilige erzählen von Besuchen durch Christus, Maria oder einen anderen Heiligen, die ihnen ihren bevorstehenden Tod verkünden und sie in den Himmel geleiten. Eine der ersten schriftlichen Aufzeichnungen über eine solche Vision stammt von dem englischen Historiker Beda Venerabilis, der im 8. Jahrhundert lebte. Er schrieb über eine sterbende Nonne, die auf dem Totenbett von einem kürzlich verstorbenen heiligen Mann besucht wurde. Dieser sagte ihr, sie werde in der Morgendämmerung sterben, und so geschah es tatsächlich. Mittelalterliche Texte wie der *Dialogus miraculorum* („Dialog über die Wunder") des deutschen Mönches Caesarius von Heisterbach aus dem 13. Jahrhundert erzählen ähnliche Geschichten, aber immer in einem theologischen Kontext.

Geister und Erscheinungen

Ab dem 17. Jahrhundert wurde das Phänomen der Erscheinungen und Geister ernsthaft studiert, und im 19. Jahrhundert schließlich unterschied und beschrieb man mehrere Kategorien von Erscheinungen. Wenn etwa ein Toter – ein Geist – jemandem erschien, der gesund und wohlauf war, ging es im Allgemeinen darum, dass diesem eine Information zukam. Der Geist von Hamlets Vater zum Beispiel wollte seinem Sohn mitteilen, dass er auf üble Weise ermordet worden war. Wenn aber ein Sterbender eine Erscheinung sah, hatte das eine ganz bestimmte Absicht: Er sollte erfahren, dass sein Tod unmittelbar bevorstand, und ihm durch das hindurchhelfen, was danach kommen mochte.

Die erste Studie zu solchen Erscheinungen wurde Ende des 19. Jahrhunderts von den Parapsychologie-Forschern Gurney, Myers und Podmore durchgeführt. Ihr Buch *Gespenster lebender Personen und andere telepathische Erscheinungen,* das auf Englisch 1886 zum ersten Mal veröffentlicht wurde, ist eine faszinierende Sammlung ungewöhnlicher Erfahrungen; es enthält auch Berichte über das Erscheinen von Toten, die von normalen, psychisch gesunden Menschen gesehen wurden. Da ist zum Beispiel die Geschichte über General Albert Fytch, der, als er eines Morgens in Indien aufstand, einen alten Freund sah; Fytch nahm an, der Freund wolle ihm einen unerwarteten Besuch abstatten. Er begrüßte ihn herzlich und schickte ihn auf die Veranda, um eine Tasse Tee zu bestellen. Als Fytch sich zu ihm gesellen wollte, war der Freund verschwunden. Niemand im Haus hatte irgendjemanden gesehen. Zwei Wochen später erhielt Fytch die Nachricht, dass sein Freund 600 Meilen entfernt zu dem Zeitpunkt gestorben war, zu dem er ihn gesehen hatte.[2]

Aber erst in den 1920er Jahren weckten diese merkwürdigen Erscheinungen ernsthaftes wissenschaftliches Interesse, und der erste Versuch einer systematischen wissenschaftlichen Studie wurde von Sir William Barrett unternommen, einem Physikprofessor am Royal College of Science in Dublin. Sir Williams Interesse an dem Thema war durch eine Erfahrung seiner Frau geweckt worden, einer Gynäkologin. Lady Barrett war in den Operationssaal gerufen worden, um dem Kind einer gewissen Doris auf die Welt zu helfen (der Familienname der Frau wurde aus dem schriftlichen Bericht herausgehalten). Das Kind kam gesund zur Welt, aber Doris starb an einem Blutsturz. Lady Barrett beschrieb, wie bei der sterbenden Doris Visionen einsetzten:

> Plötzlich sah sie gespannt in einen Teil des Zimmers, und dabei erhellte ein strahlendes Lächeln ihre ganze Miene. ‚Oh, so schön, so schön', sagte sie. Auf die Frage, was sie da sehe, erwiderte sie: ‚So schönes Licht, wunderbare Wesen.' Einen Augenblick später rief sie aus: ‚Was, das ist ja Vater! Oh, er ist so froh, dass ich komme; er ist so froh. Es wäre perfekt, wenn W. [ihr Mann] auch kommen würde.'

Lady Barrett beschrieb dann, wie Doris weiter mit ihrem Vater sprach und sagte: „Ich komme" und, sich an Lady Barrett wendend, hinzufügte: „Oh, er ist ganz nah." Dann ergänzte sie noch eher verwundert: „Er hat Vida bei sich, Vida ist bei ihm."

Wegen eben dieser letzten Bemerkung nahm Sir William die Geschichte ernst. Vida war Doris' Schwester: Die beiden hatten sich sehr nah gestanden, und Vida war tatsächlich drei Wochen zuvor gestorben, was man aber Doris wegen ihres heiklen Zustandes nicht gesagt hatte. Die Tatsache, dass Doris ihre Schwester – die, soweit Doris wusste, lebendig und wohlauf war – an diesem „anderen Ort" zusammen mit ihrem Vater gesehen hatte, überzeugte Sir William davon, den Vorfall nicht als belanglos abzutun.

Er beeindruckte ihn sogar so sehr, dass er begann, ähnliche Erlebnisse zu sammeln. In seinem 1926 veröffentlichten Buch *Deathbed Visions* kam er zu dem Schluss, dass diese Erfahrungen nicht einfach die Begleiterscheinung eines sterbenden Gehirns waren, sondern stattfinden konnten, wenn der sterbende Patient luzide und bei Verstand war. Er berichtete auch über eine Reihe von Fällen, in denen medizinisches Personal oder Angehörige die Vision des Sterbenden miterlebten.[3]

Die erste umfassende und objektive Studie solcher Visionen stammt von Karlis Osis und Erlundur Haraldsson.[4] Osis führte 1961 eine Fragebogenerhebung mit 5000 Ärzten und 5000 Krankenschwestern durch; er fragte nach den Halluzinationen, die sie bei ihren todkranken Patienten beobachtet hatten. Er analysierte die 640 Antworten und teilte sie in zwei Arten von Halluzinationen ein: Visionen, in denen keine Menschen, wohl aber Natur oder Landschaft vorkamen, und das Erscheinen von Menschen, im Allgemeinen verstorbene Verwandte oder Freunde, die gekommen waren, um dem Sterbenden beim Übergang ins nächste Leben zu helfen.

Zusammen mit Professor Erlundur Haraldsson führte Osis noch zwei weitere Erhebungen durch: eine 1961–1964 in den USA, und eine 1972–1973 in Indien. Zu den interessantesten Ergebnissen gehörte die offensichtlich kulturelle Einfärbung der Reisegefährten, die in diesen „Abhol"-Visionen gesehen wurden. In der Erhebung in den Vereinigten Staaten erschienen tote Verwandte und Freunde am häufigsten, wohingegen Begleiter aus dem religiösen Bereich sehr viel seltener waren. Für die indischen Erlebnisse galt das Gegenteil: Dort waren religiöse Figuren wie etwa der *yamdoot* – der vom Gott des Todes gesandte Bote – die häufigsten Abhol-Gefährten; tote Angehörige oder Freunde erschienen kaum.

Die Visionen haben also immer kulturelle Komponenten, egal was ihr Sinn oder ihre Absicht ist. Auch innerhalb der westlichen Welt hat es im Lauf der schriftlich fixierten Geschichte offenbar Veränderungen gegeben: In den frühen Zeiten des Christentums konnte man Christus, die Jungfrau Maria oder wenigstens einen Heiligen am Sterbebett erwarten; in den Berichten aus dem 19. und 20. Jahrhundert waren die Besucher eher verstorbene Freunde oder Verwandte. Aber wer auch immer der Besucher war, die Visionen wurden immer als eine Erfahrung geschildert, die den Sterbenden extrem beruhigte.

Lebensende-Erfahrungen untersuchen

Mein Interesse an diesen Erfahrungen am Lebensende wurde durch eine Schilderung geweckt, die Pauline Drew mir schickte; sie beschrieb darin den Tag vor dem Tod ihrer Mutter:

Plötzlich sah sie zum Fenster hoch und schien gespannt zu ihm hin zu starren … Plötzlich wandte sie sich mir zu und sagte: ‚Bitte Pauline, hab nie Angst vor dem Sterben. Ich habe ein wunderschönes Licht gesehen und bin auf es zugegangen … Es war so friedlich, dass es mir sehr schwerfiel, zurückzukommen.‘ Als es am nächsten Tag Zeit für mich war, nach Hause zu gehen, sagte ich: ‚Tschüss Mama, bis morgen.‘ Sie sah mir direkt ins Gesicht und sagte: ‚Ich mache mir keine Sorgen wegen morgen, und das darfst du auch nicht, versprich es mir.‘ Leider starb sie am nächsten Morgen … Aber ich wusste, dass sie an diesem Tag, an dem ihr klar war, dass sie nur noch ein paar Stunden zu leben hatte, etwas gesehen hatte, das sie getröstet und beruhigt hat.

Ich war ein paar Jahre lang an Nahtoderfahrungen (NTE) interessiert gewesen, und Dr. Sam Parnia und ich hatten

Nahtoderfahrungen untersucht, die sich auf kardiologischen Intensivstationen zugetragen hatten und von Patienten nach einem Herzstillstand berichtet wurden.[5] Genauso wie andere Forschende[6] fanden wir heraus, dass etwa 10 % der Personen, die einen Herzstillstand überleben, berichten, sie hätten eine Nahtoderfahrung gehabt, während ihr Herz still stand. Da die Personen zu diesem Zeitpunkt de facto klinisch tot waren, hielten wir es für passender, dies nicht als „Nahtod"-, sondern als „Echttod"-Erfahrung zu bezeichnen. Echttoderfahrungen haben die gleichen Merkmale wie Nahtoderfahrungen: ein Hineingehen in Licht, die Bewegung in einen Bereich hinein, typischerweise einen ländlichen englischen Garten, und die Begegnung mit verstorbenen Angehörigen, die den Ankömmling begrüßen und manchmal zurückschicken. Am unvergesslichsten und wichtigsten für den Sterbenden jedoch sind der Frieden und die Ruhe und, wenn die Erfahrung tiefer geht, die Intensität des Mitgefühls, der Liebe und des Lichts. All dies wirkt sich positiv auf ihn aus, denn er fühlt sich geborgen und umsorgt. Und er weiß auch: Wenn er mit den verstorbenen Angehörigen mitgeht, stirbt er wirklich und kann nicht mehr zurück.

Paulines Schilderung faszinierte mich, denn erstens enthielt sie viele Elemente einer Nahtoderfahrung – das Licht, das Gefühl von Frieden, das Gefühl, dass ihrer Mutter ein flüchtiger Blick in eine andere Realität gestattet worden war, die sie ungern verließ, und das Fehlen jeglicher Angst vor dem Tod; zweitens legte der Bericht nahe, dass die Mutter nach dieser Erfahrung auf irgendeine Weise wusste, dass sie am nächsten Tag sterben würde. Das brachte mich auf den Gedanken, dass wir solche Erfahrungen nicht isoliert betrachten sollten – als etwas, das nur geschieht, wenn das Leben fast zu Ende ist –, sondern als Teil eines Kontinuums – als einen einzigen Prozess, den des Sterbens –, und dass zu diesem Prozess vielleicht auch eine Vorbereitung gehört, die in den Stunden oder sogar Tagen vor dem Tod beginnt.

Also fing ich an, mir diese Erfahrungen genauer anzusehen. Die Gelegenheit, mehr Informationen über sie zu sammeln, ergab sich nach einem Interview über Lebensende-Erfahrungen, das ich einer schottischen Zeitung gab. Die Reaktionen der Öffentlichkeit bestätigten, dass Sterbebett-Phänomene sowohl weiter verbreitet als auch unterschiedlicher waren, als ich mir vorgestellt hatte. Besonders überzeugend war die folgende Erfahrung, die vor vielen Jahren stattgefunden hatte, den Erzähler aber tief und dauerhaft beeindruckt hatte.

So um 1950 war ein entfernter Verwandter im Krankenhaus in Inverness. Es war Sonntag, und als mein Vater ihn besuchen wollte, wurde ihm gesagt, John sei an diesem Morgen um soundso viel Uhr gestorben. Die Krankenhausverwaltung fragte meinen Vater, ob er die nächsten Angehörigen informieren würde: Kate, die Schwester des Verstorbenen, und ihren Mann. Die beiden wohnten als Schafzüchter in einem relativ abgelegenen Teil von Easter Ross und hatten kein Telefon. Vater und ich fuhren die rund zwanzig Meilen die Hügelstrecke hinauf zu dem Bauernhaus, wo wir Kate begegneten, die sagte: ‚Ich weiß, warum ihr kommt – ich habe ihn rufen und ‚Kate, Kate' sagen gehört, als er gegangen ist.' Sie war sich ganz sicher und nannte uns den Todeszeitpunkt, der genau der gleiche war wie der, der vom Krankenhaus eingetragen worden war. Ich hielt es für eine unglaubliche Erfahrung und habe es nie vergessen, und das werde ich auch nie. Ich war damals ungefähr 17.

Das ist die sehr schöne Darstellung eines ganz anderen Phänomens: der „Sterbebett-Koinzidenz". Sie erinnert sehr stark an die Geschichte von General Alfred Fytch, die ich auf S. 17 erwähnte. Von einer Koinzidenz spricht man, wenn Menschen, die dem Sterbenden emotional nahestehen, von seinem Tod wissen, obwohl sie räumlich von ihm entfernt sind und unter Umständen gar nicht wissen, dass er krank war. Die Erfahrungen sind kurz und können die Form eines „Besuchs" durch den Sterbenden annehmen, der angibt, er sei gekommen, um sich zu verabschieden. Es kann sich auch nur um die plötzliche starke, rational nicht begründbare Überzeugung handeln, der Betreffende sei gestorben, oft auch hier mit dem Eindruck verbunden, er habe sich verabschieden wollen und die Erlaubnis erhalten, die Menschen zu besuchen, die er gut kennt. Die Erscheinenden zeigen sie sich im Allgemeinen bei guter Gesundheit und so, als wären sie in ihren besten Jahren. Sie sprechen selten und deuten nur an, dass sie sterben und alles in Ordnung ist.

Wer so etwas noch nie erlebt hat, wird es möglicherweise nur schwer akzeptieren können, aber das starke Gefühl, dass ein nahestehender Mensch gestorben ist, ist wahrscheinlich gar nicht so selten. Allerdings sprechen Menschen nicht gern offen darüber, vor allem weil sie fürchten, man würde ihnen nicht glauben. Erlebnisse dieser Art gehören zum sehr weiten Spektrum der Phänomene, die mit dem Sterbeprozess verbunden sind. Am häufigsten sind die Folgenden – zumindest werden sie am häufigsten berichtet.

Sterbebettvisionen

Sie sind die vielleicht am häufigsten berichteten Lebensende-Erfahrungen. Gewöhnlich werden verstorbene Angehörige gesehen, oft jemand, zu dem der Sterbende einen engen emotionalen Kontakt hatte; der Zweck der Vision scheint darin zu bestehen, dem Sterbenden durch den Sterbeprozess hindurch zu helfen. Die Visionen werden fast immer als tröstlich empfunden und scheinen eine spirituelle Vorbereitung auf den Tod anzubieten. Wie Lebensende-Erfahrungen generell werden auch sie vom kulturellen Umfeld beeinflusst. Menschen mit starken spirituellen/religiösen Überzeugungen „sehen“ möglicherweise spirituelle Erscheinungen aus dem Kontext ihrer eigenen Religion: Christen sehen Engel oder christusähnliche Gestalten, Hindus Vishnu. Die Visionen finden im Allgemeinen bei klarem oder nur mäßig beeinträchtigtem Bewusstsein statt.[7]

Manchmal geht das Erlebnis darüber hinaus: Der Besucher erscheint nicht nur im Zimmer, der Sterbende reist mit ihm auch in eine Art Zwischenrealität, die er als realer empfindet als die reale Welt und die von Licht, Liebe und Mitgefühl durchdrungen ist. In diesem Bereich erlebt der Sterbende eine Erweiterung seiner spirituellen Vorstellungen. Es kann sein, dass er Angehörige und Freunde sieht, die fast immer als tröstliche Präsenz empfunden werden und gekommen sind, um den Sterbeprozess zu unterstützen; darüber hinaus verheißen sie eine mögliche Kontinuität des Bewusstseins.

Die Mutter einer 32-jährigen Frau, die wegen Brustkrebs im Sterben lag, beschrieb mir, was in den letzten zwei oder drei Tagen im Leben ihrer Tochter geschah:

Ihr war bewusst, dass über ihrem Kopf ein dunkles Dach und ein helles Licht waren. Sie bewegte sich in einen Warteraum, in dem Wesen waren, unter anderem ihr Großvater, die ihr helfen wollten und ihr sagten, alles würde in Ordnung sein. Sie bewegte sich in diesen Bereich hinein und wieder aus ihm heraus und war sich ganz sicher, dass es kein Traum war.

Etwas verlässt den Körper

Die Wahrnehmung, dass um den Todeszeitpunkt herum etwas den Körper verlässt, ist ein kaum diskutiertes Phänomen, das von medizinischen Betreuern und vor allem

Angehörigen durchgängig berichtet wird, im Allgemeinen jedoch nur, wenn sie direkt danach gefragt werden. Die Darstellungen sind sehr unterschiedlich, aber zentral für diese Erfahrung ist, dass ein Zeuge eine Form oder einen Umriss sieht, die bzw. der den Körper verlässt, gewöhnlich am Mund, am Brustkorb oder am Kopf; wir haben allerdings auch Berichte über ein Entweichen aus den Füßen. Manchmal schwebt dieses Etwas über dem Körper, bevor es sich nach oben bewegt und durch die Decke verschwindet. Oft wird es mit Liebe, Licht, Mitgefühl, Reinheit und zuweilen himmlischer Musik in Verbindung gebracht. Nicht jeder Anwesende sieht es, die Vision ist flüchtig und ihre Wahrnehmung störanfällig: Wenn jemand den Raum betritt oder spricht, verschwindet sie oft. Jeder, der diese Erfahrung gemacht hat, vor allem wenn sie mit Liebe und Licht einhergeht, fühlt sich enorm getröstet – oft noch viele Tage und sogar Jahre nach dem Tod.

Plötzlich ging da ein sehr helles Licht von der Brust meines Mannes aus, und als dieses Licht sich nach oben bewegte, waren da eine herrliche Musik und Gesang, meine eigene Brust schien von grenzenloser Freude erfüllt, und es war, als würde mein Herz sich in die Höhe schwingen, um sich mit diesem Licht und dieser Musik zu verbinden. Plötzlich legte sich eine Hand auf meine Schulter, und eine Krankenschwester sagte: ‚Es tut mir so leid. Er ist gerade gegangen.' Das Licht und die Musik verschwanden. Ich hatte das Gefühl, dass ich um etwas gebracht wurde, und richtig im Stich gelassen.

Von einem im Allgemeinen hellen weißen Licht, das mit starken Gefühlen von Liebe und Mitgefühl einhergeht, wird oft berichtet. Manchmal teilen auch Pflegende diese Wahrnehmung, die oft über den eigentlichen Sterbeprozess hinaus anhält.

Sterbebett-Koinzidenzen

Menschen, die einem Sterbenden emotional nahestanden, berichten oft, sie hätten von dessen Tod gewusst, obwohl sie räumlich von ihm entfernt waren und unter Umständen gar nicht wussten, dass er krank war. Solche Erfahrungen dauern nur kurz an und können die Form eines „Besuchs" durch den Sterbenden annehmen oder einfach die plötzliche starke Überzeugung sein, dass dieser Mensch gestorben ist; damit verbunden ist oft das Gefühl, er sei gekommen, um sich zu verabschieden, und habe die Erlaubnis erhalten, die Menschen zu besuchen, die er gut kannte. Wenn Sterbende Verletzungen hatten, wirken sie als Erscheinung wieder ganz gesund, als wären sie in den besten Jahren. Sie sprechen selten und deuten nur an, dass sie sterben und alles in Ordnung ist.

Als ich zu Bett gegangen war … warf ich mich von einer Seite auf die andere, bis plötzlich in den frühen Morgenstunden mein Vater an meinem Bett stand. Er war lange krank gewesen, aber da stand er, in der Blüte seiner Jahre. Er sprach nicht. Meine Unruhe verging, und ich schlief ein. Morgens wusste ich … mein Vater war spät am Abend zuvor gestorben und hatte die Erlaubnis erhalten, mich auf seinem Weg ins nächste Leben zu besuchen. (Persönliche Mitteilung)

Andere „Koinzidenzen" im Zusammenhang mit dem Todeszeitpunkt haben mit Uhren zu tun, die stehenbleiben – wie in dem alten Lied „Grandfather's clock". Es gibt auch Berichte darüber, dass Tiere sich merkwürdig verhalten haben, oder dass ein Tier – etwa ein Vogel –, das für den Sterbenden besondere Bedeutung hatte, im Krankenzimmer gesehen wurde.

Als wir im Februar 2007 als Grundlage für dieses Buch herausfinden wollten, wie weit verbreitet solche Lebensende-Erfahrungen sind, erörterten wir die Studie mit dem

Journalisten Danny Penman, der beschloss, einen Artikel über sie zu schreiben. Darauf folgte fast sofort eine Einladung in die Talkshow *Richard and Judy* auf Channel 4, um solche Erlebnisse am Lebensende zu diskutieren. Die Sendung hatte ein überwältigendes Echo, und innerhalb der nächsten zwei oder drei Wochen erhielten wir mehrere hundert E-Mails und Briefe von Menschen, die selbst solche Erfahrungen gemacht hatten, oder sie als Zeuge bei sterbenden Angehörigen erlebt hatten, oder sie von Angehörigen berichtet bekommen hatten. Viele hatten über ihre Erfahrungen nie mit irgendjemandem gesprochen; sie waren extrem erleichtert zu entdecken, dass andere das Gleiche erlebt hatten. Und wann immer wir mit unseren eigenen Freunden und Angehörigen sprachen, tauchten weitere merkwürdige Geschichten auf – vom plötzlichen intensiven Gefühl eines großen Unglücks, das die beste Freundin unserer Tochter hatte, als ihr Vater 4000 Meilen entfernt starb, bis zu dem seltsamen und unerklärlichen Verhalten des Katers einer Freundin, nachdem die Tante, auf deren Schoß er gerne gesessen hatte, gestorben war.

Die Geschichten waren so verschieden wie faszinierend, aber drei Punkte kamen in den Berichten, die wir erhielten, immer wieder vor. Erstens wurden die Erfahrungen sowohl von dem Sterbenden selbst als auch von Zeugen des Phänomens als extrem tröstlich empfunden. Zweitens die Überzeugung, dass die Erfahrung weder Traum noch Wunschdenken, weder Einbildung noch drogeninduzierte Halluzination war. Und drittens waren die Berichtenden sehr erleichtert, in vielen Fällen zum ersten Mal offen über Erfahrungen sprechen zu können, die sie so stark beeindruckt hatten.

Die Geschichte von Sheena Harden war typisch. Sie begann 1968, als Sheenas Mutter gleichzeitig eine Lungen- und eine Rippenfellentzündung hatte und sehr krank war. Auf dem Höhepunkt ihrer Krankheit, als sie große Schmerzen hatte, wurde sie eines Nachts wach und bemerkte, dass jemand am Fußende ihres Bettes stand. Ein Gefühl absoluter Ruhe überkam sie, und sie erkannte, dass es ihr Vater war, der vor Kurzem gestorben war. Er lächelte ihr zu und streckte ihr seine Hand entgegen. Sie wollte mit ihm gehen und begann sich aufzurichten; aber er schüttelte den Kopf und vermittelte ihr, dass ihre Zeit noch nicht gekommen sei und ihre Familie sie brauche. Sie war sehr unglücklich darüber, denn sie wollte mit ihm gehen und keine Schmerzen mehr haben, aber er sagte ihr, wenn ihre Zeit gekommen sei, würde er da sein und sie mitnehmen. Die Geschichte hat eine Fortsetzung, die Sheena so schildert:

Zehn Jahre später, im Januar 1978, war meine Mutter im Krankenhaus und nach einer Operation sehr krank. Als ich sie eines Nachmittags besuchte, fing sie an mir zu sagen, was ich tun solle, wenn sie gegangen sei, wie ich mich um die Familie kümmern solle usw. Ich fragte sie, wohin sie gehen wolle, und sie sagte, sie werde sterben – ihre gesamte Familie habe sie an diesem Nachmittag besucht (ihre Mutter, ihr Bruder und ihre Schwester waren alle in den letzten acht Jahren gestorben) und würde im Himmel auf sie warten, und es sei Zeit für sie zu gehen. Ihr Vater habe noch einmal versprochen, ‚sehr bald' wiederzukommen und sie zu holen. Sie beschrieb, sie hätten in einem Halbkreis gestanden und alle sehr glücklich gewirkt. Sie war ganz aufgeregt darüber, dass sie sie gesehen hatte. Natürlich hat es mich ein bisschen aus der Fassung gebracht, aber eigentlich habe ich das damals nicht so richtig zur Kenntnis genommen. Mein Vater hatte die Ärzte gerade gefragt, wie es ihr gehe, und sie hatten gesagt, sie sei ‚auf dem Weg der Besserung', und auch wenn ihre Genesung dauern würde, sei sie außer Gefahr. Meine Mutter starb ganz plötzlich früh am nächsten Morgen!

In den dreißig Jahren seit ihrem Tod habe ich oft über diese Erlebnisse nachgedacht, aber in der Familie haben wir nie richtig über sie geredet. Ich erinnere mich, dass ich der Familie damals erzählte, was sie gesagt hatte; mein Vater schien mir zu glauben, und ich denke, für ihn war es ein Trost, aber mein Bruder und meine Schwester hielten nichts davon – offenbar glaubten sie es nicht. Im Lauf der Jahre habe ich es einigen guten Freunden erzählt, aber die Reaktion mancher Leute zeigte mir, dass sie mich für leicht verrückt hielten, weil ich so etwas überhaupt beachtete. Die meisten Leute meinten, meine Mutter sei beide Male mit Medikamenten vollgepumpt gewesen, und das würde ihre ‚luziden Träume' erklären. Ich für meinen Teil weiß nicht, was ich denken soll, außer dass ich manchmal wirklich glaube, dass ihre Familie ihretwegen gekommen ist, und dass sie friedlich abgeholt wurde; dann wieder frage ich mich, ob meine Mutter wegen dieser ‚Träume' aufgegeben hat, eben weil sie glaubte, sie würde sterben.

Wir werden in diesem Buch solche Erfahrungen untersuchen und prüfen, ob wir sie erklären können oder ob wir sie einfach als das akzeptieren und wertschätzen sollten, was sie offensichtlich sind: ein Trost für den Sterbenden und seine Familie. Aber sie führen auch zu einer viel umfassenderen Frage – der des Todes an sich: Ist er ein Prozess? Was bedeutet er für uns? Können wir uns auf ihn vorbereiten und geliebten Menschen helfen, einen guten Tod zu sterben?

Kapitel 2

Im Gespräch mit Pflegenden

Eine Menge Leute ... erzählen dir vielleicht nur die halbe Geschichte. Sie wollen wissen, wie du zu ihr stehst. Und je nachdem erzählen sie dir vielleicht noch ein bisschen mehr. (Eine Interviewte)

Nach jedem meiner Vorträge über die Erfahrungen am Ende des Lebens wollten Leute aus dem Publikum unbedingt ähnliche Erlebnisse aus ihrer eigenen Familie erzählen. Das kam so häufig vor, dass ich herausfinden wollte, ob die Erlebnisse auch von Ärzten und Pflegenden in Hospizen und Pflegeheimen berichtet wurden oder ob aus irgendeinem merkwürdigen Grund nur Angehörige die Phänomene bemerkten. Die (im Internet verfügbare) englischsprachige Datenbank PubMed listet Artikel aus allen großen Medizinzeitschriften auf, aber damals fand ich nur drei, die Sterbebettvisionen erwähnten. Das Phänomen war also offenbar entweder noch nicht erforscht oder von der Ärzteschaft noch keiner eigenen Kategorie zugeordnet worden. Anscheinend war dies einer der wenigen Bereiche, in denen man nach der Lektüre von zwei oder drei Aufsätzen zum weltweit führenden Experten avancierte. Abhandlungen über Palliativversorgung und Schmerzkontrolle existieren zuhauf; die mentale Verfassung des Sterbenden oder die vom ihm berichteten Visionen indes wurden kaum thematisiert. Lag das vielleicht an der Annahme, das Gehirn stelle beim Tod einfach seine Arbeit ein? Mediziner interessiert dieser Bereich kaum, weil sie meinen, sie könnten von diesem Punkt an den Prozess sowieso nicht mehr steuern und hätten nichts mehr mit ihm zu tun.

Trotz zahlreicher Einzelberichte über die Phänomene, die beim oder nahe am Todeszeitpunkt geschehen, haben Mediziner sie lange nicht zur Kenntnis genommen. Es gibt kaum Forschung darüber, wie Pflegende reagieren, wenn Patienten über solche Phänomene sprechen wollen, oder darüber, wie diese ihre Arbeit beeinflussen. Die wissenschaftliche Diskussion über Lebensende-Erfahrungen konzentrierte sich bis vor Kurzem weitgehend auf die Frage, ob sie ein Leben nach dem Tod beweisen[1]; diese Debatte wird wohl weitergehen, denn sie beruht auf subjektiven Einzelberichten. Zufriedenstellende wissenschaftliche Studien, die sich die Erfahrungen selbst genauer ansehen, sind dagegen rar: Wie häufig sind sie? Wie können wir sie erklären? Wie wirken sie sich auf den Sterbenden, seine Familie oder das behandelnde Team aus, mit dem er unter Umständen über sie sprechen möchte? Aber unabhängig von der Thematik eines Lebens nach dem Tod wird heute allgemein verstanden und akzeptiert, dass die Erfahrungen tatsächlich „spirituell" insofern sind, als sie für den Patienten einen tieferen Sinn und eine persönliche Bedeutung besitzen.[2]

Es ist immer schwierig, in Bereichen, die von Kollegen als unwichtig abgetan werden, eine Forschungsstudie auf die Beine zu stellen. Erstens muss die Studie finanziert werden, und welcher Sponsor würde schon eine Studie über das Sterben günstig beurteilen? Zweitens muss die Studie ethisch Bestand haben und etwa bedacht werden, ob es ethisch ist, einen Sterbenden zu befragen. Da in dem Bereich kaum geforscht worden war, hielten wir es für das Beste, das betreuende Team zu befragen und nicht die Sterbenden selbst. Schließlich hatte es viele Sterbende erlebt, und wenn es solche Erfahrungen tatsächlich gab, hätte es sie entweder selbst bemerken müssen oder wäre von den Angehörigen auf sie angesprochen worden. Das führte zu einem weiteren Fragenkomplex: War das therapeutische

Team darin ausgebildet, die substanziellen spirituellen Fragen des Sterbenden zu verstehen und zu beantworten? Gehörte das Wissen um die Erfahrungen am Ende des Lebens zur standardmäßigen Ausbildung der ärztlichen und pflegerischen Betreuer?

Während wir auf das Ergebnis mehrerer Finanzierungsanträge warteten, und nachdem unsere Befragung des Betreuungsteams von ethischer Seite genehmigt worden war, beschlossen wir, eine sehr einfache Pilot-Vorbefragung zu starten. Sue Brayne, eine Kollegin und Trauerberaterin, interessierte sich ebenfalls für diesen Forschungsbereich; sie hatte einen Freund, der an einem Londoner Lehrkrankenhaus mit einem Palliativteam arbeitete und vorschlug, seine Station sei der ideale Ort, um anzufangen und erste Erfahrungen in Bezug auf die Probleme zu sammeln, die bei dieser Art von Forschung auftreten konnten. Wir kontaktierten das Palliativteam und wurden gebeten, die geplante Studie vorzustellen. Das Team war sehr aufgeschlossen, hilfsbereit und entgegenkommend und einverstanden, dass, wer wollte, an der Studie teilnehmen durfte. Wir konzipierten also unsere Pilotumfrage. Unsere Interviewpartner, Profis mit viel Erfahrung in der Betreuung von Sterbenden, sollten ihre Beobachtungen in diesem Bereich professionell einschätzen – zum Beispiel, ob die Erlebnisse durch Medikamente ausgelöst sein konnten oder etwas waren, das zum Wesen des Sterbeprozesses dazugehörte. Und wir wollten den Einfluss untersuchen, den die Erlebnisse auf persönlicher und professioneller Ebene auf die Interviewten selbst hatten, einschließlich der eventuellen Wirkung auf ihre spirituellen oder religiösen Überzeugungen.

Neun Mitglieder des Betreuungsteams wurden interviewt, darunter drei Ärzte. Sie erhielten zunächst einen detaillierten Fragebogen über die verschiedenen Arten von Lebensende-Erfahrungen und wurden gebeten, diejenigen zu schildern, die sie in den vergangenen fünf Jahren miterlebt hatten. Dann führten wir einstündige Einzelgespräche mit ihnen. Die Informationen, die wir aus den getippten Transkripten der Gespräche extrahierten, wurden zusammen mit den Fragebögen analysiert.

Wir fanden heraus, dass fast alle befragten Palliativteam-Mitglieder nicht nur glaubten, dass es diese Lebensende-Erfahrungen gibt, sondern auch, dass sie relativ häufig vorkommen und als vorübergehender Bestandteil zum Wesen des Sterbevorgangs dazugehören. Auch wenn sie Lebensende-Erfahrungen für schwer erklärlich und klinisch definierbar hielten, stimmten sie darin überein, dass sie zutiefst persönliche und oft spirituelle Erfahrungen sind, die dem Patienten helfen, sich mit Ereignissen in seinem Leben zu versöhnen und sich so mit seinem Tod abzufinden.

Die positiven Ergebnisse ermutigten uns, mit weiteren Interviews in Hospizen und Pflegeheimen zu beginnen. Das Konzept blieb gleich, und eine zweite Interviewerin, Hilary Lovelace, verstärkte das Team. Sie war examinierte Krankenpflegerin, hatte außerdem viel Erfahrung mit Sterbenden und für die Macmillan-Krebshilfe in der häuslichen Krebsbegleitung gearbeitet. Uns wurde klar, dass Personen, die in der Palliativpflege arbeiteten, nicht unbedingt täglich Kontakt zu dem Sterbenden hatten, sondern diesen nur besuchten. Ihre Erfahrungen mit Sterbebett-Phänomenen waren deshalb möglicherweise begrenzter als die der Betreuungsteams in Hospizen oder Pflegeheimen, die sich täglich um den Sterbenden kümmerten.

Wir planten auch, eine Reihe von Hospizgeistlichen aller großen Religionen zu befragen. Wir evaluierten die beruflichen Beobachtungen der Interviewten zu Lebensende-Erfahrungen und zogen auch andere Ursachen für Halluzinationen in Betracht, zum Beispiel Krankheiten, Hirnschäden oder Medikamente. Wir fragten auch, wie die geschilderten Erlebnisse sich beruflich und privat auf ihr Leben und ihre spirituellen oder religiösen Überzeugungen ausgewirkt hatten. Bis jetzt haben wir über 40 Personen aus dem professionellen Betreuerkreis interviewt; die Angaben in diesem Kapitel stammen aus der Pflegeheim- und aus der Hospiz-Studie.

Unsere ersten Studien waren retrospektiv, das heißt, wir blickten in die Vergangenheit und verließen uns auf das Gedächtnis der Betreuenden; bei Abschluss der Studie lagen also keine genauen Zahlen über die Häufigkeit der Erfahrungen vor. Deshalb kehrten wir ein Jahr später in die Heime zurück, um zu sehen, wie viele Lebensende-Erfahrungen es inzwischen dort gegeben hatte. Die Situation war jetzt insofern anders, als das gesamte Betreuungsteam über diese Erfahrungen Bescheid wusste, sich offen über sie austauschen durfte und ermuntert wurde, sie schriftlich festzuhalten. Die neue, prospektive Studie sollte uns ein sehr viel präziseres Bild von der Häufigkeit der Erfahrungen ermöglichen.

Mehrere Befragte glaubten, Lebensende-Erfahrungen seien ein prognostischer Indikator für den nahenden Tod, und hielten es für notwendig, die „Sterbenden-Sprache" zu lernen, damit sie erkennen konnten, in welcher Phase der Patient gerade war; wenn sie wussten, dass das Ende nah war, wenn er mit den „Oma besucht mich"-Äußerungen anfing, wäre das für sie das Signal, verstärkt auf seine spirituellen Bedürfnisse zu achten. „Sobald ‚Oma' sie besucht hat – oder sonst etwas in der Art –, weiß ich, dass sie fast sicher im Frieden sind, wenn sie die materielle Welt loslassen, und die Gelassenheit haben, sich auf das zu freuen, was als Nächstes kommt."

Abgesehen von diesen archetypischen „Abhol"-Visionen sagten die Befragten auch ganz klar, sie hätten viele weitere, darüber hinausgehende und diskretere Phänomene beim Tod ihrer Patienten erlebt. Eine Interviewte sagte: „Es geht darum, diese physische Welt loszulassen und sich auf das vorzubereiten, was als Nächstes geschehen wird.“ Und eine andere meinte: „Ich glaube, dass auf dem Sterbebett spirituelle Veränderungen stattfinden, und manchmal kann ein Patient einfach nur sagen: ‚Mir war ganz warm. Irgendetwas hüllte mich ein, und ich fühlte mich unglaublich geborgen; ich kann es Ihnen nicht beschreiben. Ich fühlte mich einfach wohl, und ich wusste, dass alles in Ordnung sein würde.‘“ Eine andere Befragte sprach von Lebensende-Erfahrungen als einer energetischen Veränderung um das Bett des Sterbenden herum, die ein Gefühl von Wohlbefinden auslöste. Vier Interviewte aus der Pflegeheimstudie sagten, zum Todeszeitpunkt oder kurz danach habe sich die Temperatur oder die Atmosphäre im Zimmer verändert. „Manchmal wird es im Zimmer eisig kalt. Manchmal sehr, sehr heiß.“ Oft hilft es, ein Fenster zu öffnen. „Man spürt, wie etwas Ruhiges aus dem Fenster hinausgeht“, sagte eine Befragte. Eine andere beschrieb, sie habe sich „warm und angenehm“ gefühlt, als sie das Zimmer eines gerade verstorbenen Bewohners betreten habe; eine Kollegin von ihr empfand die gleiche Wärme, beschrieb sie aber „wie das Gefühl, wenn du jemandem mit Liebe begegnest, wie ein Gefühl von Wärme und Frieden … Ein Gefühl, als wäre ich mit ihm verbunden … Manchmal ist es da, wenn man sie aufbahrt – so ein Gefühl, dass du etwas für sie tust.“

Ein paar Befragte reagierten negativer. Eine sagte, sie würde Gänsehaut spüren, wenn sie das Zimmer eines gerade Verstorbenen betrat. „Es ist mir unheimlich, als wäre die Person noch da“, sagte sie.

Erscheinungen waren auch bei den Pflegeheimbewohnern nicht ungewöhnlich. Viele von ihnen berichteten, sie hätten kurz vor ihrem Tod Kinder gesehen. Drei Interviewte erzählten die gleiche Geschichte über einen Bewohner, der unerwartet im Krankenhaus gestorben war. „Ein paar Tage später sah sein ehemaliger Zimmergenosse, der kein einziges Medikament nahm, ihn in seinem üblichen Sessel sitzen. Er sah ihn und sagte den Pflegerinnen: ‚Wissen Sie was, dieser Mann ist zurückgekommen! Ja, ich weiß, dass er tot ist. Wieso sitzt er immer noch da in seinem Rollstuhl?'"

Alle Befragten unserer Studien waren überzeugt, dass Lebensende-Erfahrungen nicht durch Medikamente hervorgerufen werden. Viele, wenn nicht die meisten ihrer Patienten nahmen die gleiche Art von Medikamenten, und dem betreuenden Personal war durchaus bewusst, dass einige von ihnen Halluzinationen auslösen. Aber sie versicherten, dass medikamenteninduzierte Halluzinationen eine ganz andere Qualität besitzen als eine echte Sterbebett-Vision, und dass auch die Wirkung auf den Patienten nicht zu vergleichen ist. In Kapitel 6 werden wir uns die Unterschiede genauer ansehen.

Keiner der Befragten berichtete, seine persönlichen religiösen oder spirituellen Überzeugungen seien beeinflusst oder verändert worden, weil er Lebensende-Erfahrungen entweder selbst miterlebt hatte oder von Angehörigen über sie unterrichtet worden war.

Über Lebensende-Erfahrungen sprechen

Ein Thema tauchte bei den Interviews häufig auf: Wie wichtig es war, die Patienten dazu zu ermuntern, über ihre Erfahrungen zu sprechen. Das Betreuungsteam hielt sie nämlich für enorm hilfreich dabei, den Patienten einen friedlichen Tod zu ermöglichen. Es überrascht vielleicht nicht, dass wir herausfanden, dass die Patienten lieber mit den Pflegekräften als mit den Ärzten über ihre Erfahrungen sprachen. Wir stellten auch fest, dass viele Betreuende sich zu schlecht vorbereitet fühlten, um angemessen auf die Fragen und Sorgen der Patienten einzugehen. In unserer Palliativteam-Studie war die Zahl der uns geschilderten Lebensende-Erfahrungen im Verhältnis zur Zahl der Patienten gering; die Pflegekräfte, die wir in Hospizen und Pflegeheimen befragten, berichteten von sehr viel mehr Fällen. Der wahrscheinliche Grund: Sie hatten täglich Kontakt zu den Sterbenden und bekamen deshalb die Phänomene exakt dann mit, wenn sie stattfanden.

Unsere Interview-Partner meinten, dass viele Lebensende-Erfahrungen es immer noch nicht in die Patientenakte schaffen, und nannten dafür viele mögliche Gründe: Verlegenheit, die Angst, Angehörige zu beunruhigen oder für verrückt gehalten zu werden, fehlendes Bewusstsein der Öffentlichkeit, Verständigungsschwierigkeiten in einer multikulturellen Gesellschaft, fehlende Privatsphäre im Krankenhaus. Sie wiesen auch darauf hin, dass manche Patienten über ihre Erlebnisse vielleicht einfach nicht sprechen wollen.

Wie häufig Pflegende über Lebensende-Erfahrungen berichten, hängt zumindest teilweise auch von der Art ihres Kontaktes zu dem Patienten ab. Zum Beispiel berichtete eine Pflegende, als sie einmal in einem Hospiz Nachtdienst gehabt habe, hätten fast alle sterbenden Patienten ihr von solchen Erfahrungen erzählt. Wenn sie dagegen Hausbesuche bei Sterbenden machte, wurden ihr weniger Phänomene berichtet, wahrscheinlich weil die Beziehung eine andere war und sie die Patienten nicht in allen Fällen unmittelbar vor dem Tod erlebte.

Aufgeschlossenheit und Ehrlichkeit, die Bereitschaft zuzuhören und die generelle Akzeptanz von Lebensende-Erfahrungen wurden für besonders wichtig gehalten, wenn es darum ging, Patienten dazu zu ermuntern, über ihre Erfahrungen zu sprechen. „Ich mache es so, dass ich offen bin und meinen Patienten sage, dass es in Ordnung ist, darüber zu reden", sagte eine Interviewte. „Manche [Patienten] sind sich unsicher und fragen sich, ob es an dem

Morphin liegt. Es ist wichtig, ihnen zu versichern, dass es absolut normal ist und ziemlich vielen Leuten passiert, und die meisten Patienten empfinden das als tröstlich."

Ein anderer Befragter erläuterte, viele Patienten hätten ihn gefragt, was er selber glaube. „Ich habe kein Problem damit, über meine Überzeugungen zu reden, wenn die Patienten danach fragen. Und manchmal bringt das die Patienten dazu, vom Jenseits und solchen Dingen zu sprechen. So testen sie ein bisschen, was geht." Eine dritte Befragte meinte ebenfalls, dass Patienten erst einmal die Lage testen: „Eine Menge Leute … erzählen dir vielleicht nur die halbe Geschichte. Sie wollen wissen, wie du zu ihr stehst. Und je nachdem erzählen sie dir vielleicht noch ein bisschen mehr."

Die Palliativteam- und die Pflegeheimstudie unterschieden sich interessanterweise darin, dass kein Befragter aus dem Palliativteam eine Präsenz aus dem Jenseits oder merkwürdige paranormale Vorfälle im Zusammenhang mit dem Tod erwähnte, wohingegen alle Interviewpartner aus der Pflegeheimstudie dies zur Sprache brachten. Sie nahmen ohne Wenn und Aber hin, gelegentlich verstorbene Bewohner zu sichten, eine verstörende Atmosphäre im Zimmer von soeben Verstorbenen wahrzunehmen, Stimmen oder Schritte zu hören oder Zeuge rätselhafter Vorgänge zu sein, etwa dass Glocken läuteten oder im Zimmer des gerade Verstorbenen aus unerklärlichen Gründen das Licht an- und ausging. Der Unterschied lässt sich vermutlich so erklären: Das einem großen Londoner Lehrkrankenhaus angeschlossene Palliativteam war nicht so umfassend in die tägliche und langfristige Betreuung der Patienten eingebunden war wie das Personal im Pflegeheim; dieses verbrachte mehr Zeit mit den Bewohnern, hatte zu ihnen eine kontinuierliche, langfristige Beziehung und war auch öfter anwesend, wenn jemand starb.

Pflegenden helfen, auf die Bedürfnisse der Patienten einzugehen

Manche Patienten wollen ihre Erfahrungen nur jemandem anvertrauen, der sie voraussichtlich verstehen wird; einige wenige sind verunsichert und wollen Antworten. Für das Pflegepersonal ist es nicht immer einfach, ihnen zu geben, was sie brauchen. Wie ein Befragter anmerkte, ist es sehr viel einfacher, die Schmerzen und das Erbrechen zu behandeln als den seelischen Hilferuf. Eine Pflegende hatte das Gefühl, von ihr werde erwartet, der „neue Seelsorger am Krankenbett" zu sein, und dass ihre Ausbildung ihr in dieser Situation kein Stück weiterhalf. Viele Pflegende meinten, das sei ein Tabuthema, und sie würden nicht ernst genommen, wenn sie es ansprachen. Sie hatten das Gefühl, in der seelsorgerischen Betreuung nicht ausreichend geschult zu sein und weder über die therapeutischen Fertigkeiten noch über genügend spirituelles Wissen zu verfügen, um einerseits die Charakteristika und das Spektrum der Lebensende-Erfahrungen und andererseits deren Bedeutung für den Patienten zu erkennen.

Wenn sie dazu oder zu den spirituellen Aspekten von Tod und Sterben befragt wurden, wussten sie nicht, was sie antworten sollten; und auch wenn sie akzeptieren konnten, was man ihnen erzählte, reagierten sie oft mit Unbehagen, zuweilen auch mit Angst. Viele hatten das Gefühl, im Dunkeln zu tappen; sie wollten die Fragen und Sorgen der Patienten nicht einfach beiseite wischen, wussten aber nicht, was sie sagen sollten oder wie sie Patienten helfen konnten, die Angst vor dem Tod hatten oder bei dem Versuch, mit ihm klarzukommen, wütend oder aggressiv wurden. Seravalli[3] hat gemeint, Ärzte und Pflegende hätten oft eine negative Einstellung zum Tod, weil sie entweder selbst Angst vor ihm haben und sich mit dem Sterbenden identifizieren, oder weil sie sich auf der beruflichen Ebene ihm gegenüber als machtlos erleben. Seravalli behauptet jedoch auch, diese Gefühle könnten erträglich werden, wenn wir die besondere Welt des Sterbenden besser verstehen.[4] Die Pflegenden jedenfalls wollten Empfehlungen, wie sie die „Sterbenden-Sprache“ erkennen und einen „geschützten Raum“ schaffen konnten, in dem Sterbende offen und ehrlich über ihren bevorstehenden Tod sprechen konnten. Sie schlugen vor, ein spezieller, „multi-religiöser“ Krankenhaus-Seelsorger solle für alle Patienten und das medizinische Personal zur Verfügung stehen.

Auf der konkretesten Ebene haben unsere beide Studien gezeigt, dass die meisten Mitglieder von ärztlich-pflegerischen Betreuungsteams sich wünschen, es würde allgemein anerkannt, dass Sterbebett-Erfahrungen existieren und für den Sterbenden große Bedeutung haben. Sie möchten offen über sie sprechen können und halten es für notwendig, durch zusätzliche Schulung mehr über die Merkmale und die spirituelle Bedeutung solcher Phänomene zu erfahren. Sie glauben, Patienten besser durch den Sterbevorgang begleiten zu können, wenn sie sie ermutigen, über ihre Erlebnisse zu sprechen.

Kapitel 3

Sterbebettvisionen

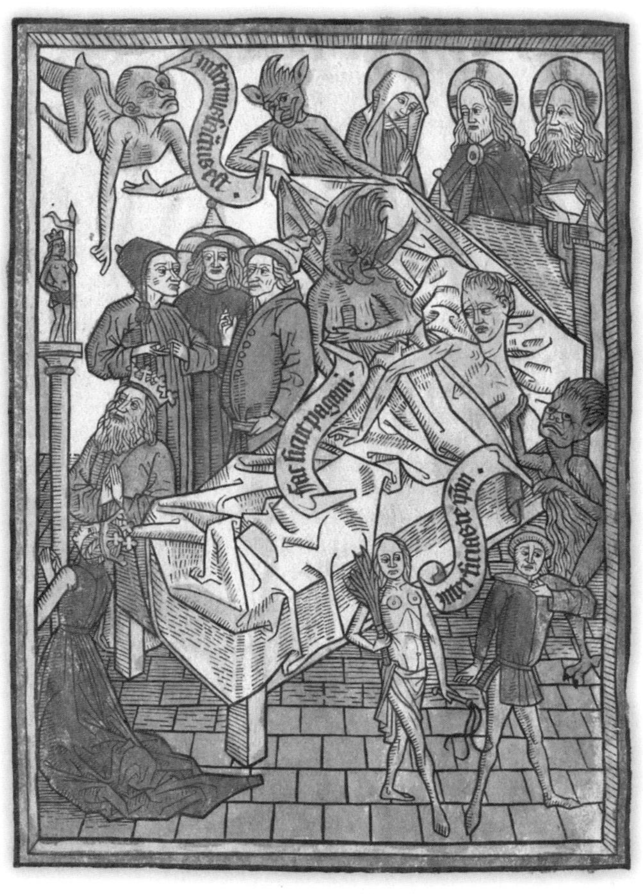

Versuchung im Glauben

Ich bin froh, dass Sie diese Studie machen. Ich glaube, dass wahrscheinlich viele Leute solche Visionen haben, es ihnen aber zu peinlich ist, sie irgendjemandem zu erzählen, damit man sie nicht für verrückt hält! (Eine Teilnehmerin an unseren Umfragen)

Ärzte haben Sterbebettvisionen weitgehend ignoriert, obwohl sie Pflegenden und Angehörigen von Sterbenden durchaus bekannt sind und von ihnen berichtet werden – siehe vorheriges Kapitel.

Die folgende faszinierende und detaillierte Darstellung stammt von Barbara Cane; sie zeigt ganz klar die Parallelwelten, die Sterbende offenbar gleichzeitig bewohnen können. Barbara beschreibt die letzten Tage ihrer 90-jährigen Mutter, die Weihnachten 2005 im Krankenhaus an einer Lungenentzündung starb. Als verschiedene Angehörige sie besuchten, konnte sie sich ganz ruhig und klar mit ihnen unterhalten und war geistig „voll da". Sie sprach mit ihrem Enkel über dessen Zukunftspläne, wie stolz sie auf ihn war und wie sehr sie wünschte, er möge sich in einer so guten Partnerschaft wiederfinden, wie sie sie gehabt hatte. Während des ganzen Gesprächs wurden ihre Herztätigkeit und die Sauerstoffsättigung überwacht; beides blieb konstant.

Er (ihr Enkel) war etwa eine Stunde bei ihr, und im Verlauf dieser Zeit erwähnte sie gelegentlich, sie wisse, dass Leute über sie wachten; sie seien in den Gärten um das Krankenhaus herum. Sie konnte sie nicht beschreiben, weil sie hinter den Büschen waren, aber sie wusste, dass sie da waren, um ihr zu helfen, ‚wenn sie den letzten Schnaufer tat'. Sie sagte meinem Sohn, sie würde auch ‚Papa' (wie sie meinen Vater immer genannt hatte) im Krankenzimmer sehen, und das würde sie nicht stören. Mein Sohn warf einen Blick auf die Überwachungsmonitore und sah keine anomalen Schwankungen der Messwerte. Dann redete sie wieder ganz normal mit ihm.

Als wenig später meine Tochter eintraf, verlief der Besuch ebenfalls gut. Die Rückmeldungen von den Monitoren waren unauffällig und konstant, und wenn sie von ‚diesen Leuten' sprach bzw. diese sah, blieben der Herzrhythmus und die Sauerstoffsättigung unverändert. Jetzt waren ‚die Leute' auf der Station, aber in der Nähe der Fenster. Meine Mutter war ganz ruhig und erläuterte, sie wisse, dass meine Tochter sie jetzt nicht sehen könne, das aber verstehen würde, wenn ‚ihre Zeit käme'. Sie winkte ‚diesen Leuten' ruhig zu, sprach mit ihnen und stellte sie meiner Tochter vor, als würden sie mit ihr sprechen. Dann redete sie wieder über Weihnachten und andere alltägliche Dinge. Nach einer Stunde kam ich dazu, und wir unterhielten uns zu dritt. Meine Mutter erzählte von meinem Leben und erinnerte sich lebhaft an viele Situationen und Ereignisse. Sie sprach mit mir über meine Zukunft und nahm dabei immer wieder auf ‚diese Leute' Bezug, die jetzt am Fußende ihres Bettes standen. Sie sagte uns, am nächsten Tag würde sie nicht da sein, weil ‚diese Leute sie abholen und auf eine Reise mitnehmen würden, wenn sie den letzten Schnaufer tat'. Angesichts ihrer Kommentare wurde uns ein bisschen unheimlich, aber sie war ganz entspannt.

Etwa um 5 Uhr nachmittags saßen „diese Leute" neben ihrer Enkelin auf ihrem Bett, und sie führten ein Dreiergespräch, bei dem meine Mutter als Vermittlerin fungierte. Dann schickte sie die Enkelin mit den Worten weg, sie solle gehen und es sich gut gehen lassen, es sei schließlich Heiligabend. Die Enkelin verließ die Station, wartete aber auf dem Parkplatz auf ihre Mutter.

Ich kam etwa eine Dreiviertelstunde später dorthin, und zusammen gingen wir wieder auf die Station. Die Vorhänge um ihr Bett waren zugezogen. Wir sahen auf den Monitor; er zeigte einen wirklich hohen Blutdruck und eine Sauerstoffsättigung von etwa 80 Prozent. Wir gingen sofort zum Schwesterndienstzimmer, wo wir feststellten, dass sie gerade dabei waren, uns anzurufen.

Sie wollten uns bitten, ins Krankenhaus zurückzukommen, weil meine Mutter einen ‚Anfall' gehabt hatte, wahrscheinlich einen Herzinfarkt; sie warteten auf den Arzt. Wir gingen wieder zu ihrem Bett, und eine Schwester nahm ihre Hand, um sie aufzuwecken. Sie machte die Augen auf – schien aber nicht wirklich zu sehen – und sagte ‚Ich hatte ein sehr schönes Leben' und dann schloss sie die Augen. Wir riefen meinen Mann und meinen Sohn an, damit sie wieder ins Krankenhaus zurückkamen, und waren alle an ihrem Bett, als sie um 21 Uhr 55 am Heiligen Abend friedlich starb.

Ihre Ruhe, ihr Wissen um ihren baldigen Tod und der Gedanke, dass sie mit dem allen im Frieden war, waren für uns ein großer Trost. Wir glauben, dass es wahrscheinlich einen medizinischen Grund gibt, aus dem Sterbende halluzinieren – Toxine im Gehirn, Medikamente oder das Fehlen bestimmter chemischer Stoffe im Blut –, aber es war doch seltsam, dass all dies während einer ganz normalen Unterhaltung passierte und sie so viel über ihren kurz bevorstehenden Tod wusste – bis hin zu dem Detail, dass sie meine Tochter aufforderte zu gehen, damit sie nicht da wäre, wenn sie ‚ihren letzten Schnaufer' täte.

Interessant ist, dass „diese Leute" ihr immer näher kamen, je näher ihr Tod rückte: Erst waren sie im Garten hinter den Büschen, am Schluss saßen sie auf ihrem Bett. Bemerkenswert war auch, dass die „reale" Welt, in der die Sterbende sich ganz vernünftig mit ihrer Familie unterhielt, nahtlos in jene andere Realität überging, in der sie mit „diesen Leuten" sprach. Und sie war absolut in der Lage, zwischen den beiden nebeneinander existierenden Realitäten zu unterscheiden; sie wusste, dass nur sie diese Leute sehen konnte. Andere würden das erst verstehen, wenn ihre Zeit gekommen war. Und schließlich bekam sie offenbar von ihren Besuchern verlässliche Informationen, denn sie wusste, dass sie am nächsten Morgen mit ihnen auf ihre „Reise" gegangen sein würde.

Obwohl solche Visionen die am häufigsten berichteten Erfahrungen am Lebensende sind, existieren kaum Studien über dieses Phänomen. Die umfassendste ist die (auf S. 19) erwähnte Untersuchung von Karlis Otis und Erlundur Haraldsson.[1] Bei ihrer 1959–60 durchgeführten Pilotstudie händigten sie 5000 Ärzten und 5000 Krankenschwestern einen Fragebogen aus. 640 (6,4 %) von ihnen antworteten, und mit 190 wurde anschließend ein persönliches Gespräch geführt. Die beiden führten zwei weitere Umfragen durch, eine 1961–64 in den USA und eine 1972–73 in Indien.[2] Sie ergaben, dass die meisten Erfahrungen bei klarem Bewusstsein stattfanden und die „Abhol"-Visionen stark kulturell eingefärbt waren. Bei der Umfrage in den USA holten überwiegend verstorbene Angehörige oder Freunde den Sterbenden ab (70 Prozent der Fälle). Lebende Personen erschienen sehr viel seltener (17 Prozent der Fälle) und religiöse Figuren noch seltener (13 Prozent der Fälle). In der Indien-Umfrage holten überwiegend religiöse Gestalten wie der *yamdoot* (der Bote des hinduistischen Todesgottes) den Sterbenden ab – er wurde in 50 Prozent der Fälle beschrieben. In nur 29 Prozent erschienen verstorbene Verwandte oder Freunde und in 21 Prozent lebende Personen. Unsere Befragungen ergaben ein sehr ähnliches Muster wie die US-Umfrage, allerdings wurden religiöse Figuren noch seltener gesehen (in 2 Prozent der Fälle; Angehörige 70 Prozent; Willkommens- oder Wiedererkennungsgesten 28 Prozent). In nur etwas mehr als einem Viertel unserer Fälle wurde das Erscheinen eines Besuchers von den Anwesenden vermutet, weil der Sterbende sich verhielt, als könne er jemanden sehen, oder zum Zeichen des Wiedererkennens lächelte, oder wie zur Begrüßung die Arme ausstreckte. Fast immer waren die Besucher Angehörige oder enge Freunde. Fremde wurden selten gesehen, und wenn doch, wurden sie von den anwesenden Verwandten oft als lange verstorbene oder nicht wiedererkannte Angehörige interpretiert.

Vom Erscheinen lebender Personen wurde uns nicht berichtet. Obwohl Menschen mit starkem christlichem Glauben Erscheinungen aus dem Umfeld ihrer Religion „sahen“, kam dies relativ selten vor. In der christlichen Tradition etwa führen normalerweise Schutzengel die Seele ins Paradies. Engel erschienen jedoch nur ein paar Mal; in einem Fall wurden sie von einem rosafarbenen Licht begleitet, in einem anderen hörte jemand Engel singen, bevor er starb. Der Vater von Chris Alcock verhandelte mit den Engeln um einen Aufschub seines Todes – so eine Zeugin. Chris fuhr von Glasgow nach Gloucester ans Sterbebett seines Vaters, als das Auto eine Panne hatte und die Reise sich verzögerte. Seine Schwester brachte dem Vater die Nachricht, dass er später käme. Und dann:

Meine Schwester hörte, wie Papa ziemlich aufgebracht mit jemandem in seinem Zimmer sprach. Sie fürchtete, eins ihrer Kinder sei hineingegangen und habe ihn verärgert, und deshalb ging sie nachsehen, was los war. Aber da war nur Papa in seinem Bett. Meine Schwester fragte ihn, mit wem er reden würde. Er antwortete: ‚Ich hab den Engeln gesagt, ich wäre noch nicht so weit!‘ Er wusste, dass ich kommen würde, und war entschlossen, am Leben zu bleiben, bis ich ihn gesehen hatte.

Sterbebettvisionen hängen eindeutig nicht davon ab, ob jemand religiös ist oder nicht – offenbar verwirren und erstaunen sie Gläubige genauso wie Nichtgläubige. Chris Alcock kommentiert das obige Erlebnis und ein weiteres (siehe S. 58) folgendermaßen: „Alle Beteiligten (einschließlich mir) sind und waren praktizierende Katholiken, aber solche Phänomene haben nichts mit unserem Glauben zu tun. Wir waren genauso überrascht wie jeder andere es wäre, egal welchen Glauben er hat, und auch wenn er überhaupt keinen hat."

Ein anderer Mann, der uns schrieb, erzählte uns vom Tod seiner betagten Tante, die ihr Leben lang zutiefst davon überzeugt gewesen war, dass mit dem Tod alles aus ist. Die beiden hatten oft darüber diskutiert, denn er selbst hatte immer bezweifelt, dass der Tod etwas Endgültiges ist. Als sie im Sterben lag, bat sie darum, kurz allein mit ihrem Neffen sprechen zu dürfen. „Bert", sagte sie ihm, „ich muss zugeben, du hattest recht."

Es ist interessant, wie oft solche Erfahrungen Erwartungen erschüttern. Judy Whitmore, die 33 Jahre als Krankenschwester gearbeitet hat und mit Sterbebettvisionen bestens vertraut ist, erzählte uns, sie habe einmal eine Freundin gepflegt; deren Wahrnehmungen entsprachen letztendlich gar nicht dem, was sie vorher über das Jenseits geglaubt hatte.

Ich pflegte meine Freundin, die die klare Meinung hatte, dass es ein Leben nach dem Tod nicht gibt. In ihren letzten Stunden wurde sie sehr ruhig; von Zeit zu Zeit tauchte sie aus ihrer Bewusstlosigkeit auf und sagte klar und zufrieden Sätze wie ‚Bald werde ich es wissen', ‚Los jetzt, macht schon, ich bin jetzt so weit', und ‚Es ist so wunderschön'. Nach diesen Sätzen fiel sie sofort wieder in die Bewusstlosigkeit zurück. Ganz offenbar war sie zufrieden, glücklich und mit sich im Reinen. Für ihren Partner und mich war es eine wunderbare Erfahrung.

Auch wenn für Sie solche Visionen nichts anderes sind als das Produkt eines sterbenden Gehirns, sind sie doch für den, der sie hat, eindeutig wertvoll. Ivan Martins Frau etwa erzählte ihm ungefähr einen Monat vor ihrem Tod oft, sie habe am Fußende ihres Bettes ganz deutlich ihre Mutter gesehen, die als junge Frau erschien:

Ich sagte: ‚Bist du sicher, dass du nicht träumst?', worauf sie erwiderte: ‚Ich kann einen Traum von dem unterscheiden, was ich gesehen habe.' Sie wirkte sehr glücklich und wollte nicht viel mehr sagen, aber ich hatte das Gefühl, dass das Erlebnis eine sehr beruhigende Wirkung auf sie hatte. Ich verbinde mit dem Ganzen nichts Übernatürliches, denn im Hinblick auf solche Ereignisse bin ich ein ziemlicher Zyniker. Ehrlich gesagt bin ich Atheist. Ich denke, dass es nicht mehr gibt als das, was im Kopf eines Menschen vor sich geht, und dass in ihm alles ist, was unser Wesen ausmacht. Wenn wir sterben, ist da nichts mehr.

Herr Martin fragte auch, warum nur relativ wenige Menschen diese Erfahrungen machen. Nun, das liegt zum Teil daran, dass wir eigentlich immer noch nicht wissen, wie verbreitet sie sind, obwohl Berichte von Mitarbeitern im Palliativ- und Pflegebereich (Kapitel 2) sowie die Reaktionen aus der Öffentlichkeit nahelegen, dass sie wahrscheinlich häufiger sind als gedacht. Beobachter schließen oft aus dem Verhalten des Sterbenden, dass er eine Vision hat, nicht so sehr aus dem, was er sagt – oft kann er in dieser Phase gar nicht mehr sprechen. Aber vielleicht verändert sich sein Ausdruck – das Gesicht hellt sich auf, als hätte er jemanden gesehen, den er erkennt und liebt, oder er wendet sich einer unsichtbaren Präsenz zu. Was jemand erlebt, der unmittelbar vor dem Tod bewusstlos ist, oder ob er überhaupt irgendetwas erlebt, können wir natürlich nicht wissen. Studien über Nahtoderfahrungen legen allerdings nahe, dass auch diese Menschen etwas Ähnliches erleben könnten (siehe Kapitel 12).

Absolute Realität

Was sind die Hauptmerkmale dieser Visionen? Alle Zeugen stimmen darin überein, dass sie im realen Raum stattfinden. Anwesende Krankenschwestern oder Angehörige bemerken oft, dass der Sterbende im Augenblick des Todes starr in eine bestimmte Zimmerecke blickt, oder eine Hand ausstreckt, als käme jemand auf ihn zu, oder mit den Augen jemandem folgt, der anscheinend im Zimmer herumgeht. Die Frau eines Patienten von mir, der wegen eines Gehirntumors im Sterben lag, gab mir diese Darstellung von den letzten Augenblicken ihres Mannes:

Er glitt in die Bewusstlosigkeit ab. Als ich ihn ansah, blickte er starr auf irgendetwas vor sich. Auf seinem Gesicht breitete sich langsam ein Lächeln aus, als würde er jemanden wiedererkennen und grüßen. Dann entspannte er sich friedlich und starb.

Keiner der Berichte beschreibt, die Augen des Sterbenden seien ziellos im Zimmer herumgewandert. Immer scheint er zu einer bestimmten Stelle hinzusehen, auf die er seine ganze Aufmerksamkeit richtet. Die folgenden Darstellungen sind typisch für viele.

Ich sah auf und stellte fest, dass die Augen meiner Mutter weit geöffnet waren. Zuerst dachte ich, sie sei wachgeworden, und beeilte mich, an ihr Bett zu kommen. Sie starrte direkt vor sich, auf eine Stelle ungefähr da, wo die Wand die Decke trifft. Ich beugte mich über sie, um ihren Blick aufzufangen, aber sie starrte weiter geradeaus. Ich sagte nur: ‚Wo schaust du hin, Mutter?', ohne eine Antwort zu erwarten. Mir dämmerte, dass sie jemanden ansah, mit dem sie verabredet war und der jetzt da war.

Mein Bruder war im Krankenhaus und lag wegen eines Emphysems im Sterben. Er hatte sehr große Schwierigkeiten mit dem Atmen, als das plötzlich aufhörte und die Atmung ganz normal wirkte. Er sah in einem Winkel von etwa 45 Grad nach oben und lächelte breit, wie zu etwas oder jemandem hin: Er wandte sich mir zu und starb plötzlich in meinen Armen. Bis heute bin ich überzeugt, dass er mir sagen wollte, was er gesehen hatte.

Diese wenigen Sekunden vor seinem Tod werden mir immer im Gedächtnis bleiben, es war so beeindruckend.

Ihre Augen waren weit offen, und sie fuhr fort, auf dieselbe Stelle zu starren. Das dauerte ungefähr 12 Minuten. Ich rief die Stationsschwester, und sie sagte mir, ich solle den Rest der Familie kontaktieren. Als meine Frau und ich auf meine Mutter herunterblickten, wurde ihr Atem flacher. Sie schloss die Augen, und ein paar Sekunden später starb sie.

Manche Berichte sprechen auch davon, dass der Sterbende das Bett verlässt, als wollte er versuchen, mit der Vision mitzugehen. Die Erscheinungen wirken so real, dass oft beobachtet wird, wie der Sterbende mit ihnen interagiert und von den Anwesenden erwartet, es ihm gleichzutun. Die ambulant arbeitende Krankenschwester und Hebamme Hilary Froude war eine von vielen Pflegenden, die uns erzählten, im Verlauf ihrer Tätigkeit sei sie bei vielen Sterbebettvisionen dabei gewesen.

Mit einer Kollegin besuchte ich einen Patienten – wie gewöhnlich etwa um vier Uhr nachts. Der Mann wollte, dass jede sich auf eine Seite seines Bettes stellte, denn er wollte uns dafür danken, dass wir uns um ihn gekümmert hatten. Er sah dann über meine Schulter Richtung Fenster und sagte: ‚Wartet, ich bin gleich bei euch, ich möchte mich nur noch bei diesen Schwestern bedanken, die sich um mich gekümmert haben.' Der Patient wiederholte das noch ein paar Mal, und dann starb er!

Der folgende Bericht beschreibt ebenfalls, wie jemand, der seit einem schweren Schlaganfall in einem halb bewusstlosen Zustand war, in seinen letzten Tagen auf irgendeiner Ebene mit etwas oder jemandem zu kommunizieren schien. Seine rechte Seite war gelähmt, und er konnte weder sprechen noch sehen. Er konnte nur den Kopf und die Augen bewegen, und den Arm, die Hand und das Bein auf der linken Seite.

Ungefähr vier oder fünf Tage vor seinem Tod fanden eindeutig so etwas wie letzte Begegnungen statt. Am Ende schüttelte er systematisch jedem die Hand; es gab mindestens drei [wahrgenommene Personen]. Als er der letzten Person die Hand schütteln wollte, kam er sehr nahe an mich heran. Ich saß seitlich auf dem Bett. Ich bewegte meine Hand nach oben, er ergriff sie, als wolle er sie schütteln, merkte dann, dass es nicht die richtige war, schob meine Hand ziemlich energisch weg, warf mir einen Blick zu, der besagte ‚Wie kannst du es wagen?', und schüttelte dann die Hand, die er hatte schütteln wollen, wem auch immer sie gehören mochte …

Am [folgenden] Tag sagte er sein letztes Lebewohl; es war sehr bewegend. Irgendwie schaffte er es, meinen Kopf nach unten zu ziehen, sodass er zwischen seinem Kopf und seiner Schulter lag, und umarmte und küsste mich so wundervoll wie nie. Bei einem Mann, der körperlich so beeinträchtigt war und weder ‚sehen' noch sprechen konnte, machte mich das sprachlos, und ich war tief gerührt.

Drei Tage später fiel er ins Koma … Beim letzten Ausatmen drehte er den Kopf zum Fenster und öffnete langsam die Augen, die von einem so stechend leuchtenden Blau waren, wie ich es noch nie gesehen hatte. Nach ein paar Sekunden wurde die Farbe wieder blasser, normal, und er schloss die Augen wieder.

Teresa Whichello erlebte etwas Ähnliches mit ihrer sterbenden Mutter:

Als meine Mutter Krebs hatte und meine Schwester und ich sie zu Hause pflegten, sprach sie zwei Tage vor ihrem Tod ganz vernünftig mit uns, als sie plötzlich zur Wand am Fußende ihres Bettes sah und sagte: ‚Winkt mal eurem Vater zu, Mädchen, er verabschiedet sich von uns.' (Mein Vater war sechs Wochen zuvor gestorben.) Meine Schwester und ich hatten von solchen Sichtungen schon gehört und winkten also unserem Vater zu, obwohl wir ihn nicht sahen, und sagten: ‚Tschüss Papa'. Viel mehr sagte sie uns nicht, denn dann wurde sie bewusstlos, bevor sie starb.

Barry Fletcher beschreibt den Tag, an dem sein Vater starb, so:

Wir waren alle um sein Bett herum und hielten seine Hände, streichelten seine Arme und gaben ihm die Liebe, die eine Familie geben kann. Ich war am Fußende des Bettes, wo die Tür war; er winkte mich mit der Hand zu sich, ich ging zu ihm, er sagte etwas, das ich nicht ganz verstand; er blickte weiter auf die Türöffnung am Fußende seines Bettes und redete, als würde da jemand stehen, dann winkte er mit der Hand wieder Richtung Tür, als würde er jemanden hereinbitten. Inzwischen war er ganz ruhig, seine Atmung wurde flacher und langsamer, und schließlich starb er: Sein Blick und seine Hand wiesen immer noch zur Tür. Wir meinen alle, dass er wartete und sich von uns verabschieden wollte, und dass entweder seine Mutter, sein Vater, sein Bruder oder alle zusammen ihn abholen wollten.

Rachel Scarott erzählte eine ähnliche Geschichte. Ihr Vater hatte Krebs. In seinen letzten Wochen war er zu krank, um zu Haus versorgt zu werden, und musste in ein Hospiz gebracht werden.

Am Tag vor seinem Tod ging ich in sein Zimmer, und er fragte mich, wer die Frau sei, die bei mir war. Ich fing an, ihm zu sagen, dass da niemand bei mir war, aber dann änderte ich meine Geschichte und sagte ihm, sie würde bald gehen, denn ich sah, dass er davon überzeugt war, dass ich nicht allein war. Anfangs schob ich es auf die vielen Medikamente, die ihm gegeben wurden. Am selben Nachmittag kam auch mein Bruder dazu, und plötzlich wollte Papa, dass man ihn aufsetzt. Er hatte seit ein paar Tagen nicht viel gesprochen, schien aber jetzt genau zu wissen, was passierte. Ich fragte ihn, ob er sich unwohl fühle, und er sagte: ‚Nein‘, aber die Frau ging offenbar um ihn herum. Ich setzte ihn ein bisschen auf, aber er versuchte, den Kopf zu drehen und zu sehen, ob es dieser ‚Frau‘ gut ging. Ich sagte ihm, die Frau sei vorbeigegangen, und alles sei in Ordnung. Sein Blick wanderte ein paar Sekunden um das Bett herum, und dann entspannte er sich. Es waren die letzten Worte, die er zu mir sprach, denn am nächsten Morgen starb er.

Mein Bruder und ich sagten ein paar Stunden nichts dazu, bis ich ihn fragte, ob es unsere Mutter gewesen sein könnte. Mein Bruder, der für seine Sachlichkeit bekannt ist, meinte, genau das habe er auch gedacht. Meine Mutter war vor fast sechs Jahren gestorben, mit Alzheimer, und mein Vater hatte sie fast sieben Jahre lang betreut. Ich würde gerne glauben, dass sie es war, und fände es schön zu wissen, dass die beiden wieder gesund vereint sind.

„Wie schön, dass du gekommen bist“

Wie reagieren Sterbende auf ihre Besucher? Die Erscheinungen sind fast immer willkommen, und der Sterbende reagiert interessiert und froh.

Meine Oma setzte sich plötzlich im Bett auf und lächelte. Sie sagte: ‚Ich gehe jetzt, und hier sind Papa und George, die gekommen sind, um mich zu begrüßen.‘ Dann starb sie ruhig und mit einem breiten Lächeln. Meine Mutter wird es nie vergessen.

Eine Gemeindeschwester erzählte uns die folgende typische Geschichte von einer 80-jährigen Frau, die sie einmal wöchentlich besuchte, um die pflegenden Angehörigen zu unterstützen und zu beraten.

Irgendwann wurde sie schwächer und war nur noch halb bei Bewusstsein; sie reagierte nur noch auf Reize, die Schmerzen auslösten. Sie starb, und am nächsten Tag ging ich zu der Familie, um zu helfen. Die Tochter sagte, ihre Mutter habe friedlich da gelegen, sich mit einem strahlenden Lächeln plötzlich kerzengerade aufgerichtet und gesagt: ‚Joe, wie schön, dass du gekommen bist.' [Joe war ihr verstorbener Mann.] Dann legte sie sich wieder hin und starb kurz darauf. Die Tochter, ein sehr vernünftiger, praktisch veranlagter Mensch, glaubte wirklich, dass ihr Vater zu Besuch gekommen war.

Dass die Gemeindeschwester, die die Tochter als absolut bodenständige und glaubwürdige Zeugin kannte, uns diese Episode aus dritter Hand erzählte, zeigt, wie plausibel sie für die Tochter gewesen sein muss. Dies ist auch einer der vielen Fälle, in denen ein komatöser oder bewusstloser Patient unmittelbar vor dem Tod einen plötzlichen luziden Moment erlebt. Die Frau, die vorher nur auf Schmerz auslösende Stimuli reagiert hatte, raffte sich plötzlich auf, setzte sich gerade hin und erkannte und begrüßte ihren Besucher.

In den allermeisten Fällen wird der Besucher als tröstliche Präsenz empfunden, die beim Sterbeprozess helfen und über die Schwelle des Todes geleiten soll. Sehr oft erscheint er als – im Allgemeinen angenehme – Überraschung.

Er sah Mama sehr liebevoll an, drehte sich dann schnell zum Fenster hin, und als er hinaussah, wirkte er ungläubig. Dass er sie ansah und dann wieder durchs Fenster hinaus, wiederholte sich ein paar Minuten – liebevoller Blick, ungläubiger Blick –, und dabei hielt er sich die ganze Zeit die Sauerstoffmaske vors Gesicht. Plötzlich war es vorbei. Er sah Mama ein letztes Mal an, und dann schloss er einfach die Augen und entspannte sich, die Lippen verloren ihre Farbe, als habe jemand einen kleinen Stecker gezogen. Papa war 50 Jahre alt. Da war etwas oder jemand, das oder den er durch dieses Fenster gesehen hatte und von dem er wusste, dass es oder er seinen Tod bedeutete. Etwas oder jemand wartete. Ich weiß nicht, was oder wer es war, aber ich bin mir ganz sicher, dass er etwas sah, das wir nicht sehen konnten.

„Das Leben schien in sie zurückzukehren“

In vielen Berichten, die wir erhalten haben, kommt die folgende Beschreibung wieder und wieder vor:

Das Gesicht meiner Mutter begann vor Freude zu strahlen.

Sie lächelte ihr schönstes Lächeln. Das Leben schien in sie zurückzukehren.

Sie setzte sich im Bett auf, streckte die Arme aus, sah absolut glücklich aus, und nach einer Weile sank sie wieder in die Kissen zurück und starb wenig später.

Die Umfrage von Osis und Haraldsson[3] ergab auch, dass eine plötzliche Stimmungsaufhellung unmittelbar vor dem Tod sehr häufig war. Die Patienten wurden friedlich und gelassen oder fröhlich und beschwingt. Medizinisch geschulte Beobachter bemerkten oft: „Die Stimmung wird besser.“ In ihrer US-Umfrage war diese Stimmungsaufhellung kurz vor dem Tod (oft zehn Minuten vorher) unabhängig von Alter und Geschlecht des Patienten, und sie fanden auch keine Anzeichen dafür, dass sie auf medizinische Faktoren oder Medikamente zurückging. Sie meinten, eventuell könne eine religiöse Komponente beteiligt sein, auch wenn die Religionszugehörigkeit als kausaler Faktor kaum eine Rolle spielte. Die beiden Forscher stellten auch fest, dass die Patienten in dieser Zeit offenbar von Schmerzen und anderen Symptomen befreit waren.

Es ist sehr verlockend, diese plötzlichen Euphorieausbrüche einem Besucher am Sterbebett zuzuschreiben, vor allem wenn der Blick des Sterbenden auf etwas oder jemanden gerichtet zu sein scheint oder er die Arme ausstreckt. Mit Sicherheit aber sind sie ein weiterer Beleg dafür, dass im Wesen des Sterbeprozesses nichts liegt, vor dem wir Angst haben müssten.

Geistige Klarheit

Die meisten Visionen zeichnen sich zudem dadurch aus, dass sie bei klarem oder nur mäßig beeinträchtigtem Bewusstsein gesehen werden. Oft wird gehört, wie der Sterbende mit seinen Besuchern spricht, und anwesende Angehörige beschreiben die Unterhaltung fast immer als rational und luzide. Hier Marie Dowdall:

Mein Onkel war Soldat im Ersten Weltkrieg und erlebte die Gräuel an der Somme, die ihn für den Rest seines Lebens begleiteten. Er hatte einen Trupp Männer angeführt, kam mit nur drei Überlebenden zurück und war selbst schwer verwundet. Er erhielt das Military Cross, *die dritthöchste Tapferkeitsauszeichnung der britischen Streitkräfte.*

Das folgende Erlebnis fand vor ungefähr 30 Jahren statt, als er an Krebs starb. Während seiner Krankheit pflegte meine Mutter ihn zu Hause, und ich erinnere mich an einen Abend, an dem wir bei ihm saßen und uns ruhig unterhielten. Er war zu krank, um viel zu dem Gespräch beizutragen, aber er hörte uns gerne zu; plötzlich beugte er sich vor und starrte durch den Raum. Er wurde sehr lebhaft und sah sehr glücklich aus, als er anfing mit Leuten zu reden, die er offenbar sehen konnte, wir aber nicht; er nannte sie alle beim Namen und fragte sie, wie es ihnen gehe, und dass es so schön sei, sie wiederzusehen. Anhand seiner Äußerungen wurde deutlich, dass es einige von den Männern waren, die mit ihm an der Somme gedient hatten und dort gestorben waren. Auf seinem Gesicht breitete sich Verwunderung aus, und er vergaß seine Schmerzen.

Ich werde diesen Abend nie vergessen, und obwohl ich seine Freunde nicht sehen konnte, zweifle ich nicht im Geringsten daran, dass sie da waren. Ich sah ihn nicht wieder bei Bewusstsein, und er starb ein paar Tage später.

Daphne Biliouri gibt die folgende interessante Beschreibung von den letzten Tagen ihrer Mutter, bevor diese an Krebs starb. Daphne stammt aus Griechenland, wo ihre Mutter starb. Obwohl die Mutter in der letzten Woche ihres Lebens fast unerträgliche Schmerzen hatte und sich ihrer Umgebung oder anwesender Personen nicht bewusst war, fing sie drei Tage vor ihrem Tod an, *Macedonski* zu sprechen, den Dialekt des Dorfes, in dem sie aufgewachsen war; sie benutzte ihn nur, wenn sie mit ihren Eltern sprach oder das Dorf besuchte.

Sie sprach geschlagene vier Stunden mit zwei Männern (zumindest schloss ich das aus dem, was ich hörte und sah – ihr Blick wanderte zwischen zwei Stellen des Zimmers hin und her). Einer von ihnen war ihr Bruder, der in Australien gelebt hatte und im Jahr zuvor gestorben war, und der andere ein älterer Mann, vielleicht ihr Großvater. Die ganze Zeit über war sie sehr lebhaft, glücklich und extrem luzide, ganz anders als vorher. Die Unterhaltung endete damit, dass sie ihnen zum Abschied zuwinkte, und obwohl ich versuchte, anschließend mit ihr zu reden – weil ich ja dachte, sie sei bei klarem Verstand –, erkannte sie mich weder, noch nahm sie mich überhaupt wahr. Aber positiv war auf jeden Fall, dass sie die restlichen paar Tage keine Schmerzen mehr zu haben schien.

Die folgende Darstellung beschreibt einen ähnlich unerwarteten Ausbruch geistiger Klarheit unmittelbar vor dem Tod:

Plötzlich strich durch das Fenster ein kühler Luftzug herein, der den leichten Vorhang merklich in die Höhe wirbelte. Gleichzeitig änderte das Gesicht meines Vaters sein Aussehen: Vorher war es eingefallen gewesen, jetzt voller, die Farbe strahlender, normal. Dann sprach Papa, was ihm sehr schwerfiel, aber seine Stimme war kräftig, und er sprach ganz deutlich und normal. Er sagte: ‚Ja Mama, ich verstehe. Ja Mama, das mache ich, Mama. In Ordnung, Mama.' Die Augen machte er dabei nicht auf.

Wir haben viele ähnliche Berichte über verwirrte oder bewusstlose Sterbende erhalten, die kurz vor dem Tod in einem plötzlich sich öffnenden Fenster klaren Denkens den Besucher begrüßten, der sie „abholte". Die Mutter von Chris Alcock starb 1974 an Krebs:

In ihrer letzten Woche sagte sie zu meinem Vater, sie würde ‚noch nicht gehen', weil noch niemand ‚für sie gekommen sei'. Am Nachmittag ihres letzten Tages kam der Arzt und erhöhte die Morphin-Dosis, und sie fiel in eine tiefe Bewusstlosigkeit. Mein Vater saß bei ihr, als sie plötzlich aufwachte, sich im Bett aufsetzte und mit euphorischem Gesichtsausdruck jemandem die Arme entgegenstreckte. Im Nachhinein wünschte Papa, er hätte sie gefragt, wer da sei, aber stattdessen stellte er eine sehr viel irdischere Frage: ‚Möchtest du deinen Topf?' Mama hörte ihn und sagte einfach nur Nein. Sie war also geistig voll da. Dann sank sie auf ihr Kissen zurück, wurde wieder bewusstlos und blieb so bis zu ihrem Tod.

Wie viele andere, die uns geschrieben haben, betont auch der Verfasser des folgenden Briefes, wie sehr diese Visionen den Sterbeprozess und einen ruhigen Abschied erleichtern.

Mein Vater starb im März 2006 nach einem schweren Herzinfarkt. Er hatte ein paar Tage im Krankenhaus verbracht, war aber auf eigenen Wunsch entlassen worden und nach Hause zurückgekehrt. Wir wussten damals nicht, dass seine Prognose so schlecht war, aber wir als die Familie wussten, dass es nicht gut um ihn stand, als jemand vom Sozialdienst zu uns nach Hause kam und erklärte, er habe Glück gehabt, entlassen worden zu sein.

Am selben Tag verschlechterte sich sein Zustand, er war verwirrt, aber uns war immer noch nicht klar, dass er im Sterben lag, und deshalb brachten wir ihn nicht ins Krankenhaus zurück. Ungefähr um 9 Uhr abends ging er zu Bett; meine Mutter und ich waren im Zimmer, und er war extrem unruhig. Er fing an, Kabel zu sehen, die von der Decke hingen, und Insekten auf dem Bett, alles ziemlich erschreckend.

Ungefähr um Mitternacht schlief er ein und wurde ruhiger. Nach etwa fünf Minuten setzte er sich auf und sagte: ‚Hallo Dave, was machst du hier, schön dich zu sehen.' Meine Mutter und ich waren Zeugen, und wir konnten es nicht glauben. Er war ruhig, friedlich und geistig wirklich ziemlich klar. David war der Bruder meiner Mutter, ein guter Freund von Papa und vor rund zwölf Jahren gestorben. Papa starb kurz darauf ganz friedlich, und dafür bin ich sehr dankbar.

„Der Himmel ist so ein schöner Ort“

Manchmal geht die Erfahrung noch weiter, das heißt der Sterbende sieht den Angehörigen nicht nur im Zimmer erscheinen; es ist, als würde er mit ihm auch in eine Zwischenrealität „reisen“, die für ihn realer als die reale Welt und von Licht, Liebe und Mitgefühl durchdrungen ist. Eventuell driftet er in den Tagen oder Stunden vor dem Tod mehrmals in diesen Zustand hinein und wieder aus ihm heraus; manchmal sieht er dabei spirituelle Wesen, die er nicht kennt, deren Reinheit aber offenkundig ist.

Der Vater von Geoffrey Watson erzählte ihm oft vom Tod seines eigenen Vaters, eines sehr religiösen Mannes, der an Kehlkopfkrebs starb:

Mein Vater war bei ihm am Bett, traurig und verzweifelt, aber mein Großvater sagte ihm ganz ruhig: ‚Sei nicht traurig, Leslie, mir geht es gut, ich kann wunderschöne Dinge sehen und hören, und du darfst nicht traurig sein.' Und er starb friedlich, geistig klar bis zum Schluss.

Paul Flemings Vater sah kurz vor seinem Tod mehrere gute Freunde der Familie, die alle schon tot waren, bei sich im Zimmer. Er wusste ganz genau, wen er sah, auch wenn er nicht verstand, warum sie da waren. Am nächsten Abend sagte er Pauls Bruder ganz deutlich, dass „der Himmel ein wunderschöner Ort" ist, und redete, als wäre er dort gewesen. Paul sagt, sein Vater habe zwar hochdosiertes Morphin bekommen, sei aber abends wacher und gesprächiger geworden. Er fügt hinzu: „Diese Kommentare sind 100 Prozent wahr und authentisch. Wir glauben, dass kurz vor seinem Tod etwas passiert ist, das wir nicht ganz verstanden haben."

Ankündigungsbesuche

In den Visionen zeigen sich nicht immer Menschen. Den folgenden Bericht erhielten wir von einer Frau, deren Mutter an Krebs starb. Er gibt wieder, was die Mutter ihr am Tag vor ihrem Tod erzählte, und dass diese Vision für sie ein großer Trost war. Er erwähnt das Licht, ein wiederkehrendes Element in den Berichten, die wir erhielten. Manchmal sieht der Sterbende selbst es, manchmal seine Angehörigen – was ausführlicher in Kapitel 7 erörtert wird. Die Schilderung veranschaulicht auch, was viele dieser Geschichten nahelegen: dass derjenige, der die Vision hat, durch sie einen Hinweis auf seinen nahen Tod erhält.

Plötzlich sah sie zum Fenster hoch und schien gespannt zu ihm hin zu starren … Es waren nur ein paar Minuten, aber es schien eine Ewigkeit zu sein ... Plötzlich wandte sie sich mir zu und sagte: ‚Bitte Pauline, hab nie Angst vor dem Sterben. Ich habe ein wunderschönes Licht gesehen und bin auf es zugegangen, ich wollte in dieses Licht hineingehen, es war so friedlich, dass es mir sehr schwerfiel, zurückzukommen.' Als es am nächsten Tag Zeit für mich war, nach Hause zu gehen, sagte ich: ‚Tschüss Mama, bis morgen.' Sie sah mir direkt ins Gesicht und sagte: ‚Ich mache mir keine Sorgen wegen morgen, und das darfst du auch nicht, versprich es mir.' Leider starb sie am nächsten Morgen ... Aber ich wusste, dass sie an dem Tag, an dem ihr klar war, dass sie nur noch ein paar Stunden zu leben hatte, etwas gesehen hatte, das sie getröstet und beruhigt hat.

Obwohl diese Ankündigungsbesuche meist nur wenige Stunden vor dem Tod stattfinden, gibt es auch viele Berichte über „Besucher", die sich in den Tagen oder Wochen vor dem Tod zum ersten Mal zeigen – gelegentlich erscheinen diese Todesboten schon, bevor irgendjemand etwas von dem baldigen Tod ahnt. Besonders interessant sind die Visionen von Menschen, die vollkommen gesund sind oder zu sein glauben – sich jedenfalls nicht an der Schwelle zum Tod wähnen.

J. Tanner beschreibt, wie ihre Mutter einmal ihre Großmutter besuchte, die ihr sagte: „Ich verstehe das nicht! Ich habe gerade meine Mutter in der Tür stehen sehen, genauso deutlich, wie ich dich jetzt sehe." Die Berichterstatterin fährt fort:

Ihre Mutter war tot, klar, seit wahrscheinlich 30 Jahren. Zum Zeitpunkt des Besuchs war meine Großmutter nicht kränker als in den zwei oder drei Jahren davor und geistig völlig klar. Meine Mutter sagte mir, sie habe sofort eine Vorahnung gehabt – sie hatte immer gehört, dass wir kurz vor unserem Tod die ‚Geister' toter Angehöriger sehen. Am nächsten Tag hatte meine Groß-

mutter einen schweren Schlaganfall, durch den sie das Bewusstsein verlor. Sie lag vier Tage im Koma und starb dann.

Susan Burman berichtet Ähnliches über den viele Jahre zurückliegenden Tod ihres Großvaters:

Eines Sonntagabends kam er aus der Kirche zurück, sagte, er fühle sich nicht wohl, und legte sich ins Bett. Meine Großmutter ging mit einer Tasse Tee nach oben, und er erzählte ihr, er habe ‚unsere Mabel und unsere Doris' gesehen, zwei ihrer Kinder, die im Säuglingsalter gestorben waren. Großvater starb in dieser Nacht.

Diese beiden Berichte zeigen ganz klar, dass die Visionen eine Berechtigung besitzen, die unabhängig vom Sterbeprozess, der Symptomatik im Gehirn und insbesondere irgendwelchen Todeserwartungen sein kann. Sie sind etwas Eigenständiges und haben für den, der sie hat, einen tiefen Sinn. Phänomenologisch ist es unmöglich, zwischen diesen „Ankündigungs"-Visionen und den Visionen unmittelbar vor dem Tod zu unterscheiden, was nahelegt, dass beide die gleiche Qualität besitzen und nicht vom Krankheitsbild des Sterbenden beeinflusst werden.

Manchmal findet der Ankündigungsbesuch weit im Voraus statt. Paulines 96-jährige Großmutter war eines von fünf Mädchen in der Familie und hatte ihrer Schwester Margaret, genannt Greta, besonders nahegestanden.

Ein paar Monate vor ihrem Tod erzählte meine Großmutter mir eines Tages, als ich von der Arbeit kam, Greta hätte sie an diesem Nachmittag besucht, und dass sie gerne mit ihr gegangen wäre, Greta aber gesagt hätte, das ginge nicht, weil ‚es nicht der richtige Zeitpunkt' sei. In der Nacht, in der sie starb, litt sie unter starker Atemnot. Plötzlich machte sie die Augen weit auf, lächelte (eigentlich war es mehr als Lächeln – ihr ganzes Gesicht strahlte) und streckte die Arme aus, als würde sie jemanden begrüßen.

Von da an war sie sehr viel ruhiger und starb etwa eine Viertelstunde später. Damals war ich mir sicher, dass Greta zurückgekommen war und für meine Großmutter jetzt der richtige Zeitpunkt gekommen war, mit ihr wegzugehen.

Verzögerungstaktiken

Wenn derjenige, der die Vision hat, das Erscheinen des „Besuchers" korrekt als Vorzeichen des Todes interpretiert, die „Abholung" aber für verfrüht hält, wird der Besucher gelegentlich kurz abgefertigt:

Meine Mutter erzählte mir kurz vor ihrem Tod, sie habe meinen verstorbenen Vater auf einem weißen Pferd kommen sehen, um sie ‚abzuholen', aber sie habe das Pferd aus dem Tritt gebracht und sich geweigert, zu meinem Vater auf den Rücken des Pferdes zu steigen.

Verschiedene andere Personen erwähnten solche Verzögerungstaktiken. Chris Alcocks Vater (S. 58 in diesem Kapitel) war offenbar in der Lage, eine Abmachung mit den Engeln zu treffen: Sie ließen ihn so lange leben, bis sein Sohn gekommen war, um sich von ihm zu verabschieden: „Ich hab den Engeln gesagt, ich sei noch nicht so weit!" Hilary Froudes Patient (S. 50 in diesem Kapitel) sagte vor Zuhörerinnen seinen Besuchern: „Wartet, ich bin gleich bei euch, ich möchte mich nur noch bei diesen Schwestern bedanken, die sich um mich gekümmert haben." Viele Berichte handeln von Menschen, die weiterleben können, bis jemand, den sie lieben, sich von ihnen verabschieden kann; manchmal können sie sogar ihren Tod so lange hinauszögern, bis die Angehörigen gegangen sind, weil sie lieber alleine sterben wollen.

Der folgende Bericht ist interessant, weil er einen der sehr wenigen uns mitgeteilten Fälle schildert, in denen der

„Bote“ nicht willkommen war, weil die Botschaft extremen Stress auslöste. In Anbetracht der häufigen und natürlichen menschlichen Einstellung, dass der Tod etwas ist, vor dem man sich fürchten muss, überrascht es eigentlich, dass so viele Menschen die Vorzeichen für ihren Tod eher gleichmütig zu akzeptieren scheinen. Und nun Susan Grant:

Vor zwölf Jahren stürzte mein Mann, der mehrere Jahre krank gewesen war, und wurde ins Krankenhaus gebracht. Als ich ihn eines Tages besuchte, war er völlig außer sich, denn er hatte seine Mutter gesehen, die seit Jahren tot war; er sagte, sie habe mit ihm gesprochen. Ich fragte, was sie gesagt habe, und er antwortete: ‚Nur hallo‘, aber irgendwie wusste er, dass ihr Kommen bedeutete, dass er sterben würde. Ich versuchte, ihn zu trösten, und sagte, sie sei gekommen, um ihm beim Gesundwerden zu helfen, aber ich hatte schon von solchen Erscheinungen gehört und glaube an ein Leben nach dem Tod. Er starb eine Woche später. Ich glaube, dass sie gekommen war, um ihm beim ‚Hinübergehen‘ zu helfen, ihm aber ein bisschen Extra-Zeit hier bei seiner Familie zugestand.

Die Erfahrungen professioneller Palliativkräfte

Viele uns übermittelte Berichte stammen von Fachkräften im Gesundheitswesen, die viel Erfahrung in der Betreuung von Sterbenden haben. Kate Dornan, die als Sozialarbeiterin 20 Jahre auf der Palliativstation zweier Hospize in Belfast arbeitete, erzählte uns, viele ihrer Patienten hätten anscheinend mit jemandem gesprochen, nach jemandem die Arme ausgestreckt oder jemandem oder etwas zugelächelt, den oder das niemand sonst sehen konnte; sie berichtete auch von Familien, die ihr von einem sterbenden Angehörigen erzählt hatten, der Personen sah, die schon tot waren, oder sich mit ihnen unterhielt. Die folgende Geschichte veranschaulicht besonders gut, was viele Pflegende und Betreuende von Sterbenden uns erzählt haben und was wir in unseren Interviews mit ihnen (Kapitel 2) über die Verschwörung des Schweigens herausgefunden haben, die Lebensende-Erfahrungen oft umgibt und es Pflegenden und Hinterbliebenen schwer macht, offen über sie zu sprechen.

Eine ältere Frau, die geistig völlig klar war, erzählte mir, ihre Mutter habe am Fußende ihres Bettes gestanden. Sie sagte, hinter ihrer Mutter hätten viele andere gestanden, aber sie seien nicht so deutlich gewesen. Sie nahm an, dass es ihre Geschwister waren … alle tot. Sie war die letzte Überlebende einer 13-köpfigen Familie. Die Erfahrung war für sie ein großer Trost, denn als sie 15 gewesen war, war ihre Mutter unerwartet gestorben. Sie war bei der Erfahrung in den Achtzigern. Als ich das dem medizinischen Team mitteilte, wurde es damit abgetan, es sei ‚wahrscheinlich das Ergebnis der verabreichten Medikamente'. Ich muss sagen, dass ich diese Patientin immer für geistig voll orientiert gehalten habe, und die Kollegen hatten keinerlei Verwirrtheit beobachtet. Ich hatte in dem Bereich genug Erfahrung, um zu wissen, wann Medikamente eine negative Wirkung auf jemanden haben. Es macht mich traurig, dass die Leute solchen Erfahrungen nicht aufgeschlossener gegenüberstehen. Es führt dazu, dass die Leute ihre Erlebnisse nur ungern mit anderen teilen, denn sie haben Angst, als Spinner etc. zu gelten. Die ältere Frau, die mir ihre Erfahrung erzählte, war geistig immerhin so klar, dass sie mir sagte … ‚Ihnen kann ich es erzählen, ich weiß ja, dass Sie mich nicht für verrückt halten!'

Als ich anfing, in der Palliativpflege zu arbeiten, war ich bestenfalls eine Agnostikerin; aber ich kann die vielen Erfahrungen nicht ignorieren, bei denen ich dabei war oder die mir von Angehörigen erzählt wurden. Eine Mutter sprach sehr bewegend, aber trotzdem sehr klar von dem Moment, in dem sie wahrnahm, wie etwas, das sie für den Geist ihrer jungen erwachsenen Tochter hielt, deren Körper verließ … und sie war eine sehr intelligente, glaubwürdige Frau.

Ein weiterer Bericht, der veranschaulicht, wie unheimlich präzise die Besucher zuweilen den voraussichtlichen Todeszeitpunkt angeben, stammt von Judith Wilson, die lange in einem Altenheim gearbeitet hat:

Eine Frau wurde mit 97 immer schwächer, irgendwie machte sie sich einfach davon. Sie redete mit jemandem, wir konnten es sehen, aber da war niemand. Später fragten wir sie, wer es gewesen sei, und sie sagte, es sei ihre Schwester Alice gewesen, die vor sechs Monaten gestorben war. Sie sagte, Alice würde sie am nächsten Tag um 14 Uhr 30 abholen. Ich fing am nächsten Tag um 14 Uhr an zu arbeiten und fragte: ‚Ist sie noch hier?' Man sagte mir, sie liege im Sterben, und weil ich neu in dem Job war, sollte jemand bei mir bleiben und mir während des Sterbevorgangs beistehen. Ganz kurz vor 14 Uhr 30 öffnete sie kurz die Augen, flüsterte ‚Alice', streckte die Hand aus und starb ganz friedlich.

Frau Wilson war auch dabei, als eine Frau einem Angehörigen sagte, er solle sie am nächsten Tag nicht besuchen, weil „sie nicht da sei". Sie starb im Schlaf. Eine andere Pflegende in einem Heim für betreutes Wohnen kommentierte ebenfalls, dass „solche Dinge ständig passieren".

Das letzte Mal war es eine Frau von 97, die bei klarem Verstand war, als sie starb. Sie hatte im Heim immer in der Gegenwart gelebt und nie über die Vergangenheit oder ihre Angehörigen gesprochen. Unmittelbar vor ihrem Tod sagte sie, ihre Mutter sei hier, um sie zu besuchen, und dass sie bald gehen müsse, weil ihre Mutter in dem Zimmer warten würde und sie sie nicht länger warten lassen wolle. Viele verstorbene Bewohner haben ähnliche Dinge erzählt; inzwischen rechnen wir geradezu damit, wir sind jetzt nicht mehr besonders überrascht. Trotzdem ist es ein bisschen unheimlich, oder?

Viele Pflegende meinen, dass ihre Ausbildung sie auf diesen Aspekt des Sterbevorgangs nicht vorbereitet. Das könnte zwei Gründe haben: Zum einen baut die Ausbildung so stark auf den körperlichen Aspekten der Pflege auf, dass die Tendenz besteht, alles auf Medikamente oder die Krankheit zurückzuführen; zweitens werden in den Ausbildungseinheiten diese Visionen nicht behandelt, und wenn sie im Unterricht zur Sprache kommen, werden sie als eher unwichtig abgetan.[4] Selbst wenn Pflegende Zeuge solcher Visionen waren, sprechen sie untereinander nicht gerne darüber, weil sie Angst haben, lächerlich gemacht zu werden. Julie Lewis erzählte uns:

Ich war immer sehr aufgeschlossen, aber während meiner Ausbildung zur Krankenpflegerin hatte ich eine Phase, in der ich dachte, es müsse für alles einen messbaren und sichtbaren Beweis geben, damit ich es akzeptieren konnte. Über die Lichter, die Leute sehen, wenn sie sterben, dachte ich zum Beispiel, dass sie sich wahrscheinlich als chemisch induzierte halluzinatorische Erfahrungen erklären ließen, weil das Gehirn abschaltet und Zellen sterben. Weiter habe ich mich eigentlich nicht damit beschäftigt und bin deshalb nicht auf die Variationen und die anderen Erfahrungen gestoßen, die auch vorkommen und die etwas anderes nahelegen. Eine Reihe von Ereignissen brachte mich von diesem Bereich weg, und jetzt, da ich mich von einem forschungsbasierten Studienfach verabschiedet habe, bin ich wieder sehr viel aufgeschlossener und toleranter, egal ob ich die Erfahrungen erklären kann oder nicht.

Aus all diesen Berichten ergibt sich ganz klar, dass Sterbebettvisionen unabhängig vom Krankheitsbild oder von Medikamenten sind und zum Wesen des Sterbeprozesses dazugehören. Als Omen für einen baldigen Tod kommen sie gelegentlich auch bei gesunden Menschen vor, die keinen Grund zu der Annahme haben, dass sie bald sterben werden; in diesen Fällen lassen sich die Visionen kaum als beschwerdebedingt interpretieren. Vielmehr scheinen sie ein klarer, positiv stimmender, motivierender und absolut realer Bestandteil des Sterbevorgangs zu sein.

Es ist auch interessant, die Merkmale von Sterbebettvisionen mit jenen Nahtoderfahrungen zu vergleichen, die während eines Herzstillstands vorkommen, also offenbar während einer Bewusstlosigkeit – wenn der Patient faktisch vorübergehend tot ist. In beiden Erfahrungen sind Gefühle von absolutem Frieden, Glückseligkeit oder Freude sowie das Erleben von Licht weit verbreitet. Und bei beiden ist das Konzept der Reise zentral. Allerdings wird nach einer vorübergehenden Todeserfahrung die Welt, in der die Vision sich abspielt, ausführlicher und detaillierter beschrieben. Die Reise hat einen Anfang, eine Mitte und ein Ende – die Rückkehr ins Leben. Manchmal beginnt die Reise mit einer außerkörperlichen Erfahrung, manchmal mit der Reise durch einen dunklen Tunnel in helles Licht. Der Bereich, in den die Reisenden sich hineinbewegen, ist im Allgemeinen gut strukturiert – und kulturell bedingt: In der westlichen Welt ist es oft ein typisch englischer Garten. In ihm finden Begegnungen und Interaktionen mit verstorbenen Angehörigen, Freunden oder seltener engelhaften Wesen statt; deren erste Aufgabe besteht darin, den Ankömmling zu begrüßen und zu beruhigen, ihm dann aber zu bedeuten, dass er zurück muss, weil für ihn die Zeit, sich ihnen anzuschließen, noch nicht gekommen ist. Für den Überlebenden ist es immer ganz klar, dass es von diesem Punkt an für ihn kein Weiterkommen gibt – zumindest jetzt noch nicht.

Sowohl bei den Sterbebettvisionen als auch bei den vorübergehenden Todeserfahrungen wird die Welt, in die der Reisende sich hineinbewegt, als absolute Realität empfunden; bei den Sterbebettvisionen besteht jedoch der Eindruck, diese Welt und die andere Realität würden sich überlappen und ineinander aufgehen, sodass beide gleichzeitig erlebt werden können. Der Sterbende bewegt sich ungehindert von der einen in die andere, genauso wie die Menschen, die gekommen sind, ihn abzuholen. Der Sterbende wirkt nur selten verwirrt angesichts dieser beiden Realitäten, und normalerweise weiß und akzeptiert er, dass nicht jeder sehen kann, was er sieht. Er nimmt sein soziales Umfeld weiter wahr, sodass er zwei getrennte Unterhaltungen führen kann; es kann sogar sein, dass er die beiden Personengruppen einander vorstellt und sich dabei weiter ihrer Unterschiedlichkeit bewusst ist.

Vorbereitung auf eine Reise

Aus all diesen Geschichten ergibt sich klar die Botschaft, die die Visionen dem Sterbenden anzubieten scheinen: Obwohl Sterbende häufig ihren Angehörigen sagen, morgen seien sie nicht mehr da, erklären sie nie wortreich, dass es daran liege, dass sie dann tot seien. Vielmehr sagen sie immer, sie würden abgeholt, weggehen oder verreisen. Der Zweck der Visionen scheint darin zu bestehen, den Sterbenden auf diese Reise einzustimmen, manchmal indem er rund einen Tag vorher „gewarnt" wird, manchmal sogar unter Angabe der voraussichtlichen „Abreisezeit", die sich oft als überraschend präzise erweist.

Wird die Analogie zur Reise benutzt, weil der Sterbende sich seinen Tod nicht vorstellen kann? Das scheint sehr unwahrscheinlich, denn seine gesamte Situation deutet ja auf ihn hin. Stichhaltiger scheint die Erklärung zu sein, dass irgendetwas in den Visionen bzw. in den Botschaften der Besucher ein Fortbestehen und nicht Endgültigkeit nahelegt. Es ist eine optimistische Botschaft – es wird nicht einfach das Ende des Lebens angekündigt, sondern die Möglichkeit, mit Hoffnung weiterzureisen. Eben diese Erwartung einer Weiterreise überzeugt Sterbende und Nahtodüberlebende davon, dass die Aussicht auf den Tod nichts ist, das zu fürchten wäre.

Kapitel 4

Sterbebett-Koinzidenzen

Ermutigung im Glauben

Ich weiß nicht, was diese Dinge sind – Fantasien, Träume, Wünsche, Wahnvorstellungen ... Ich mag sie nicht, sie erschüttern mein Gefühl für die Realität. (Ein Teilnehmer an unseren Umfragen)

Die Berichte über Begegnungen mit Verstorbenen sind heute für die meisten Menschen genauso faszinierend wie zu der Zeit vor über hundert Jahren, als Gurney, Myers und Podmore ihre Untersuchung veröffentlichten. Und offenbar kommt es immer noch bemerkenswert häufig vor, dass jemand die plötzliche Erkenntnis hat, dass ein nahestehender Mensch gestorben ist, und später herausfindet, dass das tatsächlich zu genau dem Zeitpunkt passiert ist, zu dem er die starke Todesahnung hatte. Oft leben die Beteiligten weit voneinander entfernt, und derjenige, der die Ahnung hat, weiß gar nicht, dass der andere krank ist. In seiner dramatischsten Form sieht der Besuchte eine Erscheinung des Sterbenden, gewöhnlich im Traum oder beim Hochschrecken aus dem Schlaf; die Botschaft scheint zu lauten, dass er gekommen ist, um sich zu verabschieden und zu versichern, dass es ihm gut geht.

Die Kontakte mit Sterbenden finden weniger häufig statt, wenn der Besuchte wach ist – in unseren Umfragen fanden mehr als zwei Drittel in Träumen, beim plötzlichen Aufwachen oder in dem trägen Zustand zwischen Schlafen und Wachen statt, in dem man kaum mit Sicherheit unterscheiden kann, ob man wach ist oder schläft. Bei vollem Wachbewusstsein werden selten Erscheinungen gesehen; in diesen Fällen dominiert eher das starke Gefühl, die Person sei anwesend, aber sie wird nicht gesehen. Den Kontaktierten überwältigt dann die plötzliche Erkenntnis, dass ein geliebter Mensch krank ist oder im Sterben liegt, oder er hat einen ungewöhnlichen und unerklärlichen Anfall von Trauer oder Unruhe und findet erst später heraus, dass der andere zu eben diesem Zeitpunkt gestorben ist.

Ein diffuses Unbehagen

Sarah Murray, eine gute Freundin unserer Tochter, erzählte uns, während eines mehrmonatigen Aufenthaltes in Florenz sei sie einmal auf dem Rückweg vom Malunterricht zu ihrer Pension ganz plötzlich von dem Gefühl überwältigt worden, mit ihrem Vater sei etwas nicht in Ordnung – der, soweit sie wusste, gesund und wohlauf zu Hause in den USA war. Sie hatte so etwas noch nie erlebt, und die Empfindung war so übermächtig, dass sie zu laufen begann; sie hatte das Gefühl, sofort zu Hause anrufen und herausfinden zu müssen, ob etwas nicht stimmte. Als sie in der Pension ankam, wartete eine Telefonnachricht auf sie: Ihr Vater war die Kellertreppe heruntergefallen und hatte sich das Genick gebrochen.

Die Erlebnisse sind im Allgemeinen kurz, und obwohl manche, wie bei Sarah, die starke Überzeugung auslösen, ein geliebter Mensch sei sehr krank oder gestorben, empfinden andere Personen nur ein scheinbar grundloses Unbehagen. Katherine Knight arbeitete in Frankreich, als ihr Vater im April 1986 starb:

Ich war mit meiner Arbeit fertig und relaxte mit Kollegen. Ich erinnere mich, dass ich guter Stimmung war, lachte und scherzte. Aus heiterem Himmel spürte ich, wie mir ein Schauer über den Rücken lief und mich sofort ein banges Gefühl beschlich. Ich erinnere mich, dass ich zuerst an das Geld dachte, das ich in meinem Zimmer hatte, und hoffte, es würde in Sicherheit sein. Diese Besorgtheit stand in völligem Gegensatz zu meiner vorherigen Stimmung. Ich glaube nicht, dass das unbehagliche Gefühl sehr lange anhielt, aber sicher bin ich mir nicht. Ich kann mich auch nicht mehr an die genaue Uhrzeit erinnern, aber es muss zwischen Mitte und Ende des Nachmittags gewesen sein.

Später fand ich heraus, dass mein Vater auf einem Golfplatz in England an einem Herzinfarkt gestorben war. Das war ungefähr zur gleichen Zeit wie das unangenehme Gefühl. Wenn ich mich später im Familien- oder Freundeskreis an meinen Vater erinnerte, sagte ich spaßeshalber immer, er habe mir aufgetragen, auf mein Geld aufzupassen.

Kathi Guthries Geschichte ist ähnlich:

Mein Bruder kam leider vor rund 20 Jahren bei einem Autounfall ums Leben. Ich war bei der Arbeit und hatte vor, bis 17 Uhr zu bleiben. Um 16 Uhr 20 fühlte ich mich nicht wohl und fing an, mich über mich zu ärgern. Ich packte meine Sachen zusammen und ging nach Hause, obwohl ich aus dem einen oder anderen Grund unbedingt bei der Arbeit hätte bleiben sollen. Um 2 Uhr 30 in der folgenden Nacht erfuhr ich, dass mein Bruder um 16 Uhr 20 durch einen betrunkenen Autofahrer ums Leben gekommen war. Er war sofort tot gewesen.

Die beiden Berichte zeigen, wie unspezifisch das Gefühl oft ist. Im ersten Beispiel schrieb Katherine ihre vorübergehende Besorgnis der Angst um das Geld in ihrem Zimmer zu und interpretierte sie erst im Lichte der folgenden Ereignisse anders. Im zweiten Beispiel hätte Kathie an ihr mulmiges Gefühl wohl keinen zweiten Gedanken verschwendet, wenn sie nicht den genauen Todeszeitpunkt ihres Bruders erfahren hätte. Uneindeutige Erfahrungen wie diese beiden verstärken die Ansicht, die Abfolge der Ereignisse könne als bloßer Zufall abgetan werden. Allerdings war das unbehagliche Gefühl beide Male unerklärlich, für die Person untypisch und das Timing halbwegs bzw. im zweiten Beispiel erstaunlich korrekt.

Das genaue Timing und die starke emotionale Reaktion machen es bei vielen Berichten dieser Art tatsächlich schwierig, den „puren Zufall" am Werk zu sehen. Im Folgenden schildert Wynn Bainbridge den Tag, an dem ihre Cousine starb. Die Cousine hatte seit etwa 13 Monaten Krebs, und Wynn hatte ihr sehr nahegestanden.

Am 1. Januar 2002 etwa um 12 Uhr 45 arbeitete ich an meinem Computer, als ich plötzlich anfing, mich richtig krank zu fühlen. Ich konnte nicht genau sagen, was mir fehlte – mir tat nichts weh, mir war nicht übel, da war nur das scheußliche Gefühl, dass etwas meinen Körper verließ: nicht wie bei einer Ohnmacht, einfach eine unendliche Schwäche. Das Gefühl hielt etwa 20 Minuten an. Später an diesem Tag rief der Sohn meiner Cousine an, um mir zu sagen, dass sie gestorben war. Obwohl sie sich gegen weitere Behandlungen entschieden hatte, hatten die Ärzte erwartet, dass sie noch ein paar Monate leben würde, deshalb hatte ich mit dieser Nachricht überhaupt nicht gerechnet. Ich fragte meinen Neffen, um wie viel Uhr sie gestorben sei, und er sagte 12 Uhr 55. Ich habe das immer für eine ziemlich merkwürdige Sache gehalten, denn es war die Uhrzeit, zu der ich mich so miserabel gefühlt hatte.

Janet Wrights Geschichte ist genauso überzeugend und unterstreicht die enge emotionale Verbundenheit der Beteiligten:

Mein Mann starb 2005 im Hospiz, und in der Nacht vor seinem Tod waren mein Sohn und meine Tochter mit mir die ganze Zeit an seinem Bett. Meine Tochter, die ihrem Vater sehr nahestand, ist von Beruf Fotografin; für den folgenden Tag war sie für eine Hochzeit gebucht und hatte keine andere Wahl, als den Termin wahrzunehmen, sodass sie morgens schweren Herzens gehen musste. Um 13 Uhr 30 starb mein Mann, ohne wieder zu Bewusstsein zu kommen, das er am Abend vorher (nachdem wir uns alle von ihm verabschiedet hatten) verloren hatte. Ich konnte meine Tochter (Jane) nicht sofort anrufen, denn selbstverständlich wollte ich nicht in jemandes Hochzeit hereinplatzen. Sie rief mich so um 14 Uhr an, und ich sagte ihr, dass ihr Vater um 13 Uhr 30 gestorben sei. Ich hörte sie nach Luft schnappen, dachte aber natürlich, es sei die traurige Nachricht, die sie aus der Fassung brachte.

Aber als sie ins Hospiz kam, um ihren Vater zu sehen, erzählte sie mir, sie habe zwar ihre Arbeit gewohnt professionell erledigt und versucht, ihre Sorgen beiseite zu schieben, aber um 13 Uhr 30 habe sie auf die Uhr gesehen, um zu prüfen, ob sie im Zeitplan war, und sei aus unerklärlichen Gründen in Tränen ausgebrochen – etwas, das sie sich normalerweise mitten in jemandes Hochzeit nie erlaubt hätte. Wegen der exakten zeitlichen Übereinstimmung haben wir uns immer gefragt, ob mein Mann sie ‚besucht' hat, als er hinüberging.

Je detaillierter die uns übermittelten Berichte sind, desto deutlicher wird, dass „Zufall" allzu oft eine unbefriedigende Erklärung ist. Hier Linda Dennys Geschichte über den Tag, an dem der Großvater ihres Mannes starb. Er hatte drei Jahre mit den beiden zusammengelebt und litt an Speiseröhrenkrebs.

Eines Abends arbeitete mein Mann – er war Musiker –, und ein anderer Enkel besuchte den Großvater. Ich fragte Opa, ob er eine Tasse Tee wolle, und er sagte ‚Ja, gern'. Also ging ich in die Küche und setzte den Wasserkessel auf. Während ich darauf wartete, dass das Wasser kochte, klingelte das Telefon, und mein Mann sagte: ‚Geht es Opa gut?' Ich sagte Ja, es gehe ihm gut, und ich würde ihm gerade eine Tasse Tee machen. Mein Mann sagte dann, er habe bei der Arbeit Gitarre gespielt, als er das sehr starke Gefühl bekommen habe, Opa sei anwesend, und er müsse sofort die Bühne verlassen und mich anrufen. Ich versicherte ihm, Opa gehe es definitiv gut, und beendete den Anruf. Ich machte den Tee, und als ich ihn ins Zimmer bringen wollte, kam mein Schwager heraus und sagte: ‚Er ist tot'. Er hatte gerade die Augen geschlossen und war gestorben.

Lindas Mann wusste, dass sein Großvater unheilbar krank war; aber die Tatsache, dass er so besorgt war, dass er sogar die Bühne verließ, und das exakte Timing von Anruf und

Todeszeitpunkt deuten stark darauf hin, dass dies mehr als nur ein Zufall war. Die Behauptung, die beiden Ereignisse seien quasi versehentlich gleichzeitig passiert, scheint sehr viel weniger haltbar als die alternative Erklärung – dass der Großvater tatsächlich irgendwie Kontakt zu seinem Enkel aufgenommen hat, als er starb.

Abschiedsbesuche

Gelegentlich sind die Hinweise auf den baldigen Tod präziser, und der Sterbende ‚besucht' zum Zeitpunkt seines Todes einen nahestehenden Menschen. Manchmal wird der Sterbende gesehen, manchmal spricht er, und oft ist da einfach das starke und untrügliche Gefühl seiner Anwesenheit. Immer aber scheint er darauf hinzuweisen, dass er gerade stirbt, gekommen ist, um Lebewohl zu sagen, und es ihm gut geht. Weder die Botschaft noch der Bote sind missverständlich – Menschen, die diese Erfahrung hatten, haben nie irgendwelche Zweifel, wer sie kontaktiert und was diese Person gesagt hat. Alex Cummings erhielt den folgenden Abschiedsbesuch von seinem Vater:

Ich war Fußpfleger und hatte gerade mit meinem ersten Patienten angefangen. Es war 14 Uhr 15, und obwohl ich arbeitete, spürte ich die Anwesenheit meines Vaters; er sagte mir, er sei gestorben und nur gekommen, um mir das mitzuteilen. Ich nahm ihn zur Kenntnis und arbeitete in dem Wissen weiter, dass er gestorben war. Es warf mich nicht aus der Bahn, es war eher beruhigend. Eine halbe Stunde später klingelte das Telefon, und jemand am Empfang nahm das Gespräch an; ich wusste, dass meine Tante (die zu dem Zeitpunkt bei meiner Mutter war) mich anrief, um mir zu sagen, dass mein Vater gestorben war.

Die Besuche und ihre ganz konkrete Abschiedsbotschaft werden fast immer als tröstlich und beruhigend beschrieben – die Angehörigen bleiben mit dem starken Eindruck zurück, dass alles gut ist, und viele sagen, in der Folge hätten sie die Angst vor dem Tod komplett verloren. Jean Hallsworth nahm Kontakt zu uns auf, nachdem sie einen Artikel über Erfahrungen gelesen hatte, die Menschen kurz vor dem Tod machen. Ihre Geschichte ist typisch:

1979 wurde meine Mutter, 74 Jahre alt, als Notfall ins Krankenhaus gebracht, weil sie sich generell unwohl fühlte. Es war ein Donnerstag. Am nächsten Tag ging es ihr besser, und samstags sah sie so aus, sie würde sie bald nach Hause kommen.

Ich besuchte sie samstagabends nicht, erst sonntags. Sie schien sich gut zu erholen. Am Montag wurde ich in den frühen Morgenstunden wach; ich war noch etwas benommen, nahm aber wahr, dass ich meine Mutter ganz deutlich in Farbe ‚sah'; sie stand im Scheinwerferlicht vor einem dunklen Bereich und trug ihre üblichen schlabberigen Alltagsklamotten. Sie rang die Hände und sagte eindringlich: ‚Mach dir keine Sorgen Jean, mir geht es gut.' Das wurde wiederholt, dann verblasste sie. Ich drehte mich zur Uhr auf dem Nachttisch; es war 3 Uhr 20.

Am nächsten Tag sagte die Krankenschwester mir, sie sei um 3 Uhr 20 gestorben. Es war eine so merkwürdige Erfahrung, dass ich dachte, ich hätte sie vielleicht geträumt oder wäre ein bisschen übergeschnappt, und erzählte damals niemandem davon; aber der Artikel gab mir das Gefühl, dass ich vielleicht doch nicht so verrückt war, wie ich gedacht hatte.

Jane Herberts war 12, als ihre Mutter starb; nach deren Tod erzählte ihr Vater ihr die folgende Geschichte.

Meine Mutter litt zwei Jahre an einem Medulloblastom [Hirntumor], das erst post mortem entdeckt wurde. Natürlich war es ihr langsam schlechter gegangen, aber es war nicht erwartet worden, dass sie so schnell sterben würde. Sie kam ins St. Thomas-Hospital, wurde wieder entlassen, das wiederholte sich ein paar Mal, und als sie starb, war sie auch dort. Mein Vater (ein Cambridge/St. Thomas-Arzt) ist nicht jemand, der zu Hirngespinsten neigt, und er ist auch nicht besonders religiös. Als er eines Abends im Bett am Lesen war, hörte oder spürte er die Stimme oder Anwesenheit meiner Mutter. Er ‚verstand' von ihr, dass sie ‚ging', legte sein Buch weg und sagte nur: ‚In Ordnung, Schatz'. Zehn Minuten später rief das St. Thomas an und sagte, sie sei gestorben.

Als Jane älter war, wünschte sie, sie hätte ihn nach mehr Details gefragt, etwa ob er die Stimme ihrer Mutter wirklich gehört hatte oder ob es nur ein intensives ‚Wissen' gewesen war. Leider war ihr Vater inzwischen dement, und sie konnte nichts weiter in Erfahrung bringen. Aber wie Alex Cummings hat er den Besuch offenbar recht locker weggesteckt.

Körperlich spürbare Kontaktaufnahmen

Gelegentlich nimmt der Kontakt mit dem Sterbenden eine körperlich spürbare Form an. Anne Liddell wurde eines Nachts wach, weil jemand fest ihre Hand ergriff. Am nächsten Tag fand sie heraus, dass zu diesem Zeitpunkt ihre Großmutter gestorben war. Jean Henfrey wurde in dem Moment wach, in dem ihre Großmutter starb; sie hatte dabei das tröstliche Gefühl, liebevoll zugedeckt zu werden. John Farr wurde vom Telefon geweckt, als sein Vater starb, und hörte keine Stimme, sondern Musik – sein Vater, ein Musiker, hatte Musik geliebt. Jonathan Leiserach spürte, wie an dem Tag, an dem seine Mutter starb, etwas an seinem Ärmel zupfte. John Grant wurde am Todestag seiner Großmutter von einem merkwürdigen Geruch irritiert, der sich im Lauf des Tages verstärkte. Frau Collins beschreibt, dass ihr Vater Kinderschritte hörte, als sein Sohn im Krankenhaus starb.

Mein verstorbener Vater, Peter Kidd, ist 1910 geboren und war Knecht in Banffshire. 1939 war sein ältester Sohn, damals ein Kleinkind, im Krankenhaus, weil er sich bei einem Feuer schwer verbrannt hatte. Eines Abends, als Papa am Kaminfeuer saß, hörte er Kinderschritte vorübergehen und in der Ferne verhallen; er sagte meiner Mutter, dass der Junge gestorben wäre – was der Fall war. Mein Vater war erschüttert und fuhr mit dem Fahrrad zu dem kleinen Hof seiner Eltern, um mit seiner Mutter zu reden. Auf dem Rückweg war er immer noch verstört, aber er erzählte mir, als er über einen kleinen Hügel geradelt sei, habe er gespürt, wie diese Last von ihm genommen worden sei.

Die Symptome des Sterbenden spüren

Die merkwürdigsten von all diesen körperlichen Äußerungsformen werden in mehreren Berichten von Personen geschildert, die unerklärliche und oft extrem quälende körperliche Symptome hatten; sie hielten mehrere Minuten an und schienen rückblickend die Empfindungen des Sterbenden zu spiegeln. Elizabeth Wood, Raymond Hunt, June Sullivan und Janice Ashton beschreiben solche Erfahrungen.

Elizabeths Bruder hatte Kehlkopfkrebs im Endstadium, aber das wusste sie nicht. Obwohl sie ihn mehrere Jahre nicht gesehen hatte, hatte sie das Gefühl, ihm näherzustehen als andere Familienmitglieder; sie hält es deshalb für nur natürlich, dass er im Sterben Kontakt zu ihr aufnahm.

Es war in der Nacht von Samstag, dem 11. November 2006. Ich wurde ganz plötzlich von etwas unglaublich Brutalem geweckt. Es veranlasste mich dazu, mich kerzengerade an die Bettkante zu setzen und mir immer wieder zu sagen: ‚Ich will es nicht wissen, ich will es überhaupt nicht wissen, es ist zu schrecklich.' Ich ging ins Bad, denn ich wollte versuchen, es zu vergessen und auf andere Gedanken zu kommen, aber die übermächtige Überzeugung zu sterben hatte mich fest im Griff. Ich stand vornüber gebeugt mitten in meinem Badezimmer, die Arme baumelten vor mir, und ich war starr vor Panik angesichts des Wissens, dass ich starb; ich wusste nicht genau warum, nur dass mein ganzer Körper sich ‚falsch' anfühlte. Ich versuchte zu analysieren, was nicht in Ordnung sein könnte, spürte aber nur, dass nichts in meinem Körper sich richtig anfühlte, dass mein ganzer Körper im Sterben lag . Ich beschloss, weil ich sowieso starb, könnte ich mich auch aufs Bett legen. Also ging ich ins Bett zurück und schlief sofort wieder ein. Ich würde sagen, es war bei Weitem die schlimmste Nacht meines Lebens. Am nächsten Tag fühlte ich mich extrem mitgenommen und zerbrechlich. Am Tag darauf, dem Montag, erfuhr ich, dass mein Bruder gestorben war. Er hatte eine massive Hämorrhagie gehabt … Ich glaube, dass ich während meines extrem brutalen Aufwachens … irgendwie nacherlebte, wie das Leben seinen Körper verließ, als das Blut ausfloss.

Auch die folgenden beiden Geschichten deuten eine so starke Korrelation zwischen den körperlichen Symptomen des Sterbenden und den Schmerzen eines ihm nahestehenden Menschen an, dass es schwerfällt zu glauben, die Erfahrungen hingen nicht irgendwie zusammen. In den Kapiteln 12 und 13 werden wir uns einige der Belege genauer ansehen, die dafür sprechen, dass wir vielleicht doch auf eine Weise miteinander verbunden sind, die wir noch nicht ganz verstehen. June Sullivan:

Einer guten Freundin von mir, wesentlich älter als ich, ging es schon seit einiger Zeit gesundheitlich nicht besonders gut. Sie kannte mich seit der Kindheit und hatte mir immer gezeigt, dass sie mich mochte, und ich hatte sie regelmäßig bei ihr zu Hause besucht. An einem bestimmten Freitag rief eine gemeinsame Freundin mich an und sagte, unsere Freundin sei ins Krankenhaus gebracht worden, fühle sich aber ‚wohl', und deshalb verabredeten wir, sie am nächsten Nachmittag zu besuchen. Nachts wurde ich dann mit starken Schmerzen in der Brust wach, die ein paar Stunden anhielten; ich empfand aber nicht die Notwendigkeit, mir Hilfe zu holen. Plötzlich, und wie durch ein Wunder, waren die Schmerzen weg, und ich legte mich wieder ins Bett; ich warf einen Blick auf die Uhr und schrieb mein Unwohlsein einer Magenverstimmung zu. Ungefähr um 6 Uhr 30 morgens klingelte das Telefon, und mein Mann nahm den Anruf entgegen. Doris war um 2 Uhr 30 gestorben, genau zu dem Zeitpunkt, zu dem meine Schmerzen aufgehört hatten. Später erfuhr ich, dass die Chirurgen zwei Stunden lang versucht hatten, das schwache Herz meiner Freundin zu retten; um 2 Uhr 20 hatten sie ihre Bemühungen eingestellt, und sie war ein paar Minuten später gestorben. Ich habe immer gedacht, dass Doris in diesen zwei Stunden versuchte, Kontakt zu mir aufzunehmen.

Janice Ashton:

Ich war auf dem Weg zur Arbeit. Es war ungefähr 8 Uhr 15 morgens, und mein Mann hatte gerade angehalten, um mich an der Stelle abzusetzen, von der aus ich normalerweise die letzten 15 Minuten zu Fuß ging. Als ich die Autotür schloss, spürte ich einen stechenden Schmerz in der Herzgegend. Ich winkte meinem Mann, damit er wieder anhielt, was aber erfolglos blieb, und deshalb schleppte ich mich zum hinteren Bereich des Gehsteigs und hielt mich am Zaun fest. An dem Punkt dachte ich dann: ‚Hoffentlich bekomme ich nicht die gleichen Herzprobleme wie Papa.' Der Schmerz verging dann, und ich setzte den Weg zur Arbeit fort.

Ich war kaum zehn Minuten an meinem Schreibtisch, als ich einen Anruf vom Arbeitsplatz meines Vaters erhielt – der Geschäftsführer rief an, um mir zu sagen, dass mein Vater einen Herzinfarkt gehabt hatte und ins Krankenhaus gebracht worden war. Er war zusammengebrochen, kurz nachdem er bei der Arbeit angekommen war, also um 7 Uhr 30. Ungefähr fünf Minuten nach diesem Anruf bekam ich einen zweiten Anruf, der besagte, dass mein Vater auf der Fahrt ins Krankenhaus gestorben war.

Im Mai 1966 hatte Raymond Hunt Heimaturlaub von der Handelsmarine, um seinen Vater zu besuchen, der schwer krank und wegen Lungenkrebs im Krankenhaus war.

Nachdem ich ihn am 26. Mai besucht hatte, trank ich wie üblich ein paar Bier in meinem Lokal, ging dann zu Bett und schlief fest ein … Das Nächste, an das ich mich erinnere, ist, dass ich mit Schmerzen in der Brust und Atembeschwerden wach wurde. Ich versuchte, den Lichtschalter zu erreichen, aber wegen der Schmerzen schaffte ich das nicht. Ich erinnere mich, dass ich auf die Uhr neben dem Bett sah, und glaube, es war 4 Uhr 15. Die Schmerzen waren jetzt sehr stark, und ich rang um Atem. Ich erinnere mich, dass ich mir an den Mund fasste und ihn gewaltsam weiter öffnete, um besser Luft zu bekommen. Ich strengte mich an, so gut ich konnte, aber die Schmerzen waren jetzt fast unerträglich. Dann ließen sie nach, und Gefühle von großem Frieden und Liebe überwältigten mich. Die Schmerzen waren völlig weg. Ich kann unmöglich beschreiben, wie viel Liebe und Frieden ich empfand. Ich wollte nicht, dass diese Empfindungen aufhörten, und egal wo ich war oder hinging, ich wollte genau das. Ich wollte nicht in meinen Körper oder diese Welt zurück.

Ich schreckte hoch, als jemand so um 7 an die Tür klopfte. Es war ein Nachbar auf dem Weg zur Arbeit, der so freundlich gewesen war, Telefonnachrichten aus dem Krankenhaus entgegenzunehmen (wir hatten kein Telefon). Schon bevor ich die Tür öffnete, wusste ich natürlich, was er sagen würde – dass mein Vater in der Nacht gestorben war …

Das Erlebnis hatte mir körperlich nicht geschadet: Ich war genauso fit und lebendig wie bevor ich zu Bett gegangen war. Aber sicher können Sie verstehen, dass es mein Denken enorm beeinflusste. Ich konnte und kann nicht leugnen, was mir geschehen ist … Mir ist klar geworden, dass alle lebenden Dinge kostbar sind, von den kleinsten bis zu den größten, einschließlich Blumen, Pflanzen, Bäumen … Wir alle müssen eine bessere Welt anstreben, indem wir uns gegenseitig helfen, ohne irgendjeman-

den seelisch oder körperlich zu verletzen. Ich hoffe, dass mein Erlebnis anderen helfen kann, und vielleicht ist es genau deshalb passiert. Ich weiß, dass man den Tod nicht zu fürchten braucht, und mein Vater war glücklich.

Faszinierend an dieser Episode ist ihre fast spiegelbildliche Entsprechung zu einer Nahtoderfahrung. Was Raymond beschreibt – die starken Schmerzen, die plötzlich abklingen, als hätten sie seinen Körper verlassen; der Widerwille, in seinen Körper oder diese Welt zurückzukehren; der sehr starke und anhaltende Eindruck, den die Erfahrung auf ihn machte; und schließlich das völlige Fehlen von Angst im Angesicht des Todes –, wird immer wieder von Menschen berichtet, die eine Nahtoderfahrung hatten. Es ist, als hätte Raymond irgendwie an der Erfahrung seines Vaters teilgehabt.

Zwei Geistergeschichten

Die meisten Abschiedsbesuche von Sterbenden finden in Träumen, bei einem plötzlichen Aufwachen oder in dem benommenen, halb wachen, halb schlafenden – hypnagogen – Bewusstseinszustand statt, in dem man nicht so genau weiß, ob man träumt oder nicht. Weniger oft finden sie im Alltag statt, wenn jemand wach ist; der „Besucher" wird dann meist nicht gesehen, sondern als „Präsenz" wahrgenommen. Die folgenden beiden Berichte, in denen der Sterbende an einem normalen Tag in körperlicher Form gesehen wird, sind deshalb außergewöhnlich.

Die Tochter von Gladys Asten schrieb uns auf Bitten ihrer Mutter die folgende faszinierende Geschichte.

Die Geschichte stammt aus der Zeit des Zweiten Weltkriegs. Mama besuchte ihre Schwester Irene, die als Sängerin für die Truppenbetreuung in einem anderen Ort arbeitete. Etwa zur

Mittagszeit gingen die beiden auf einem Treidelpfad spazieren, als Irene auf der Brücke einen Mann in der Uniform eines Marineluftwaffe-Piloten entdeckte, der zu ihnen herübersah. Sie sagte zu Mama: ‚Oh, sieht der Mann auf der Brücke nicht aus wie Harold?' (Harold Shaw war Irenes Freund.) Meine Mutter stimmte zu, und sie gingen weiter Richtung Brücke, um zu sehen, ob es wirklich Harold war oder jemand, der ihm glich und die gleiche Uniform trug. Aber als sie bei der Brücke ankamen, war der Mann verschwunden. Da war überhaupt niemand, auch nicht in der Nähe, außer ihnen beiden; es gab keine Stelle, zu der jemand hätte hingehen können, ohne gesehen zu werden, und keine der beiden konnte sich erklären, wie oder wann der Mann aus ihrem Blickfeld verschwunden war. Sie standen beide vor einem Rätsel, und für den Rest des Tages sprachen sie das Erlebnis immer wieder durch.

Sie hatten vor, am nächsten Tag zusammen nach Hause zurückzufahren, damit Irene ihre Mutter (meine Oma) an deren Geburtstag überraschen konnte. Als Oma nach Hause kam, waren die beiden Mädchen schon da, und Irene versteckte sich schnell hinter dem Sofa; von dort wollte sie vorspringen und Oma überraschen. Aber als Oma zur Tür hereinkam – und nicht wusste, dass Irene sich hinter dem Sofa versteckte –, fing sie sofort an, Mama eine schreckliche Nachricht mitzuteilen – dass Harold umgekommen war, als sein Flugzeug nach Feindbeschuss über den Orkneys abstürzte. Es war am Vortag um die Mittagszeit herum passiert.

Die Geschichte ist besonders interessant, weil beide Schwestern die Gestalt sahen und überzeugt waren, das sei Harold; und weil beide bei der „Sichtung" eindeutig wach waren. Der folgende Bericht wurde uns von Jenny Stiles zugesandt; auch hier findet die „Sichtung" tagsüber statt, und derjenige, der sie hat, konnte unmöglich wissen, dass der Gesehene gestorben oder überhaupt krank war.

Meine Mutter starb kurz vor Weihnachten, am Sonntag, dem 17. Dezember 2006 um 21 Uhr 10. Sechs Wochen vorher hatte sie einen schweren Schlaganfall ohne Aussicht auf Genesung gehabt. Ich hatte mehrere Monate versucht, Kontakt zu meinem Bruder in den USA aufzunehmen, um ihm zu sagen, dass sie seit 18 Monaten in einer Einrichtung für betreutes Wohnen war und schnell abbaute. Ich wusste, dass er von Nashville nach Washington DC umgezogen war, aber ich hatte weder eine Adresse noch eine Telefonnummer von ihm, und die Suche blieb ergebnislos. Dann, aus heiterem Himmel, vier Tage nach dem Tod unserer Mutter, rief er mich eines Abends an. Er war nicht überrascht zu hören, dass sie gestorben war; er sagte mir, er habe sie am vorherigen Sonntagnachmittag gesehen, wie sie eine Straße in Washington entlangging. Wenn man den Zeitunterschied zwischen Großbritannien und den USA berücksichtigt, entsprach die Uhrzeit, zu der er sie zu sehen glaubte, der Uhrzeit, zu der sie starb bzw. ‚hinüberging'. Er beschrieb, was sie angehabt hatte – ein cremefarbenes Kostüm; dabei hatte mein Bruder sie seit fast zehn Jahren nicht gesehen und konnte nicht wissen, dass sie sich dieses Ensemble gekauft hatte.

Es ist sehr schwer, diese beiden Erfahrungen zu interpretieren. Wenn es tatsächlich Abschiedsbesuche von Sterbenden waren – warum haben diese dann keinen persönlicheren Kontakt zu dem Menschen hergestellt, wegen dem sie doch offensichtlich gekommen waren? Und warum haben, in der ersten Geschichte, beide Schwestern Harolds Gestalt gesehen, obwohl er nur zu Irene eine emotionale Verbindung hatte? Könnte die emotionale Verbundenheit der Schwestern der Grund sein, aus dem beide die Erscheinung sahen? Es ist zwar ein bisschen um die Ecke gedacht, aber vielleicht ist der Pilot zum Abschiednehmen eben deshalb nicht näher herangekommen, weil beide Schwestern an dem Erlebnis beteiligt waren. Das erklärt allerdings nicht den zweiten Fall. Es wäre interessant zu erfahren, welche Gefühle der Sohn hatte, als er seine Mutter „sah", und ob sie ihm tatsächlich vermittelte, dass sie gestorben war. Die Tatsache, dass er anschließend „aus heiterem Himmel" seine Schwester anrief, legt nahe, dass seine Vision ihn dazu veranlasste.

Traumbesucher

Am weitaus häufigsten verabschiedeten Sterbende sich in einem Traum, oder wenn der Besuchte plötzlich mit der unabweislichen Erkenntnis aufwachte, dass etwas nicht stimmt oder jemand versucht, mit ihm Kontakt aufzunehmen. Von über 100 Berichten schilderten 66 Prozent einen Abschiedsbesuch im Traum oder beim Hochschrecken aus dem Schlaf.

Im Oktober 1987 diente Terry Woods als U-Boot-Mann an Bord der HMS *Revenge* und war auf einer achtwöchigen Patrouillenfahrt.

Zwei Tage nach dem Abtauchen lag ich schlafend im Bett und hatte den sehr realen Traum, dass mein Großvater ‚gestorben' war. Der Traum war insofern ziemlich merkwürdig, als unsere ganze Familie an dem Ort wartete, an dem unsere Großeltern gewohnt hatten, und ich der letzte war, der eintraf. Als ich angekommen war und mein Großvater sah, dass wir alle da waren, griff er sich das Fahrrad meines Neffen und sagte: ‚Das war's, ich bin weg'. Er radelte über einen Fußgängerweg davon und verschwand. Als ich am nächsten Morgen wach wurde, erzählte ich meinem besten Freund: ‚Ich hatte den echt verrückten Traum, mein Opa wäre gestorben.' Mein Freund beschwichtigte mich, es sei nur ein Traum gewesen, und ich solle mir keine Sorgen machen.

Auf einer Patrouillenfahrt werden Mitgliedern von U-Boot-Besatzungen nie schlechte Nachrichten mitgeteilt. Das war für die Royal Navy ein Problem, denn unsere nächsten Angehöri-

gen durften pro Woche nur 40 Worte schreiben, um uns durch sogenannte ‚familygrams' über Neuigkeiten zu informieren – die Navy kontrollierte diese Nachrichten sehr genau. Meine Mutter bestand darauf, dass meine Frau ‚Wg. Opa schade' in das ‚familygram' aufnahm. Als diese Formulierung bei der Navy landete, hielt sie drei Wochen lang alle Nachrichten für mich zurück – da wusste ich, dass etwas nicht stimmte! Der Kapitän beschloss dann, mir zu sagen, dass die Mitteilungen für mich einbehalten worden waren, weil mein Großvater väterlicherseits gestorben war, ungefähr um 3 Uhr am 18. Oktober 1987. Ich hatte keine Ahnung, dass er krank gewesen war. Als er starb, war ich 200 Fuß tief im Atlantik und fest am Schlafen. Ziemlich unheimlich …

Auch diese Schilderung zeigt, dass räumliche Entfernungen für solche Kommunikationen keine Barriere darstellen und auch Wasser sie nicht aufhalten kann. Es ist sicher nicht ungewöhnlich, dass Menschen, die von ihrer Familie getrennt sind, ihretwegen Angstträume haben; aber Terry sagt, der Traum sei sehr real, aber auch seltsam gewesen, und dies in Kombination mit dem exakten Timing stützt die Vorstellung, dass es sich um eine gezielte Kommunikation und nicht um Zufall gehandelt haben könnte.

Auch Phillip Healey wurde der Tod seiner Mutter in einem Traum angekündigt, der für ihn eine besondere Qualität besaß. Die Mutter, der er sehr nahestand, war dement. Er, sein Vater und seine Schwester hatten sich um sie gekümmert, solange es ging, aber schließlich mussten sie sie in ein Pflegeheim geben.

Am Morgen des 26. Juli hatte ich einen Traum, den ich nur als Vorahnung beschreiben kann. Er war in Farbe, und so einen Traum hatte ich noch nie gehabt. Mama rief an und sagte: ‚Hallo Phillip.' Ich sagte: ‚Mama, alles in Ordnung mit dir?' Sie antwortete: ‚Ja, es geht mir gut, aber ich muss gehen.' Ich wurde wach und wusste: Das ist wirklich so. Am nächsten Morgen starb sie.

Traumberichte sind wegen ihrer erzählerischen Qualität interessant, und weil die Information in die Bildwelt des Traums eingebettet ist. Trotzdem ist dem Träumenden die Bedeutung ganz klar. Hier beschreibt Laura Scales, was in der Nacht geschah, in der ihre Mutter starb:

Ich hatte einen lebhaften Traum. Mama betrat mein Esszimmer in Shorts, Wanderschuhen und Fleecejacke; es ging ihr super, und sie sah jünger aus als seit vielen Jahren! Sie setzte sich auf einen alten Korbstuhl im Esszimmer. Ich war in der Küche, und als ich zurückkam und sie sah, lief ich zu ihr hinüber und rief: ‚Was machst du hier? Es geht dir besser!' Als ich auf die Stelle blickte, wo meine Diele hätte sein sollen, sah ich stattdessen den Flur des Cottage-Hospital, und eine der Krankenschwestern kam auf mich zu. Ich rief ihr entgegen: ‚Es geht ihr besser, sehen Sie nur!' Mama sah mich an und sagte: ‚Ich bin jetzt bereit zu gehen.' Ich wusste sofort, dass sie meinte, dass sie sterben und ‚sich davonmachen' würde. Ich sah sie an und sagte: ‚Aber wir haben uns noch nicht verabschiedet' und versuchte, ihr einen Kuss zu geben, aber mein Gesicht ging durch ihr Gesicht durch, als ob sie nicht wirklich da wäre. Wir sahen beide hoch und sagten ruhig: ‚Bitte lieber Gott, nur noch dieses eine Mal!' Dann konnte ich ihr einen richtigen Kuss geben, und sie verschwand aus dem Traum.

Ich schreckte aus dem Schlaf hoch und sah auf die Uhr im Schlafzimmer – ich wusste, dass das, was ich geträumt hatte, von Bedeutung war. Es war 2 Uhr 15. Am nächsten Morgen stand ich um 5 Uhr auf – ich war nervös wegen eventueller Neuigkeiten. Das Telefon klingelte um 7 – das Cottage-Hospital teilte uns mit, dass Mama um 2 Uhr 50 gestorben war, nur etwa eine halbe Stunde nach meinem Traum.

Was den Traum noch ungewöhnlicher macht, ist Folgendes: Mama war seit etwa neun Monaten nicht in der Lage gewesen, zu mir nach Hause zu kommen; sie konnte nicht gehen, und es ging ihr nicht so gut, als dass sie die Fahrt hätte unternehmen können. In dieser Zeit hatte ich im Esszimmer einiges verändert, das Mama noch nicht gesehen hatte. In meinem Traum war das Esszimmer so, wie Mama es zuletzt gesehen hatte; es war, als würde ich es durch ihre Augen sehen, nicht durch meine. Natürlich könnten Sie sagen, dass ich wollte, dass Mama kam und sich von mir verabschiedete, und dass ich diesen Schlusspunkt brauchte. Aber egal was der Grund für den Traum war, er wird immer ein besonderer Augenblick in meinem Leben sein.

Hier besteht eine interessante Parallele zu den bereits geschilderten Träumen, in denen jemand die körperlichen Schmerzen des Sterbenden zu erleben scheint. Laura sagt, es sei gewesen, als habe sie durch die Augen ihrer Mutter gesehen. Das deutet erstens auf die starke emotionale Verbundenheit hin, die all diesen Koinzidenzen gemeinsam ist, und zweitens darauf, dass der Sterbende den Ablauf steuert und seine Welt in das Geschehen hineinzutragen scheint. Das sollten wir uns merken, denn in vielen Berichten finden sich diskrete Hinweise darauf, dass es sich genau so verhält.

Achten sie auch auf die Ausdrucksweise in diesen drei Träumen. Terrys Großvater sagt: „Das war's, ich bin weg"; Phillips Mutter: „Es geht mir gut, aber ich muss gehen"; Laura Scales Mutter: „Ich bin jetzt bereit zu gehen." Auch Valerie Feasby-Quigleys Vater (S. 115) sagte: „Ich glaube, ich gehe jetzt." Das sind Formulierungen, die eher auf den Beginn einer Reise als auf das Ende eines Lebens hindeuten. Die Reise-Terminologie taucht immer wieder auf, und wie wir im vorigen Kapitel gesehen haben, wird sie oft von Angehörigen benutzt, die Zeuge der Visionen des Sterbenden waren: „Er schien mit jemandem zu reden, und kurz bevor er starb, sagte er: ‚Also, ich bin jetzt so weit, du kannst meinen Mantel holen.'" Der „Tod", so scheint es, ist kein Konzept, das der Sterbende versteht. Interessanterweise wird zur Beschreibung des Todes oft die euphemistische Formulierung „seine letzte Reise antreten" verwendet; vielleicht sollten wir sie gar nicht als euphemistisch betrachten, sondern als genau das Gefühl, das der Sterbende hat und das er den Überlebenden vermitteln möchte.

Richard Bufton ist heute College-Dozent und geht auf die Pensionierung zu. Aber Anfang der 1970er-Jahre war er professioneller Taucher im Persischen Golf:

Ich brachte ein Tauchboot von Bahrain nach Ra's Tanura in Saudi-Arabien und hatte die Kontrolle über das Boot gerade einem anderen Taucher übergeben. Es war mitten im britischen Poststreik, und wir hatten seit einiger Zeit keine Post mehr erhalten. Ich lag in der Schlafkoje in der vorderen Kabine und war in einer Art Halbschlaf, als etwas, das ich nur als eine Vision beschreiben kann, wie der Streifen eines Fernschreibers an mir vorüberlief. Die Worte – die ich mit meinem geistigen Auge las – lauteten nur: ‚Dein Großvater ist tot.'

Ich sprang auf, kletterte die drei oder vier Stufen in die Hauptkabine und sagte meinem Freund, ich müsse ein Funktelefonat führen. Über Radio Bahrain setzte ich einen Funkspruch an meine Mutter in Großbritannien ab, und als sie antwortete, sagte sie, sie habe schlechte Nachrichten. Ich unterbrach sie und sagte, ich hätte sie angerufen, weil ich gewusst hätte, dass Großvater tot war.

In diesem gut beobachteten Bericht beschreibt Robert seinen Bewusstseinszustand zum Zeitpunkt der Kommunikation als halb wach, halb schlafend. Genau dieser Zustand erwies sich im Ganzfeld-Experiment (siehe Kapitel 6, S. 138) als wirksam für die Telepathie, und vielleicht könnte er auch die telepathische Verbindung mit einem Sterbenden erleichtern.

Die folgende Schilderung macht die emotionale Intensität deutlich, die mit solchen Träumen einhergehen kann, und die felsenfeste Überzeugung, dass es keine normalen Träume sind. Der Mann von Jean Cheesman war bipolar und beging im Februar 1989 Selbstmord. Die beiden lebten zu diesem Zeitpunkt zwar getrennt, waren aber gute Freunde geblieben und standen sich immer noch sehr nah. Sie hatte ihn am Vortag gesehen, sie hatten Zeit miteinander verbracht, und er wirkte sehr positiv gestimmt.

Am nächsten Morgen wachte ich um 3 Uhr weinend aus einem sehr realen Traum auf. In ihm saß Vincent am Fußende meines Bettes und sagte mir, ich solle nicht mehr weinen, und jetzt wäre alles vorbei und er endlich im Frieden.

Ich stand auf, im ‚Automatik-Modus', verrichtete ein paar Arbeiten, die ich zu erledigen hatte, und so um 8 riefen mich zwei Kunden an, die ich zur Verzweiflung brachte, als ich ihnen sagte, ich würde mir eine Auszeit nehmen, weil mein Mann gerade gestorben sei. Ich ging mit Merlin, unserem Hund, zu seiner Wohnung, und rief die Polizei. Der Gerichtsmediziner stellte fest, dass Vin tatsächlich so um 3 Uhr gestorben war.

Jeans Bericht belegt sehr schön die besondere Qualität dieser Träume, die der Träumende durchaus erkennt. Dass Jean ihren Kunden sagte, ihr Mann sei gerade gestorben, noch bevor sie dafür irgendeine Bestätigung hatte, zeigt, dass der Traum für sie die Realität abbildete.

Alle „Empfänger" von Traumbesuchen reagieren genau gleich – im Allgemeinen empfinden sie den Besuch als tröstlich und beruhigend, denn sehr oft bringt der „Besucher" die Botschaft, dass es ihm gut geht. Und weil der geliebte Mensch gekommen ist, um ihnen ein letztes Lebewohl zu sagen, haben sie auch das Gefühl, dass etwas vollendet oder zum Abschluss gekommen ist, und das wiederum scheint den Trauerprozess zu erleichtern.

Auch was Dily Gannon beim Tod ihrer Großmutter erlebte, transportierte diese Botschaft, auch wenn Dily sich nicht sicher ist, ob sie damals wach oder vielleicht schon halb am Schlafen war:

Als ich eines Nachts im Bett lag, wurde ich geweckt, oder zumindest war das mein erster Gedanke; hinterher war ich mir nicht mehr sicher, ob ich bei dem Vorfall wirklich im herkömmlichen Sinne wach war. In mein Gesichtsfeld kam ein helles Licht, und darin sah ich meine Großmutter, die durch einen Spiegel zu mir hin sah. Der Spiegel hatte für mich und meine Großmutter große Bedeutung, denn als ich ein Kind war, hatte sie mit mir stundenlang in diesen Spiegel geschaut. Damals hatte sie mich nach den Dingen gefragt, die ich durch den Spiegel sehen konnte, und was sie bedeuten würden. Als nun das Licht durch und um den Spiegel schien, sah ich die Gestalt meiner Großmutter; sie erklärte mir, sie sei gestorben, ich solle mich aber nicht aufregen, sie sei nämlich sehr glücklich. Es gab da einen Augenblick vollkommenen Friedens und absoluter Stille, und es fühlte sich an, als würde das Licht mich wie eine Decke einhüllen. Beim Aufwachen rief ich meine Mutter an, die mir sagte, ich müsse mich getäuscht haben, denn wir würden es gehört haben, wenn meine Großmutter krank wäre. Später an diesem Tag rief meine Tante an und sagte, meine Großmutter sei vergangene Nacht gestorben. Die Tante hatte uns nichts von Omas Krankheit erzählen wollen, weil sie gehofft hatte, sie würde sich erholen; und sie hatte nicht früher angerufen, weil sie zu durcheinander war, um uns sofort zu informieren.

Auch hier finden sich Elemente einer Nahtoderfahrung – der Frieden, die Stille, das Licht, das sie „wie eine Decke" einhüllt. Der Gedanke, dass Dily irgendwie an der Erfahrung ihrer Großmutter teilhatte, ist schwer von der Hand zu weisen.

Plötzliches Aufwachen

Es haben so viele Menschen von Erlebnissen bei einem plötzlichen Aufwachen oder in einem halb wachen, halb schlafenden Zustand berichtet, dass dies der Zustand zu sein scheint, in dem wir für die Abschiedsbesuche von Sterbenden besonders empfänglich sind. In fast allen Fällen ist der Besuchte sicher, dass er tatsächlich aufgewacht ist und das Ganze kein Traum war. Tina Myer, die in den vergangenen 26 Jahren in Australien lebte und Angehörige in London hat, erzählte uns, was in der Nacht vor dem Tod ihres Bruders geschah.

1991 wurde ich eines Nachts plötzlich aus dem Schlaf gerissen – aber nicht auf die normale Art, bei der Sie wach werden und noch irgendwie benommen sind. Ich war aus dem tiefsten Schlaf heraus plötzlich hellwach, und als ich in dem völlig dunklen Zimmer die Augen aufmachte, war da das Gesicht meines Bruders, in Weiß, wie damals in London, und kam vom Fußende des Bettes ziemlich schnell auf mich zu. Das war kein Traum und keine Einbildung. Ich weckte meinen Mann und erzählte ihm, was passiert war.

Später erfuhr ich, dass mein Bruder gestorben war; er hatte sich eine Erkältung zugezogen, die sich zu einer Lungenentzündung ausgewachsen hatte. Ich kann nur vermuten, dass er an mich dachte, als er starb, und dass seine Seele deshalb sofort bei mir war.

In all diesen Berichten ist es der Sterbende, der das Geschehen voranzutreiben scheint, während der Besuchte lediglich als passiver Empfänger fungiert. Wenn wir den Erlebnissen Glauben schenken, müssen wir davon ausgehen, dass „Geist" und „Gehirn" nicht identisch sind und die Verbindungen zwischen ihnen sich möglicherweise beim Tod lösen, sodass die Kommunikation erleichtert wird.

Auch Julie Salmon beschreibt ein „brutales Aufwachen", als ihre Mutter starb.

Meine Mutter starb am 10. Dezember 1993 um 2 Uhr nachts. Sie hatte seit einiger Zeit Brustkrebs und machte eine Therapie.

Ich war nicht informiert worden, dass sie sterbenskrank war. Um den 7. Dezember herum ging es ihr plötzlich schlechter, und sie wurde ins Poole-Hospital in Dorset gebracht, wo ich sie am 8. Dezember besuchte. Am Abend des 9. Dezember ging ich zu Bett und war fest eingeschlafen, als ich plötzlich wach wurde, mich kerzengerade hinsetzte und laut ‚Mama' rief. Ich griff sogar mit der Hand zum Telefon, um das Krankenhaus anzurufen, aber als ich nach der Uhrzeit sah, war es 2 Uhr. Also sagte ich mir: ‚Reiß dich zusammen', und dass ich hysterisch und neurotisch wäre, und schließlich, ein paar Stunden später, schlief ich wieder ein. Am 10. Dezember um 7 Uhr 30 wurde ich von meiner Tante und meinem Stiefvater geweckt, die sagten, Mama sei gestorben – um 2 Uhr. Ich empfand das Erlebnis als extrem beunruhigend und werde es nie vergessen. Jetzt, wo ich dies schreibe, bin ich am Weinen – die ganze Erfahrung, plötzlich auf diese Weise wach zu werden, kann ich nur als ‚brutal' beschreiben. Vielleicht war es psychosomatisch, wer weiß? Für mich jedenfalls war es sehr real, und das ist es immer noch. Ich habe keinen Zweifel, dass sie in diesem Augenblick Kontakt zu mir aufnahm.

Die starke Emotion, die so oft von Erfahrungen dieser Art ausgelöst wird, zeigt sich ganz klar daran, dass die Erinnerung Julie noch Jahre später zum Weinen bringt. Sie ist einer der wenigen Menschen, die ihre Erfahrung nicht als tröstlich, sondern als ‚extrem beunruhigend' beschrieben haben.

Kath McMahon:

Mein Vater war im Krankenhaus, und es war mitten in der Nacht. Zum Zeitpunkt seines Todes, ungefähr um 3 Uhr, besuchte er mich und weckte mich aus dem Schlaf. Er stand am Fußende meines Bettes, lächelte mir nur zu und sah zu mir hin. Es war die wunderbarste und schönste Erfahrung, die ich je hatte; Worte wurden nicht gewechselt. Ich erinnere mich, dass ich mich unglaublich zufrieden und glücklich fühlte, und in euphorischer Stimmung glitt ich zurück in den Schlaf. Am nächsten Morgen stand ich auf und erledigte meine üblichen Hausarbeiten, die Ereignisse der vergangenen Nacht hatte ich vergessen, und dann klingelte das Telefon. Ich wusste, dass es meine Mutter war, und bevor sie irgendetwas sagen konnte, informierte ich sie, dass mein Vater gestorben war, letzte Nacht. Sie konnte über mein Erlebnis nur staunen.

Wissenschaftlich könnte die Bilderwelt, die man beim Aufwachen sieht, als hypnopompe Halluzination erklärt werden. Manche Menschen haben in der Aufwachphase sehr intensive visuelle Wahrnehmungen, und man könnte behaupten, Kath würde einfach eine gewöhnliche Aufwach-Halluzination beschreiben. Allerdings haben manche Menschen regelmäßig solche hypnopompen Halluzinationen und würden sie als solche erkennen. Kath macht ganz deutlich, dass es so etwas nicht war. Es war die wunderbarste Erfahrung, die sie je hatte. An ihrem Erlebnis war eindeutig nichts gewöhnlich. Beachten Sie auch, dass, wie in solchen Fällen üblich, keine Worte gewechselt wurden. Das Gefühl und das Wissen scheinen das Wichtigste zu sein.

Es kommt vor, dass der Besucher spricht, im Allgemeinen aber nur, um auf sich aufmerksam zu machen. Eine irgendwie geartete Unterhaltung scheint sehr selten zu sein. Und in manchen Berichten ist nicht klar, ob eine Kommunikation von Seele zu Seele ohne gesprochene Worte stattfindet, oder ob gesprochene Worte wirklich gehört werden, wie in dem folgenden Bericht von Richard Geall:

Als ich bei der Royal Navy in Portsmouth diente, erhielt ich eines Montagabends einen Anruf von meiner Mutter in Brighton, die mich informierte, dass mein Vater, von dem ich wusste, dass er wegen Krebs schwer krank war, ins Hospiz aufgenommen worden sei und die Woche vielleicht nicht überleben würde. Ich wollte am folgenden Tag Urlaub aus dringenden familiären Gründen beantragen, aber etwa um 3 Uhr 30 wurde ich plötzlich wach und setzte mich kerzengerade im Bett auf, als ich meinen Vater meinen Namen rufen hörte. Ich ‚sah' ihn nicht, aber ich hörte ganz deutlich seine Stimme, als wäre er im Zimmer. Ich schlief nicht wieder ein, sondern ging schließlich wie gewöhnlich zur Arbeit; dort wurde ich informiert, dass der Offizier vom Dienst einen Anruf erhalten hatte, der besagte, dass mein Vater ungefähr um 3 Uhr 30 gestorben war. Aber ich wusste das schon – mein Vater hatte es mir gesagt. Meine Mutter sagte später, er habe nach mir gerufen, als er starb. Ich liebe ihn sehr, und seit diesem Tag habe ich das überwältigende Gefühl, dass er bei mir ist.

Auch Malcolm McCallum und Carol Duncan wurden von jemandem geweckt, der ihren Namen rief. Malcolms Vater war vor drei Monaten am offenen Herzen operiert worden, und obwohl ihm keine lange Lebenserwartung zugesprochen wurde, rechnete niemand damit, dass er so bald sterben würde.

An dem Abend, an dem er starb, war er bei sich zu Hause in Darlington. Ich war bei meiner Familie in meinem Zuhause in einem Nachbarort. Irgendwann nachts wurde ich von meinem Vater geweckt, der meinen Namen rief. Während er rief, konnte ich etwas sehen, von dem ich nur annehmen kann, dass es seine Seele war, die sich hoch in den Nachthimmel hob. Bevor ich am Telefon antworten konnte, das am folgenden Morgen früher läutete als gewöhnlich, sagte ich noch zu meiner Frau, dass es meine Mutter wäre, die mir sagen wollte, dass mein Vater gestorben war.

Angie Bairds kleines Mädchen wurde im Mai 1979 geboren, litt aber an einer Blutkrankheit und musste auf der

Neugeborenen-Intensivstation bleiben. 48 Stunden hielt sie durch, und die Ärzte waren zuversichtlich und meinten, das Schlimmste sei überstanden.

Mein Bett war direkt gegenüber vom Arbeitsplatz der Schwestern. Am dritten Morgen wurde ich um 3 Uhr zitternd und weinend wach. Ich rief die Krankenschwester und fragte, ob ich aufs nächste Stockwerk gebracht werden könne, um mein Baby zu sehen. Ich dränge mich nicht gerne auf, aber ich hatte das starke Gefühl, jetzt sofort dorthin zu müssen. Die Schwester sagte, zu dieser nächtlichen Zeit sei das eine merkwürdige Bitte, aber sie würde die Intensivstation anrufen und fragen, ob sie etwas dagegen hätten. Die Schwester sagte dann, das Telefon auf der Intensivstation sei besetzt, und sie würde gleich noch einmal anrufen. Ungefähr fünf Minuten später klingelte das Telefon am Schwesterntresen. Es stellte sich heraus, dass das Telefon auf der Intensivstation besetzt gewesen war, weil die Schwester dort versucht hatte, nach unten zu telefonieren und die niederschmetternde Botschaft durchzugeben, dass meine Tochter gerade gestorben war. GENAU um 3 Uhr!

Das Gefühl, das ich um 3 Uhr hatte, war dermaßen intensiv. Ich WUSSTE einfach, dass etwas nicht stimmte. Es zeigt, wie stark die Mutter-Kind-Bindung ist, egal wie kurz die gemeinsam verbrachte Zeit war.

Aus fast all unseren Berichten wird deutlich, dass der Sterbende den Kontakt zu steuern scheint. Bei diesem Beispiel indes fällt es schwer zu behaupten, ein erst zwei Tage altes Kind könne das Geschehen genauso steuern wie ein älteres Kind oder ein Erwachsener. Hier stellt sich die Frage, ob die Verbindung zwischen einem neugeborenen Baby und seiner Mutter irgendwie so vorprogrammiert ist, dass die Mutter auch aus der Distanz die Bedürfnisse ihres Neugeborenen spürt.

Hellsichtige Träume

Der folgende Traumbericht wurde uns von Angelina Clements zugesandt. Er ist interessant und ungewöhnlich, weil er eher in die Kategorie „Hellsehen“ als in die Kategorie „Telepathie“ zu fallen scheint. Und er klingt, als sei Angelina in dem benommenen Zustand zwischen Wachen und Schlafen gewesen; sie selbst ist sich nicht sicher, tendiert aber zu hellwach.

Um 6 Uhr 11 des Morgens, an dem ihre Tochter bei einem Autounfall starb, lag Angelina im Bett und beobachtete, wie sich in den Himmel so etwas wie ein Gewächshaus zu heben schien, das sich allmählich in einen gläsernen Sarg verwandelte. Zu dem Zeitpunkt wunderte sie sich nur und hatte keine Erklärung. Sie sagt:

Ich erinnere mich, dass ich dachte: ‚Das war komisch …‘, denn es fühlte sich nicht so an, als wäre ich gerade wach geworden, und es fühlte sich auch nicht so an, als hätte ich geträumt … Es war, als wäre ich hellwach und gerade von irgendwo zurückgekommen.

Später fand sie heraus, dass der Unfall genau zu dem Zeitpunkt passiert war, zu dem sie dieses Erlebnis hatte. Sie sah auch ein Foto vom Auto ihrer Tochter, einem neuen Mini Cooper mit einem Glasdach, auf dem sich ein weißes Logo befand, und es kam ihr so vor, als sei sie zum Unfallzeitpunkt irgendwie dort gewesen. Sie fährt fort:

Ich glaube, wenn ich am Unfallort war und auf das Dach des schleudernden Fahrzeugs hinuntergeschaut habe, hätte mein Verstand auch denken können, er würde ein Gewächshaus sehen, als er zu deuten versuchte, was das Glas und die weißen Linien waren.

Ankündigungsbesuche

Die folgenden beiden Berichte sind insofern ungewöhnlich, als der Besuch eines verstorbenen Angehörigen vor einem baldigen Todesfall warnt. Hier Margaret Catherines „Zwei-Phasen"-Erfahrung.

Vor fünfzehn Jahren wurde ich um 2 Uhr nachts durch einen heftigen Stoß in den Rücken wach. Er weckte mich abrupt, aber ich hatte keine Angst und wusste einfach, dass meine verstorbene Schwiegermutter neben dem Bett stand. Ich wusste genau, wer es war, obwohl ich überhaupt nichts sehen konnte. Ich schlief wieder ein und hatte einen sehr plastischen Traum, in dem mein 22-jähriger Sohn mit mir sprach. Er sagte mir, er sei tot, ich solle aber nicht besorgt oder traurig sein, es ginge ihm nämlich gut … Als ich wach wurde, war ich ziemlich durcheinander und versuchte, meinen Sohn zu kontaktieren. Später an diesem Tag fand ich heraus, dass er in der Nacht zuvor ertrunken war. Ich bin überzeugt, dass er mich kontaktierte, genauso wie vorher seine Großmutter, die ihn sehr lieb hatte. Sein Besuch war über die Jahre hinweg ein großer Trost für mich … Ich kann Ihnen versichern, dass ich kein bisschen durchgeknallt bin, ich bin ein sehr bodenständiger Mensch, und ich weiß, dass meine Erfahrungen real sind; ich habe mit vielen Leuten gesprochen, die einen geliebten Menschen verloren haben und ähnliche Erfahrungen hatten.

Interessant an dieser Geschichte ist die Kombination, dass die Mutter erst einen Ankündigungsbesuch von der Großmutter des Jungen erhält und ihr anschließend der junge Mann selbst im Traum erscheint. Zufall? Das wäre natürlich möglich. Aber es handelte sich um einen jungen Mann, dessen Tod weder vorauszusehen noch zu erwarten war. Man wird an dieser Geschichte nur dann zweifeln können, wenn man strikt der Meinung ist, so etwas sei einfach nicht möglich. Mike Askins beschreibt einen ähnlichen Ankündigungsbesuch vor dem Tod seiner Mutter:

Anfang Februar 2002 hatte ich England verlassen, um in Nordchile an einem Kupferprojekt mitzuarbeiten; ich hatte mich von meiner engsten Familie verabschiedet, auch meiner Mutter, die 89 und einigermaßen gesund war. Ungefähr drei Wochen später wurde ich in einer Freitagnacht so um Mitternacht (5 Uhr morgens nach britischer Zeit) nach einem ungewöhnlichen Traum wach; in ihm war ich der stille und unsichtbare Zeuge eines Ereignisses, bei dem meine Großmutter und ihr Sohn (die Mutter und der Bruder meiner Mutter, beide tot), schwarz gekleidet, ein Haus mit der Bemerkung betraten, ‚sie seien gekommen, um sich den Körper anzusehen.' Das weckte mich, und ich dachte, dass meine Mutter gestorben war.

Am nächsten Morgen rief ich so um 7 Uhr vom Büro aus zu Hause an, aber niemand antwortete. Erst ein paar Stunden später rief meine Frau mich an, um mir zu sagen, dass meine Mutter, die ein paar Tage zuvor ins Krankenhaus gekommen war, an diesem Morgen dort gestorben sei. Sie war ungefähr um 7 Uhr 30 (2 Uhr 30 chilenischer Zeit) gestorben, das heißt rund zweieinhalb Stunden nach meinem Traum.

Ein kühler Empfang

Fast alle Menschen, die uns ihre Erfahrungen beschrieben haben, haben diese als tröstlich und beruhigend bezeichnet. Ganz selten jedoch ist der Besucher nicht willkommen und der Besuch extrem unangenehm oder sogar beängstigend.

Judy Gaskell beschreibt, was vorfiel, als ihre Mutter sich in der Nacht, in der sie starb, im Haus von Judys Schwester aufhielt; einige ihrer Enkel und ihr Schwiegersohn waren bei ihr.

Mitten in der Nacht wurde Alice, ihre Lieblingsenkelin, von einer Gestalt geweckt, die am Fußende ihres Bettes stand. Es war ihre Großmutter, meine Mutter, die ihr sagte, sie sei gestorben, und sie solle es ihrem Vater sagen, denn sie wolle ihre Tochter, meine Schwester, morgens nicht schockieren. Alice lag starr vor Schreck in ihrem Bett, weckte aber schließlich ihren Vater, der nach meiner Mutter schaute: Sie war tot, aber noch warm. Er ließ den Hausarzt kommen, der in der Nähe im Dorf wohnte, und der Arzt bestätigte, dass meine Mutter gerade erst gestorben war. Als ungefähren Todeszeitpunkt gab er 2 Uhr an. Als Alice morgens auf ihren Wecker schaute, war der um 2 Uhr stehengeblieben.

Die Reaktion ist nicht nur ungewöhnlich, es scheint sich auch um eine Sterbebett-Koinzidenz „in Vertretung" zu handeln. Interessant ist, dass die Großmutter Alice einigermaßen ausführlich den Grund für ihren Besuch nennt, und warum sie die nächste Angehörige nicht direkt kontaktiert. Auch Alice' Bemerkung über die stehengebliebene Uhr ist bemerkenswert – mehrere Personen haben uns von diesem speziellen Phänomen erzählt; ihre Berichte finden sich in Kapitel 8.

Auch Aileen Wright hatte zu viel Angst, um auf ihren Besucher einzugehen. Sie hatte mit ihrem Mann ihren Schwiegervater im Krankenhaus besucht.

Als wir gingen, sagte ich meinem Schwiegervater: ‚Bis bald.' Er schüttelte den Kopf und sagte nachdrücklich: ‚Nein.' Zwei Tage später, ungefähr um 1 Uhr 30 nachts, wurde ich schweißgebadet wach – mein Schwiegervater stand an unserem Bett. Er bat mich, John zu wecken, denn er wollte ‚Auf Wiedersehen' sagen. Aber ich enttäuschte meinen Schwiegervater, weil ich zu viel Angst hatte, und angesichts der ganz realen Gestalt, die da in unserem Zimmer zu stehen schien, ging ich auf maximale Distanz. Ich antwortete ihm, dafür hätte ich zu viel Angst. Er war freundlich, schien zu akzeptieren, dass ich ihn im Stich ließ – ich habe gespürt, dass er meine Angst verstand – und vermittelte mir ein ‚Macht nichts …' Dann verblasste mein Schwiegervater. Ein paar Minuten später – und wegen meiner Unruhe – wurde John wach und fragte, was los sei. Als ich ihm sagte, ich hätte gerade seinen Vater gesehen, erwiderte er ‚Okay', als hätte ich geträumt, und döste dann wieder ein. Aber ich hatte eindeutig keinen Traum gehabt! Am nächsten Morgen klingelte so um 8 Uhr das Telefon. Es war Johns Mutter, die sagte, sein Vater sei in der Nacht gestorben. Die Uhrzeit – 1 Uhr 30.

Auch hier lässt sich trefflich darüber spekulieren, warum es Aileen war, die geweckt – oder wach – wurde, und nicht ihr Mann. Im Verlauf unserer Arbeit haben wir immer wieder festgestellt, dass Menschen unterschiedlich feinfühlig sind. Manche sehen die Sterbebett-Visionen ihrer sterbenden Angehörigen, andere nicht. Manche erhalten Abschiedsbesuche, andere nicht. Man weiß nicht, was dieser Faktor ist, aber jeder, der im parapsychologischen Bereich forscht, kennt den sogenannten „Schafe-und-Ziegen"-Effekt. Bei manchen Menschen (den Schafen) funktionieren parapsychologische Experimente fast immer; bei anderen (den Ziegen) funktionieren sie nie. Vielleicht hatten wir in diesem speziellen Fall ein Schaf und eine Ziege im selben Bett.

Der folgende Bericht von Derek Whitehead schildert einen der wenigen uns mitgeteilten Fälle, in denen der junge Empfänger eines Abschiedsbesuchs nicht nur dessen Bedeutung nicht versteht, sondern durch ihn auch in völlige Panik gerät. Vielleicht brauchte er deshalb einen zusätzlichen Hinweis in einem Traum. Und den hätte er auch nicht verstanden, wenn sein Freund ihn nicht für ihn interpretiert hätte.

Mit 18 war ich in der Handelsmarine und überquerte auf dem Weg nach Australien den Pazifik. Eines Abends lag ich in meiner Koje und las ein Männermagazin – Mayfair oder Playboy wahrscheinlich. Ich blickte auf und sah meinen Großvater neben mir stehen, der mich ansah. Na ja, ich schoss hoch, ich schrie, und er war immer noch da und sah mich an – ich rannte um mein Leben, hoch zur Brücke, und zitterte wie Espenlaub. Als ich wieder nach unten kam, war er weg – in dieser Nacht träumte ich, ich würde versuchen, ein Schiff im Trockendock zu betreten, aber die Crew ließ mich nicht an Bord – etwas, das im realen Leben noch nie vorgekommen war. Sie sagten mir, es sei nicht für mich. Ich wurde so um 4 Uhr 30 wach, ging auf die Brücke und erzählte dem Maat, was passiert war. Er kam aus Buckie in Schottland und sagte, in Fischerfamilien hieße es, wenn man von einem Schiff auf dem Trockenen träumen würde, würde das auf einen Todesfall in der Familie hinweisen. Ich schrieb all dies in einen Brief, den ich meinen Eltern schicken wollte. Ungefähr drei Wochen später erreichten wir Australien, und der Lotse nahm die Post mit an Land. Später an diesem Tag brachte der Bote die Post für uns an Bord, mit einem Brief von Mama: Opa war gestorben, und der Tag und die Zeitangabe waren ungefähr die gleichen wie bei meinem Erlebnis.

Derek fügt hinzu: „Ich weiß nicht, was diese Dinge sind – Fantasien, Träume, Wünsche, Wahnvorstellungen … Ich mag sie nicht, sie erschüttern mein Gefühl für die Realität."

In der Blüte des Lebens

Mehrere Personen haben bei ihren Besuchern beobachtet, dass diese so aussahen, als seien sie in der Blüte ihrer Jahre und alle körperlichen Beeinträchtigungen geheilt. Laura Scales zum Beispiel sagt in ihrem auf S. 89 beschriebenen Traum über ihre Mutter: „Es ging ihr super, und sie sah jünger aus als seit vielen Jahren!" Das ist interessant, denn es gibt ziemlich genau das wieder, was Menschen berichten, wenn sie bei einer Nahtoderfahrung Angehörige sehen. Brenda Barker beschreibt eine ähnliche Verwandlung bei ihrem Vater, als er sie in der Nacht seines Todes besuchte. Achten Sie auch hier auf den Hinweis, dass er „auf seinem Weg" ist und eine spezielle „Erlaubnis" für seinen Umweg erhalten hat.

Als ich zu Bett gegangen war, war ich extrem unruhig. Ich warf mich von einer Seite auf die andere, bis plötzlich in den frühen Morgenstunden mein Vater an meinem Bett stand. Er war lange krank gewesen, aber da stand er, in der Blüte seiner Jahre. Er sprach nicht. Meine Unruhe verging, und ich schlief ein. Morgens wusste ich … mein Vater war spät am Abend zuvor gestorben und hatte die Erlaubnis erhalten, mich auf seinem Weg ins nächste Leben zu besuchen.

Hilary Froude ist examinierte Krankenschwester und hat viele Jahre als Krankenschwester und Hebamme gearbeitet. Während dieser Zeit hatte sie viele ungewöhnliche Erlebnisse.

Das merkwürdigste, aber vielleicht auch tröstlichste Erlebnis hatte ich, als im vergangenen September mein Vater starb. Um 3 Uhr weckte mich etwas, und nachdem ich auf die Uhr gesehen hatte, bemerkte ich, dass vor der Schlafzimmertür mein Vater stand, die Arme zu mir ausgestreckt. Allerdings war es eine etwas jüngere Version von ihm (eher 40 – 50 als die 81, die er tatsächlich war). Ich stand auf und ging ihm mit ausgestreckten Armen entgegen, und er sagte: ‚Es ist in Ordnung, es geht mir jetzt besser', bevor er durch die Wand verschwand. In Wirklichkeit war mein Vater in diesem Augenblick in einem Pflegeheim im letzten Stadium von Alzheimer und starb um 6 Uhr an diesem Morgen.

Wenn wir annehmen, dass der Sterbende die Erfahrung steuert, müssen wir auch hier zu dem Schluss kommen, dass Geist und Gehirn bis zu einem gewissen Grad verschieden sind. Bei einer Alzheimer-Erkrankung sind die Verschaltungen im Gedächtnis so zerstört, dass der Kranke sich nicht erinnern kann, wo er ist, wer er ist, welche Geschichte er hatte oder dass er überhaupt eine Tochter hat. Trotzdem ist er in Hilarys Erlebnis irgendwie mit seiner Tochter verbunden. In unserer Pflegeheimstudie haben wir immer wieder Geschichten über Sterbende mit fortgeschrittener Alzheimer-Erkrankung gehört, die noch nicht einmal Mitglieder ihrer eigenen Familie erkannten. Unmittelbar vor dem Tod kehrte dann manchmal in einem kurzen Intervall die geistige Klarheit zurück; sie erkannten ihre Familie und nahmen Abschied. Es ist völlig unklar, welcher Mechanismus hier am Werk ist, aber die Tatsache, dass es vorkommt, ist gut dokumentiert.

Hier nun beschreibt Keith Scrivener die Nacht, in der sein Schwiegervater starb. Er hatte Magenkrebs und war deshalb seit Langem schwer krank. Keith und seine Frau hatten ihr Baby, den einzigen Enkel des alten Mannes, so oft wie möglich zu ihm mitgenommen, denn wenn das Kind da war, hellte seine Stimmung sich immer auf.

Die Ärzte sagten, mein Schwiegervater habe nur noch ein paar Wochen zu leben, hielten seinen Tod aber nicht für unmittelbar bevorstehend. Er konnte sich nicht mehr eigenständig bewegen und war fast bis aufs Skelett abgemagert.

Damals schliefen meine Frau und ich in einem Doppelbett, und unser Baby in einem Kinderbettchen neben uns. Wir gingen alle schlafen, aber später wurde ich plötzlich wach; ich war hellwach, nicht benommen oder in einem traumähnlichen Zustand. Dort, über das Bettchen meines Sohnes gebeugt, war mein Schwiegervater, nicht wie ein Skelett, sondern so, wie er früher, als gesunder Mann ausgesehen hatte. Er wandte sich mir zu und sagte: ‚Es ist in Ordnung, ich möchte mich nur von dem Jungen verabschieden.' Obwohl mein Schwiegervater damals in den Fünfzigern war, wirkte er sehr viel jünger, strahlend gesund und glücklich. Ich sah auf die Uhr und registrierte die Uhrzeit; dann legte ich mich wieder hin, als wäre dieser nächtliche Besuch kein bisschen merkwürdig. Ich war ganz ruhig, denn es wirkte so friedlich und normal, und schlief sofort wieder ein. Meine Frau [seine Tochter] hatte währenddessen weitergeschlafen. Als meine Frau und ich morgens wach wurden, erzählte ich ihr vom Besuch ihres Vaters, und wie viel Uhr es gewesen war. Später kontaktierte meine Schwiegermutter uns, um zu sagen, er sei genau um die Uhrzeit gestorben, zu der ich ihn gesehen hatte, wie er nach seinem Enkel sah. Damals hatten weder ich noch meine Schwiegermutter Telefon, ich hätte vorher also nicht wissen können, dass er gestorben war.

Wie in vielen anderen Berichten beschrieben, ist der Besuch auch hier so beruhigend und tröstlich, dass Keith sofort wieder einschläft.

Welchen Nutzen haben diese Erfahrungen? Haben sie überhaupt einen Nutzen? Sind sie Einbildung? Wunschdenken des Hinterbliebenen, der gerne die Chance hätte, dem geliebten Menschen so etwas wie ein Lebewohl zu sagen? Entstehen sie einfach aus dem Bedürfnis nach Trost? Sind die Träume wirklich nur Träume ohne Sinn oder Bedeutung, unerklärliche Kuriositäten? Oder geben sie uns einen wichtigen Hinweis auf das, was passiert, wenn wir sterben? All diese Fragen werden wir in Kapitel 6 erörtern. Die Fakten liegen auf dem Tisch, sie sind frei zugänglich. Nehmen wir sie ernst, damit wir gut auf das vorbereitet sind, was geschehen wird, wenn wir einmal sterben.

Zunächst aber fasst Angelina Clements sehr schön zusammen, was ihre Erfahrung für sie bedeutete; ihr Eindruck greift das Empfinden vieler Menschen auf, die das Glück hatten, Erfahrungen dieser Art zu machen:

Vor dieser Erfahrung hatte ich keine genauen Vorstellungen vom Tod und dem Jenseits. Jetzt bin ich überzeugt, dass meine Tochter es schaffte, mit mir in Kontakt zu treten, als sie merkte, dass sie sterben würde. Und ich war da und konnte sehen, dass sie friedlich von dieser Erde hochhoben wurde, ins nächste Leben, wo auch immer es uns hinführen mag. Ich weiß nicht, ob ich früher Angst vor dem Sterben hatte – außer dass ich nie sterben wollte, bevor meine Kinder erwachsen wären und ohne mich zurechtkämen –, aber jetzt ist es mir egal, wann ich sterbe, denn ich bin überzeugt, dass meine Sarah auf mich wartet, wenn für mich die Zeit kommt, diese Welt zu verlassen.

Kapitel 5

Sterbebettvisionen: Erklärungen finden

Versuchung durch Verzweiflung

> *Solange Sie so etwas nicht selbst erleben, kann ich verstehen, dass Menschen nicht glauben oder spüren, wie wichtig es ist. Ich weiß nur, dass ich keine Zweifel habe. (Eine Teilnehmerin an unseren Umfragen)*

> *Ich weiß nicht, wie ich es erklären soll. Vielleicht ist es am besten, es gar nicht erklären zu wollen und einfach glücklich zu sein in dem Wissen, dass jemand, den Sie sehr geliebt haben, Sie immer noch begleitet. (Eine Teilnehmerin an unseren Umfragen)*

Menschen, die die Sterbebettvision eines Angehörigen miterlebt haben oder glauben, den Abschiedsbesuch eines geliebten sterbenden Menschen erhalten zu haben, zweifeln nicht an der Realität des Geschehenen. Uns Übrigen fällt es notorisch schwer, den eindeutigen Sinneswahrnehmungen anderer zu vertrauen. Vielleicht sind wir felsenfest davon überzeugt, dass diese Dinge einfach nicht möglich sind, und glauben deshalb, sie kämen auch nicht vor. Viele sträuben sich auch deshalb hartnäckig und intuitiv gegen eine solche Vorstellung, weil sie unser Realitätsgefühl erschüttert; sie löst ein diffuses Unbehagen aus. Plötzlich stehen wir auf virtuellem Treibsand, und die Welt unter unseren Füßen ist nicht mehr so solide wie gedacht. Derek Whitehead gehört zu den wenigen Menschen, die der Abschiedsbesuch eines sterbenden Angehörigen nicht tröstete, sondern extrem verunsicherte. Er bekannte: „Ich weiß nicht, was diese Dinge sind – Fantasien, Träume, Wünsche, Wahnvorstellungen … Ich mag sie nicht, sie erschüttern mein Gefühl für die Realität."

Stimmt etwas nicht mit uns, wenn wir diese Phänomene nicht erleben? Oder stimmt etwas nicht mit uns, wenn wir sie erleben? Oft unterschätzen wir das subjektive Erleben anderer Menschen; wir meinen, etwas, das sie erleben, wir aber nicht, könne nicht „die Realität" sein. Wir machen

Medikamente, ein Wunschdenken, eine sterbebedingt veränderte Hirnfunktion, eine Erwartungshaltung oder das Bedürfnis nach Trost für die Erlebnisse verantwortlich. Und als letzte Möglichkeit kommen wir auf den guten alten „Zufall“ zurück. Bei näherer Betrachtung jedoch erweist keine dieser Erklärungen sich als befriedigend.

Sterbebettvisionen erklären

Die Aussage, Sterbebettvisionen seien „doch nur“ Halluzinationen, erklärt gar nichts. Denn als Halluzination wird eine Sinneserfahrung definiert, die nicht auf einer körperlichen Wahrnehmung beruht und nicht von anderen Menschen geteilt wird. Die meisten Sterbebettvisionen *sind* also definitionsgemäß Halluzinationen.

Derzeit erklärt die Wissenschaft Halluzinationen mit einer anomalen Aktivität in der Großhirnrinde, die zu einer anomalen Wahrnehmung führt. Die auditiven Halluzinationen bei Schizophrenie etwa werden aktuell so verstanden, dass sie auf der inneren Stimme des Patienten beruhen.[1] Obwohl diese Halluzinationen mit Aktivierungen in der Hörrinde korrelieren, basieren sie nicht auf äußeren Sinneswahrnehmungen. In diesem Sinne sind sie zwar „real“, aber auf den Einzelnen begrenzt. Wenn wir uns mit Hilfe der funktionellen Magnetresonanztomographie (fMRT) das Bild eines arbeitenden Gehirns in Echtzeit ansehen, finden wir die auditive Erfahrung sichtbar dargestellt; das ändert aber nichts daran, dass wir sie weiter als Halluzination definieren, denn in der allgemein akzeptierten Realität der äußeren Welt hätten wir weiter keinen Zugang zu der Erfahrung selbst.

Aber auch wenn wir Halluzinationen zu verstehen glauben, bleiben sie Erfahrungen, die sich uns entziehen, denn wir kennen sie nur aus subjektiven Beschreibungen.

Dass jemand eine bestimmte Wahrnehmung hat, müssen wir ihm einfach glauben. Eine Halluzination besitzt keine objektive Realität; sie ist die subjektive Beschreibung einer Erfahrung durch denjenigen, der sie hat.

Deshalb wollen wir uns als Erstes ansehen, ob ein gemeinsamer Faktor für diese Halluzinationen verantwortlich sein könnte. Houran und Lange[2] haben 49 der Fälle analysiert, die Sir William Barrett in seinem Buch *Deathbed Visions*[3] zitiert; sie wollten herausfinden, inwieweit unterschiedliche Faktoren die Erfahrungen geformt haben könnten. Bestanden etwa kulturelle oder religiöse Überzeugungen oder Erwartungen, die zum Beispiel für Engel- oder Geistersichtungen prädisponierten? Gab es psychologische Faktoren wie etwa Angst, oder körperliche oder psychische Krankheiten? Waren Medikamente verabreicht worden, die Halluzinationen erleichtern können? Schließlich prüften sie den Kontext der Erlebnisse: Gab es in der materiellen Umgebung oder im Gedächtnis der Person „eingebettete Hinweise", die in eine psychische Erfahrung integrierbar waren? Fand etwa eine Vision, in der Angehörige gesehen wurden, unmittelbar nach dem Besuch von Angehörigen statt? Wurde in einem Zimmer mit fliederfarbenen Wänden der Geruch von Flieder wahrgenommen? Gab es metaphorische oder symbolische Bezüge, hatte zum Beispiel ein für die Religionsgemeinschaft besonderer Tag – der Sabbat, Ostern – die Vision des Sterbenden beeinflusst?

Houran und Lange stellten fest, dass Medikamente keine Rolle spielten, immer aber der psychophysische Zustand der Person. In 40 der 49 Fälle gab es zusätzlich mindestens eine kontextuelle Variable, meist das Vorhandensein eingebetteter Hinweise. Kulturelle und religiöse Überzeugungen jedoch spielten keine große Rolle, und die Forscher identifizierten auch keine symbolischen oder metaphorischen Bezüge. Sie schlossen daraus, dass die kontextuellen Variablen den ansonsten mehrdeutigen dissoziativen oder halluzinatorischen Erfahrungen eine Wahrnehmungsstruktur gaben. Sie räumten allerdings auch ein, dass ihr Material keine schlüssigen Beweise lieferte, die gegen eine paranormale Erklärung der Erfahrungen sprachen. Unter dem Strich kamen sie zu dem Schluss, Sterbebett-Erfahrungen seien im Wesentlichen bedeutungslose, wenn auch im Allgemeinen tröstliche Halluzinationen.

Die Schwierigkeit mit der Schlussfolgerung von Houran und Lange besteht im Alter ihres Materials: Zwischen ihrer Analyse und Sir Barretts Veröffentlichung liegen über 80 Jahre. In dieser Zeit haben die kulturellen Rahmenbedingungen sich verändert, was zu Interpretationsfehlern führen kann. Die Visionen *sind* Halluzinationen, das haben wir bereits gesagt; aber daraus zu schließen, sie seien bedeutungslos, verkennt die Tatsache, dass ihre wahre Bedeutung in der Wirkung auf den Sterbenden liegt und in dem Sinn, den sie für ihn besitzen.

Auch ein weiterer rätselhafter Aspekt der Sterbebettvisionen ist Horan und Lange entgangen. Die meisten von uns fragen sich wohl, warum, wenn wir sterben, vor unserem geistigen Auge ausgerechnet seit langem verstorbene Angehörige in der ersten Reihe auftauchen sollten. Viel logischer wäre doch die Annahme, dass unsere Gedanken sich in diesem Moment automatisch den Lebenden zuwenden, den Partnern und Geliebten, den Kindern und Enkeln, die wir zurücklassen, und nicht Angehörigen, die wir summa summarum wahrscheinlich aufs Abstellgleis unseres Gedächtnisses geschoben haben. Warum ist diese spezielle Kategorie von Halluzinationen unter diesen besonderen Umständen offenbar so weit verbreitet? Es scheint keinen Grund zu geben, aus dem die Erfahrung genetisch bei uns veranlagt sein sollte – sie hat keinerlei Überlebenswert. Und Richard Dawkins hat gezeigt, dass unsere Gene egoistisch sind und unseretwegen wahrscheinlich keine spektakulären Anstrengungen unternehmen werden, wenn wir sterben und also nichts mehr für die Vermehrung der Art tun können.

Spielen Medikamente eine Rolle?

Oft werden Medikamente als häufigste Ursache für Sterbebettvisionen genannt. Viele sterbende Patienten bekommen Medikamente zur Schmerzkontrolle, und ohne Zweifel lösen sie bei manchen Menschen Halluzinationen aus. In der Akutchirurgie gelingt die Schmerzkontrolle heute ausgezeichnet und es werden die gleichen Medikamente verwendet wie in Hospizen. Trotzdem wird nicht berichtet, dass Patienten nach einer Operation von Großmutterbesuchen erzählen. Wir haben es also eindeutig mit einem anderen Phänomen zu tun. Die Palliativkräfte, mit denen wir für unsere Studie sprachen[4], haben alle klar geäußert, dass Sterbebettvisionen und medikamentös induzierte Halluzinationen sich deutlich unterscheiden. Pflegende in Hospizen schilderten die durch Medikamente oder Fieber ausgelösten Halluzinationen wie folgt: Patienten sehen Tiere über den Fußboden laufen, Kinder ins Zimmer hinein- und hinauslaufen, im Licht tanzende Teufel oder Drachen, Insekten, die sich über die Tapete oder den Teppichboden bewegen. Sie beschrieben auch Patienten, die in die Luft griffen und schlotterten. Die Patienten selbst scheinen genau zu wissen, dass die medikamentös induzierten Halluzinationen nicht die Wirklichkeit abbilden. „Du siehst, wie ihr Blick durchs Zimmer hetzt", sagte eine Befragte. „Du fragst sie, ob sie irgendetwas sehen, das ich nicht sehen kann, und sie sagen: ‚Na, da ist dieser kleine Junge, der ständig rein und raus läuft. Meinen Sie, er ist wirklich da?'"

Die Pflegeheimkräfte sahen den Unterschied ähnlich.[5] Eine Pflegende sagte: „Man sieht es an ihren Augen. Wenn sie Fieber haben, sehen sie Dinge und sie haben Angst. Man sieht, dass da eine unterschwellige Angst ist, weil sie es nicht verstehen … Während die Lebensende-Erfahrungen wie ein Prozess sind, und wenn sie ihn erlebt haben, gehen sie auf eine andere Ebene. Lebensende-Erfahrungen sind im Allgemeinen eine sehr positive Angelegenheit. Sie sind wie eine Reise." Eine andere Pflegende meinte: „Du weißt, dass es ein Medikament ist, denn sobald das Medikament gewechselt wird, hört es [die Halluzination] auf. Ich kann sehen, dass das etwas anderes ist, als wenn die Leute wirklich glauben, sie hätten etwas gesehen oder gehört." Wieder eine andere Pflegende merkte an, wenn ihre Patienten durch eine Lebensende-Erfahrung inneren Frieden gefunden hätten, habe sie auch selbst dieses Gefühl bekommen. „Es fühlt sich spiritueller an als eine Halluzination. Es ist etwas ganz anderes."

Übereinstimmend wurde die Meinung vertreten, dass medikamentöse Halluzinationen zwar plastischer, aber eher lästig als erschreckend sind und den Patienten weder trösten noch besondere Bedeutung für ihn haben. Und sie sind bis zu einem gewissen Grad umkehrbar, denn durch die Verabreichung eines anderen Medikaments lassen sie sich steuern. Uns wurde von einem Patienten erzählt, der gleichzeitig medikamentös induzierte Halluzinationen, paranoide Gedanken und Sterbebettvisionen hatte. Der Patient berichtete, er würde Insekten sehen, und dachte, die Pflegerinnen wollten ihn vergiften. Aber er nahm auch die tröstliche Anwesenheit seiner Mutter im Nebenbett wahr – sie war ein paar Jahre zuvor an Lungenkrebs gestorben. „Er wusste, dass alles in Ordnung kommen würde, weil seine Mutter im Bett nebenan war und auf ihn aufpasste. Auch wenn er meiner Meinung nach halluzinierte, fühlte es sich ganz anders an, wenn er von seiner Mutter sprach. Er redete anders, ganz anders."

Als Valerie Feasby-Quigleys Vater an Lungenkrebs starb, pflegte sie ihn zu Hause. Etwa zwei Wochen vor seinem Tod fing er an, ihr von verschiedenen verstorbenen Familienmitgliedern zu erzählen, die ihn besuchten; er konnte sie sehen und mit ihnen sprechen. Sie nahm an, die „Besuche" seien auf seine Medikamente zurückzuführen.

Bei ein paar Gelegenheiten dachte ich, wenn ich ihn reden hörte, er würde mich rufen. Wenn ich sein Zimmer betrat und fragte, was er wollte, sagte er gewöhnlich: ‚Nichts, ich hab mit deiner Mutter geredet.' An dem Tag, an dem er starb ... sagte er: ‚Sieh mal, hier sind deine Mutter und David [ihr Bruder]. Sie sind noch einmal gekommen. Ich glaube, ich gehe jetzt." Ich dachte, er meinte, er wolle jetzt schlafen gehen, und sagte: ‚Okay Paps, leg dich einfach zurück und mach die Augen zu – du kannst jetzt schlafen.' Ich hielt seine Hand; er legte sich auf sein Kissen zurück, sah dabei immer noch auf die Wand gegenüber, seufzte einmal tief auf und starb einfach. Ich führte das alles auf seine Medikamente zurück. Als ich nach der Beerdigung sein Zimmer aufräumte, fand ich die Tabletten, die ich ihm gegeben hatte und von denen ich dachte, er hätte sie genommen, unter dem Bett. Er hatte überhaupt nichts genommen. Da ging mir auf, dass er nicht halluziniert hatte; er muss meine Mutter und meinen Bruder wirklich gesehen haben, und sie haben ihn abgeholt, um ihm auf seiner Reise zu helfen.

Viele Menschen, die Zeuge solcher Visionen waren, haben betont, der Sterbende sei nicht verwirrt gewesen, sondern zurechnungsfähig und geistig klar. Jan Mustoe zum Beispiel erzählte uns, was ihr auffiel, als es mit ihrem an Krebs sterbenden Vater zu Ende ging.

In den zwei Tagen vor seinem Tod war er ganz verändert. Obwohl er ziemliche Schmerzen hatte und sich gar nicht wohl fühlte, war er milder geworden, er war zufrieden und lächelte und lachte viel. Er sagte mir, sein Vater habe ihn besucht (er hatte vorher noch nie von ihm gesprochen), und meine Mutter (die vor 14 Jahren gestorben war) sei im Zimmer, und ab und zu sprach er mit ihr. Er verstand nicht, warum ich sie nicht sehen konnte. Ich sollte hinzufügen, dass sein Gemütszustand nicht durch irgendwelche Medikamente verursachte wurde, denn er hatte sich geweigert, irgendetwas zu nehmen außer Paracetamol …

Es scheint also, dass Medikamente nicht für die Visionen verantwortlich sind und zwischen medikamentös induzierten Halluzinationen und echten Lebensende-Visionen ein eklatanter Unterschied besteht: Letztere haben für den Patienten beträchtliche Bedeutung.

Organbedingte Verwirrtheit

Viele Sterbende sind verwirrt, weil bei ihnen ein Organ versagt, etwa die Leber, die Nieren, die Lunge oder das Herz. Jede dieser Störungen kann eine organbedingte Psychose mit Halluzinationen auslösen und schließlich zum Koma führen. Die Merkmale dieses Halluzinationen gleichen sehr stark den medikamentös induzierten: Der Patient ist desorientiert, seine Denkfunktionen sind stark beeinträchtigt, und er schreibt der Halluzination keine besondere Bedeutung zu.

Echte Sterbebett-Halluzinationen sind anders. Der Patient ist nicht desorientiert, sondern bei vollem Bewusstsein; oft kommt ein bewusstloser Patient sogar wieder zu Bewusstsein und sieht die Vision in einem kurzen luziden Moment vor dem Tod. Anwesende Angehörige sagen, der Patient sei nicht nur geistig klar, sondern auch vernünftig und im Allgemeinen in der Lage, die zwei Realitäten auseinanderzuhalten, die sein Bewusstsein umspannt.

Überzeugung und Erwartung

Mit am häufigsten werden Sterbebett-Halluzinationen als „Tröstungsmechanismus“ erklärt, als etwas, das unsere Überzeugungen bestätigt und die Bilder wachruft, die wir erwarten oder meinen sehen zu müssen. In Wahrheit finden die Visionen sehr oft gegen jede Überzeugung und Erwartung statt. Die meisten von uns haben irgendein fest etabliertes Glaubenssystem, und einige glauben sogar felsenfest an gar nichts. Die Wucht der Visionen zeigt sich unter anderem an der Leichtigkeit, mit der sie auch die unerschütterlichsten Überzeugungen umkrempeln.

Bert Clatworthy erzählte uns diese Geschichte:

Meine Tante und ich stritten im Lauf der Jahre immer wieder darüber, ob es ein Leben nach dem Tod gibt. Sie glaubte nicht daran, ich schon. In den 1970er-Jahren wurde bei ihr Blasenkrebs diagnostiziert, der schnell in andere Bereiche ihres Körpers streute, und sie wurde ins Royal Marsden Hospital gebracht. Mein Vater, meine Mutter, mein Onkel, meine Tante und ich besuchten sie kurz vor einer Urlaubsreise. Wir unterhielten uns ganz zwanglos, als sie plötzlich sagte: ‚Letzte Nacht habe ich Mama gesehen, und sie hat gesagt: „Warum kommst du nicht zu mir und dem Rest der Familie?“. Ich ging aus dem Zimmer, während sich die anderen weiter unterhielten. Plötzlich kam mein Onkel zu mir und sagte, meine Tante wolle mich sehen. Als ich in ihr Zimmer kam, sah sie mich an und sagte: ‚Bert, ich muss zugeben, du hattest recht.‘ Wir gingen alle hinaus, und am nächsten Tag starb sie. Seltsam, oder?

Was auch immer Berts Tante dazu veranlasst haben mag, ihre lebenslange Überzeugung über Bord zu werfen – es erfüllte ganz gewiss nicht irgendwelche Erwartungen, und Bert hat bestätigt, dass seine Tante im Moment ihrer Aussage bei klarem Verstand war. Hier ein weiteres Beispiel für einen Besuch, der Erwartungen nicht bestätigte, sondern widerlegte.

Mama starb 2003. In den letzten Tagen vor ihrem Tod sprach sie über ihre Angst, tot zu sein. Sie bedauerte, eigentlich keine religiöse Überzeugung zu haben, die ihr helfen könnte, an irgendeine Art von Existenz nach dem Tod zu glauben. Manche Leute reden davon, dass sie von einem geliebten Menschen abgeholt werden, wenn sie sterben, und dass sie wieder mit ihm vereint sein wollen, aber meine Mutter sagte, so etwas glaube sie nicht. In den letzten Stunden ihres Lebens schien sie zu schlafen. Während dieser ganzen Zeit waren mein Bruder und ich an ihrer Seite. Sie bewegte sich nur einmal, wandte uns den Kopf zu, sah uns an (ihr war also bewusst, dass wir da waren und wo wir waren) und sagte: ‚Er ist gekommen.' Dann schloss sie die Augen, drehte den Kopf wieder so, dass sie geradeaus vor sich sah, und sagte: ‚Mein Schatz, ich liebe dich.' Von da an bewegte sie sich nicht mehr und starb sechs oder sieben Stunden später.

Wieder und wieder äußern Sterbende vor allem Überraschung, Freude und Zustimmung – vielleicht erwarten sie nicht gerade denjenigen, den sie letztendlich sehen, aber auf jeden Fall freuen sie sich über den Besuch.

Eine gewisse Angst vor dem nahenden Tod ist normal; die uns geschilderten Erlebnisse deuten indes darauf hin, dass der Sterbeprozess Elemente enthalten kann, die diese Angst beträchtlich verringern. Für den Sterbenden ist das Erscheinen verstorbener Angehöriger tröstlich und beruhigend; es impliziert das Versprechen, dass er auf dieser unvermeidlichen Reise mit Personen zusammen sein wird, die er kennt und liebt, sodass er den Tod sofort akzeptiert.

Wir müssen hier natürlich berücksichtigen, dass Menschen positive Erfahrungen meist lieber berichten als negative. In praktisch allen uns übermittelten Berichten zeigte der Sterbende keine Angst vor seinem Besucher; die Visionen scheinen ihm jegliche Todesangst genommen zu haben. Allerdings wissen wir nicht, ob andere Menschen Erfahrungen gemacht haben, die sie im Angesicht des Todes ängstlich werden ließen oder deren Angst vor dem Tod nicht durch Visionen zerstreut wurde. Überprüfen ließe sich das nur mit einer kontrollierten Studie, die eine geschichtete Zufallsstichprobe der Bevölkerung auswertet; bei den ausführlichen Interviews müssten die Befragten sich so sicher und akzeptiert fühlen, dass sie auch über die negativeren Aspekte des Sterbens nahestehender Menschen sprechen würden.

Mehrere Personen haben uns erzählt, sie hätten ihren nicht vorhandenen Glauben hinterfragt, nachdem sie solche Phänomene als Zeuge miterlebt oder selbst erfahren hatten. John Burgess bezeichnet sich als Atheisten. Er hatte zwei Erlebnisse, die ihn dazu veranlassten, seine Skepsis in Frage zu stellen. Das erste fand in der Nacht statt, in der seine Großmutter starb. Die beiden waren allein, und sie sagte ihm, es sei in Ordnung, dass sie sterben würde, weil sein Großvater (der tot war) sie in der Nacht zuvor besucht habe. Das zweite Erlebnis hatte mit seiner Großmutter mütterlicherseits zu tun, der er sehr nahegestanden hatte:

Am Tag ihres Todes war ich wegen einer Infektion im Brustkorb krankgeschrieben. Irgendwann stand ich im Badezimmer und wusch mir das Gesicht, als ich mich plötzlich schwach fühlte und mich hinsetzen musste. Gleichzeitig sah ich auf die Uhr. Bei der Beerdigung etwa eine Woche später erwähnte meine Tante eher zufällig und ohne besonderen Anlass, die Schwestern im Heim hätten ihr Nans genauen Todeszeitpunkt genannt – es war genau die Uhrzeit, zu der ich mich so schwach gefühlt hatte. Ich will nicht behaupten, ich würde mich noch an die Uhrzeit erinnern, aber damals war ich ziemlich erschüttert. Ich sollte hinzufügen, dass ich Atheist bin, ein Mann der Wissenschaft, von Beruf Ingenieur, aber die zwei Erlebnisse haben mich dazu veranlasst, mir zu meinem fehlenden Glauben ein paar Fragen zu stellen.

Geister am Bettende

Sehr schwer zu erklären sind jene Besuche, die dem Tod eines augenscheinlich gesunden Menschen vorausgehen, denn er rechnet nicht mit seinem Tod und schon gar nicht damit, von irgendeinem verstorbenen Angehörigen besucht zu werden.

Vor ein paar Jahren hatten wir uns im August im Haus meines Sohnes getroffen. Es gab dort ein kleines Familientreffen zum Geburtstag meiner Enkelin. Meine Schwester und ich unterhielten uns (sie war 17 Jahre älter als ich), und sie erzählte mir, unsere Mutter und unser Vater hätten sie wieder besucht. Sie hätten am Fußende ihres Bettes gestanden und ihr zugelächelt. Meine Schwester sprach sie an, aber sie antworteten ihr nicht – sie lächelten nur. Meine Mutter war 1953 gestorben und mein Vater 1998. Damals ärgerte ich mich ziemlich, denn ich fragte mich, warum sie mich nicht besucht hatten! Ihr Sohn bestätigte es; er sagte, er habe sie reden hören und hätte gedacht, sie würde träumen. Das war schon vorgekommen. Etwa einen Monat später starb sie. Wenn ich mich jetzt nicht so besonders gut fühle und mitten in der Nacht wach werde, sehe ich immer nach, ob jemand am Fußende meines Bettes steht.

Gibt es irgendeinen physiologischen oder psychologischen Mechanismus, der für die Halluzinationen am Lebensende verantwortlich sein könnte? Könnte irgendein psychotischer Prozess stattfinden, wenn das Gehirn abschaltet, und würde der sich immer diesen speziellen Gedächtnisinhalt aussuchen? Nun, es gibt ganz sicher keinen psychotischen Prozess, von dem wir wissen, der sich routinemäßig verstorbene Verwandte aussucht.

Eine Vision für zwei

In sehr seltenen Fällen sieht nicht nur der Sterbende, sondern auch eine weitere, im Zimmer anwesende Person die Vision – ein weiterer rätselhafter Aspekt dieses Phänomens. Uns liegen nur vier Berichte dieser Art vor; an dreien von ihnen sind Kinder oder Heranwachsende beteiligt. Möglicherweise haben Kinder eine Fähigkeit, die bei Erwachsenen verloren gegangen ist, und sind eher in der Lage, sich in eine Vision einzuklinken. Gill Scrivener erzählte uns von einer Freundin, die im Alter von fünf Jahren zu ihrer Großmutter mitgenommen wurde; dem Mädchen war nicht gesagt worden, dass die Oma im Sterben lag. Die Kleine saß bei ihr am Bett und konnte gar nicht verstehen, warum alle weinten, denn sie sah beide Großeltern, zusammen und offenbar glücklich.

Eine andere Frau schrieb:

Mein Mann starb im August 2005 im Hospiz, und obwohl ich mich auf ihn konzentrierte, sah meine damals 13-Jährige die weiße Gestalt einer Frau am Fußende des Bettes, und wir dachten beide, dass das jemand war, der gekommen war, um ihn auf seinem weiteren Weg anzuleiten.

Die folgenden beiden Berichte stammen von den wenigen Erwachsenen, die am Bett eines sterbenden Elternteils einen Besucher sahen. Valerie Bowes:

Meine geliebte Mutter starb am Morgen des 7. November 2006. Eine Pflegerin wartete an der Tür auf uns, und als wir das Zimmer betraten, sah ich einige Pflegerinnen am Fußende ihres Bettes und einen Mann in einem Anzug, der neben ihrem Bett kniete. Sie alle verließen dann das Zimmer, und uns blieb gerade die Zeit, Mutter zu umarmen und ihr zu sagen, was für eine wunderbare Mutter sie gewesen war, und dass wir jetzt klarkämen und es für sie an der Zeit wäre zu gehen. Ein paar Minuten später bemerkten wir, dass ihre flache Atmung ganz aufgehört hatte. Die Pflegerinnen sagten uns, sie hätten Mama immer wieder gesagt: ‚Halte durch, Edith, deine Töchter kommen gleich', und meinten, sie hätte durchgehalten, bis wir da waren. Ich fragte beiläufig meine Schwester: ‚Wer war der Mann, der an ihrem Bett kniete, als wir hereingekommen sind, war das der Pfarrer?' Sie sagte: ‚Welcher Mann?' Und ich sagte: ‚Der ältere Mann im Anzug.' Sie sagte, da sei kein Mann im Zimmer gewesen. Sie fragte, wann er das Zimmer verlassen habe, und ich sagte, ich hätte nicht genau darauf geachtet, würde aber vermuten, er wäre gegangen, als die Pflegerinnen gegangen sind, damit wir uns verabschieden konnten. Ich kannte den Mann nicht, aber er war mir nicht unheimlich – es schien ganz natürlich, dass er da war. Ich wünschte, ich könnte sagen, es wäre mein Vater gewesen, der sie abholen kam, oder jemand anderes, den wir geliebt hatten und der tot war, aber es war eindeutig niemand, den ich kannte.

Mein Vater starb vor drei Wochen, und zwei Tage vor seinem Tod (mir war gesagt worden, dass die Ärzte nichts mehr für ihn tun konnten, und er selbst wusste auch, dass er sterben würde) saß ich in dem kleinen Krankenhauszimmer bei ihm, als ich eine Gestalt bemerkte, die hinter mir stand. Ich konnte ihr Spiegelbild (ich glaube, es war das eines Mannes) in dem Glasfenster vor mir sehen. Ich nahm sehr klar die Anwesenheit von jemandem wahr und schaute mich um, um zu sehen, wer es war, aber er war weg, und ich sah ihn nie wieder. Ich begann dann zu unter-

suchen, was es gewesen sein könnte, und verbrachte einige Zeit damit, mir das Fenster anzuschauen und verschiedene Bewegungen auszuprobieren, nach Spiegelungen zu suchen und eine irdischere Erklärung für das zu finden, was ich gesehen hatte. Aber es wurde deutlich, dass da tatsächlich jemand bei uns im Zimmer gewesen war. Ich bin Pfarrer und dachte, ich hätte vielleicht Christus gesehen, aber spontan dachte ich damals, dass ein Angehöriger meines Vaters gekommen war, um ihn auf seiner letzten Reise zu begleiten. Das spürte ich ganz stark.

Wir können nicht wissen, ob es sich bei diesen Erlebnissen wirklich um „eine Vision für zwei" handelte, das heißt, ob auch der Sterbende wahrnahm, was die Person an seinem Bett sah; klar ist indes, dass die Anwesenheit des Besuchers in beiden Fällen als natürlich und sinnvoll empfunden wurde. Wenn tatsächlich zwei Personen die Vision gesehen haben, gehört sie zur gemeinsamen Realität der beiden Beteiligten und kann definitionsgemäß nicht mehr der Kategorie der Halluzinationen zugerechnet werden. Wir müssen annehmen, dass beide dieselbe Vision haben, was bedeutet, dass ihre Welten auf irgendeine Weise miteinander verbunden sind.

Der folgende Bericht ist interessant, weil der Sterbende hier offenbar Personen sah, „die ihm zuriefen und zuwinkten, sich ihnen anzuschließen", während seine Enkelin sich an „viele, viele Leute" erinnert, die ihn besuchten. Geraldine English beschreibt, was geschah, als sie ihren krebskranken Vater zu Hause pflegte:

Bis zum Tag vor seinem Tod war er geistig völlig klar, und wir führten viele Gespräche. Bei einigen von ihnen sagte er, ‚sie' würden ihm zurufen und zuwinken, sich ihnen anzuschließen, er könne sie genauso deutlich sehen wie mich. Er sagte, er würde gerne gehen, aber noch nicht sofort. Ein paar Wochen später begann meine jüngste Tochter (jetzt 23), die damals fünf war, von ihm zu reden und erwähnte, viele, viele Leute hätten ihn besucht, als er im Sterben lag. Ich wunderte mich, denn damals waren wir nur vier Erwachsene und meine zwei jüngsten Kinder. Meine Tochter sagte, das Zimmer sei immer voller Menschen gewesen. Ich fragte sie, wie sie ausgesehen hätten. Sie sagte, da seien alle möglichen Leute gewesen, Männer in ‚Anzügen', Männer, die wie Landarbeiter oder Fabrikarbeiter mit schmutzigen Händen aussahen, Damen mit Tellerröcken und Cardigans (damals nicht modern), und sie alle hätten mit meinem Vater geredet. Für Leonies fünfjährige Augen wirkten sie so solide und real wie wir. Ich fragte sie, warum sie vorher nichts davon gesagt habe, und sie sagte, sie habe gedacht, ich hätte sie auch gesehen.

Interessanterweise scheint die Bilderwelt der Visionen sich im Lauf der Zeit verändert zu haben. In vielen frühen schriftlichen Aufzeichnungen oder auf mittelalterlichen Darstellungen des Todes holt fast immer eine religiöse Gestalt den Sterbenden ab oder besucht ihn auf seinem Weg. Der heilige Franziskus zum Beispiel streckt auf seinem Grab seine Arme einer Schar von Engeln entgegen, die ihn willkommen heißen. Ist das Ausdruck der Tatsache, dass die Visionen in früheren Zeiten sowohl von Christen erlebt als auch von ihnen aufgezeichnet wurden? Die von uns zusammengetragenen Berichte beschreiben überwiegend die Abholung durch Angehörige. In unserer Stichprobe aus einer jetzigen, weltlicheren Gesellschaft waren nur 2 Prozent der „Besucher" religiöse Gestalten, 70 Prozent dagegen verstorbene Angehörige oder Freunde. In den verbleibenden 28 Prozent der Fälle machte der Sterbende Willkommens- oder Begrüßungsgesten; gesprochen wurde nicht, deshalb ist es unmöglich, genau zu sagen, wen oder was er gesehen hat.

Obwohl Houran und Lange[6] zu dem Schluss kamen, dass kulturelle und religiöse Überzeugungen keine signifikante Rolle bei diesen Erfahrungen spielen, deutet die

Analyse zeitgenössischer Daten darauf hin, dass kulturelle Einflüsse beteiligt sein können. Dr. John Lerma ist Spezialist für Hospiz- und Palliativmedizin am Medical Center in Houston/Texas. Er hat über 2000 todkranke Patienten befragt und über 500 Vor-Tod-Erfahrungen protokolliert, von denen er einige in seinem Buch *Ins Licht – Besuche von Engeln, Visionen vom Leben danach und andere Erlebnisse vor dem Übergang* beschreibt. Obwohl er die Religionszugehörigkeit seiner Patienten nicht detailliert benennt, spiegeln die Einzelfallberichte aus einer fundamental religiöseren Gesellschaft als der unseren einen sehr starken christlichen Einfluss. „Botschaften von Engeln" und Erscheinungen von Jesus überwiegen. Lerma betont, dass die Erscheinungen mit intensiven spirituellen Erfahrungen einschließlich dem Empfinden von Liebe, Mitgefühl und Licht einhergehen.[7] Auch die Amerika-Stichprobe von Osis und Haraldsson ergab einen höheren Anteil (13 Prozent) an religiösen „Abhol"-Besuchern als unsere Stichprobe; der Anteil verstorbener Angehöriger oder Freunde indes war bei ihnen genauso hoch wie bei uns – 70 Prozent. Osis und Haraldssons Indien-Stichprobe ergab einen sehr viel höheren Prozentsatz an religiösen Figuren (50 Prozent) und einen niedrigeren Prozentsatz an verstorbenen Angehörigen (29 Prozent), was ebenfalls dem Charakter dieser Gesellschaft entspricht, die fest an die Abholung durch den Todesboten glaubt.[8]

Aber auch wenn der Bote von Kultur zu Kultur verschieden sein mag – die Botschaft bleibt die gleiche. Der Inhalt der Visionen hängt wahrscheinlich bis zu einem gewissen Grad vom Weltbild der Beteiligten ab, aber spirituell und bedeutsam sind sie für fast jeden. Wer einen religiösen oder spirituellen Glauben hat, findet seine Überzeugungen bestätigt. Die Erfahrungen können allerdings auch so wirkmächtig sein, dass sie lebenslange Zweifel über den Haufen werfen. Für denjenigen, der sie macht, und für die

Pflegenden oder Angehörigen, die sie miterleben, scheinen sie ein Wink zu sein, dass es jenseits des Todes noch etwas gibt, dass diese „Besucher", egal welche Gestalt sie annehmen, gekommen sind, um dem Sterbenden während des Sterbevorgangs und der Reise ins Anderswo zu helfen.

Alles in allem sind Sterbebettvisionen also tröstlich, unerwartet, gut ausgestaltet und Vorboten des nahenden Todes. Sie sind nicht auf Medikamente zurückzuführen – medizinische Fachkräfte, die mit medikamentös induzierten Halluzinationen vertraut sind, sagen, Sterbebett-Visionen seien ganz anders. In einer interessanten Parallele zu Nahtoderfahrungen wirken die besuchenden Angehörigen im Allgemeinen gesund und ohne ihre früheren körperlichen Gebrechen oder Verletzungen – sie haben weder einen Arm noch ein Auge verloren und sehen aus wie in ihren besten Jahren. Der Sterbende reagiert auf die Erscheinungen gewöhnlich mit viel Energie und begrüßt sie freudig. Diese weithin beschriebenen Merkmale deuten nicht auf einen Zustand der Verwirrtheit, einen psychotischen Prozess, eine Erwartungshaltung oder ein pathologisches Bedürfnis nach Trost hin.

Mit unserer aktuellen Wissenschaft ist es schwierig, einen konkreten Hirnmechanismus zu finden, der diese wunderbaren Erfahrungen begründen und erklären könnte. Logisch können wir nur anerkennen, dass sie erstens für den Sterbenden valide und zweitens für ihn und die trauernden Angehörigen unschätzbar wertvoll sind. Wenn wir das Glück haben, ein solches Ereignis als Zeuge oder Hauptperson zu erleben, müssen wir seine spirituelle Bedeutsamkeit zur Kenntnis nehmen und dürfen es nie als belangloses Nebenprodukt des Sterbevorgangs abtun. Dr. Stafford Betty, Professor für Religionswissenschaft an der California State University, ist in dieser Hinsicht eindeutig: „Wenn wir nicht fälschlicherweise annehmen, sie seien verwirrt, wird wahrscheinlich ein Teil ihrer Hochstimmung auf uns überspringen, denn wir erleben das flüchtige Verschmelzen zweier Welten, die ansonsten streng getrennt und füreinander unzugänglich sind. Dieses Verschmelzen meine ich mit ‚Spiritualität des Todes'."[10]

Und schließlich müssen wir akzeptieren, dass die Visionen eine Botschaft für uns alle haben und ein mechanistischer Blick auf die Hirnfunktionen nicht ausreicht, um diese transzendenten Erfahrungen zu erklären; denn sie verweisen auf einen umfassenderen, höheren Sinn von Leben und Tod. Können wir sie als flüchtigen Blick ins „Jenseits" betrachten? Die Schwierigkeit hier besteht darin, dass „Jenseits" nicht exakt definiert ist – eine Frage, die David Fontana in seinem Buch *Is there an Afterlife?*[9] ausführlich erörtert. Die Meinung, das Jenseits wäre ein Raum, in den man wie durch eine geöffnete Tür hineinspähen könnte, suggeriert, es habe eine materielle Existenz, die der unseren gleicht. Vielleicht wäre es sinnvoller, es als Fortdauern des Bewusstseins nach dem physischen Hirntod zu betrachten, das wir nur mit den uns verfügbaren Hilfsmitteln und Bildern interpretieren können.

Kapitel 6

Koinzidenzen: Erklärungen

Trost durch Zuversicht

Schließlich kann es zu einer oder mehreren besonders beeindruckenden Synchronizitäten kommen, die wegen der Wucht ihrer Gleichzeitigkeit und der Präzision ihrer Struktur unmissverständlich sind, sodass sie auf das Individuum wie eine Offenbarung wirken und für seine psychische oder spirituelle Entwicklung eine entscheidende Schwelle darstellen. (Richard Tarnas)

Koinzidenzen sind noch schwerer rational zu erklären als Sterbebettvisionen – sie sind einfach ... eine Koinzidenz, Zufall, das gleichzeitige Eintreten von Ereignissen. Denken wir nur daran, wie oft wir etwas für Zufall halten, bevor wir eine sinnvolle Verbindung zwischen den Ereignissen annehmen. Wie oft zum Beispiel haben Sie geglaubt, auf der anderen Straßenseite einen Bekannten zu erspähen, und stellen dann fest, dass Sie sich getäuscht haben? Wie oft haben Sie von einem Unglück geträumt, das nicht eingetreten ist? Wie oft sind Sie deprimiert und verzweifelt, obwohl es anscheinend keinen Grund dafür gibt?

An den Sterbebett-Koinzidenzen fiel uns mit als Erstes ihre klare, durch die jeweiligen Umstände modifizierte Struktur auf. In Träumen etwa oder an der Grenze zum Schlaf waren die Bilder vielfältiger und die Wiedergabe der Botschaft lebendiger – der Eindruck eines körperlichen Kontakts in Form von Umarmungen und zärtlichen Gesten zum Beispiel nahm breiten Raum ein. Tagsüber stattfindende Koinzidenzen waren tendenziell weniger konkret und damit zweideutiger; hier standen eher starke Gefühle als visuelle Eindrücke oder körperliche Kontakte im Vordergrund. Auch die Reaktion auf den Kontakt war verschieden – sie war fast durchweg positiv, aber gelegentlich zeigte der Kontaktierte sich überrascht, manchmal unangenehm berührt und in seltenen Fällen ziemlich erschrocken.

Normalerweise bestand zwischen den beiden Beteiligten eine starke emotionale Verbindung; ab und zu kamen andere Faktoren ins Spiel, die nahelegten, dass eher der Sterbende als der Empfänger der Botschaft das Geschehen vorantrieb. In ein oder zwei Fällen zum Beispiel hatte der Kontaktierte dem Sterbenden in der Vergangenheit nahegestanden, ihn aber seit Jahren weder gesehen noch überhaupt an ihn gedacht – obwohl er später erfuhr, dass der „Sender" ihm immer noch sehr zugetan war. Es gab auch Beispiele für Beziehungen, in denen die beiden Beteiligten sich nicht besonders nahezustehen schienen oder sich entfremdet hatten; der Kontakt schien dann darauf hinzudeuten, dass dem Sterbenden an einer Versöhnung gelegen war. In einigen wenigen Fällen wurde der Kontakt mit dem Sterbenden gleichzeitig von mehr als einer Person erlebt – ein solcher „Zufall" ist zumindest extrem unwahrscheinlich.

Oft – und für die Beteiligten ist das der bedeutsamste Aspekt überhaupt – hat das Erlebnis auf sie eine so starke emotionale Wirkung, dass es für den „Empfänger" für lange Zeit eine Quelle des Trostes bleibt und oft auch seine Einstellung zum Tod verändert. Selbst wenn andere das Geschehene als „bloßen Zufall" abtun: Ihm reicht die Tatsache, dass es passiert ist.

All dies macht deutlich, dass die Koinzidenzen für den, der sie erlebt, etwas ganz Besonderes sind. Nur auf dieser Basis können wir sie von den üblichen, uns allen bekannten Alltagszufällen unterscheiden. Um sie objektiver beurteilen zu können, müssen wir uns ihre Struktur genauer ansehen. Besteht eventuell eine Korrelation zwischen der Art des Sterbens, der Art des Erlebnisses, seinem Kontext – die Beziehung der zwei Beteiligten zum Beispiel – und seinen Umständen?

Zusammenstellung möglicher Faktoren bei Sterbebett-Koinzidenzen

Sender	*Empfänger*
Todeszeitpunkt	- Zeitpunkt der Erfahrung – vor, während oder nach dem Tod - Wusste er, dass der Sender krank war? - Wusste er, dass der Sender im Sterben lag?
Art des Todes Erwartet Friedlich Schmerzhaft Schwierig Gewaltsam Unfall	*Art des Erlebens* Tröstlich Abschied Körperliche Symptome Extreme Emotion
Kontext Beziehung: - eng - früher eng - scheinbar keine Beziehung Schuldgefühle Unabgeschlossene Beziehung	*Kontext* Beziehung: - eng - früher eng - scheinbar keine Beziehung Schuldgefühle Unabgeschlossene Beziehung
Bewusstseinszustand zur Zeit des Transfers Sterbend	*Bewusstseinszustand zur Zeit des Transfers* Wach Plötzlich aufgewacht Schläfrig Schlafend Träumend
Glaubenssystem Praktizierter Glaube Agnostiker Atheist	*Glaubenssystem* Hat das Erlebnis ein bestehendes Glaubenssystem verändert oder bestärkt?
Interpretation der Botschaft	*Interpretation der Botschaft* Großer Trost Freude Starkes Unbehagen Angst

Beim Sender interessieren uns Zeit und Art des Todes und seine Beziehung zum Empfänger. Wenn wir von dem ausgehen, was wir aus den Sterbebett-Visionen gelernt haben, scheint das Glaubenssystem irrelevant zu sein; tatsächlich hat der Kontaktierte in keinem der uns übermittelten Erfahrungsberichte angedeutet, der Sender habe fest an ein Leben nach dem Tod geglaubt. Nicht wissen können wir, ob der Kontakt zum Empfänger vom Sterbenden beabsichtigt war.

Im Hinblick auf den Empfänger ist der Zeitpunkt des Erlebnisses von zentraler Bedeutung. Weitere wichtige Punkte sind: Wusste er, dass der Sender krank war oder im Sterben lag? Wie hat er selbst das Ereignis aufgefasst, welche Wirkung hatte es im Augenblick des Geschehens und später auf ihn? Gab es einen Überraschungseffekt oder erwartete er, von dieser Person kontaktiert zu werden? Hatte er schon oft ähnliche Erlebnisse? Fand der Abschiedsbesuch in einem Traum statt? Hatte er oft Angstträume, in denen ein nahestehender Mensch starb?

Der folgende Fragebogen nennt ein paar Anhaltspunkte zur Beurteilung der Wahrscheinlichkeit, mit der eine Erfahrung eine echte Sterbebett-Koinzidenz oder bloßer Zufall ist. Denken Sie aber daran, dass Sie aber nie zulassen sollten, dass andere Ihre Erfahrung beurteilen oder kleinreden. Wenn das Erlebnis für Sie von Bedeutung war, ist das das Allerwichtigste.

Koinzidenz-Skala

Die folgende Skala zeigt, mit welcher Wahrscheinlichkeit eine Erfahrung mehr als bloßer Zufall ist.

1. Fand die Erfahrung kurz
   (innerhalb von 10 bis 15 Minuten) vor oder nach dem tatsächlichen Todeszeitpunkt statt? (Ja = 5, Nein = 0)

2. Hatte es eine starke emotionale Wirkung auf Sie? (Ja = 5, Nein = 0)
3. Führte dies zu einem ungewöhnlichen oder irrationalen Verhalten? (Ja = 2, Nein = 0)
4. War in der Situation klar, wer der Sender war? (Ja = 3, Nein = 0)
5. Wurde Ihnen erst später klar, wer der Sender war? (Ja = 1, Nein = 0)
6. Wussten Sie, dass der Sender krank war oder starb? (Ja = 3, Nein = 0)
7. Schien das Erlebnis eine spezielle Information darüber zu enthalten, dass der Sender im Sterben lag oder gestorben war? (Ja = 2, Nein = 0)
8. Hatten Sie körperliche Symptome, die denjenigen zu entsprechen schienen, die der Sterbende möglicherweise hatte? (Ja = 1, Nein = 0)
9. Enthielt das Erlebnis die klare Botschaft, dass es dem Sender gut ging? (Ja = 1, Nein = 0)
10. Hatten Sie jemals ähnliche Wahrnehmungen, die sich als unbegründet erwiesen? (Ja = 0, Nein = 1)
11. Hatten weitere Personen die gleiche Wahrnehmung? (Ja = 1, Nein = 0)

Auswertung:

15–24 Punkte: Starker Hinweis, dass es sich um eine echte Sterbebett-Koinzidenz und nicht um bloßen Zufall handelte.

10–15 Punkte: Möglicherweise haben Sie einen Abschiedsbesuch erhalten.

0–9 Punkte: Ihr Erlebnis ist wahrscheinlich eher auf einen Zufall zurückzuführen.

Manchmal ist „Zufall" eine vernünftige und rationale Erklärung. Aber manchmal scheint „Zufall" auch eine sehr viel weniger plausible oder rationale Erklärung zu sein als die Alternative – dass es irgendwie eine echte Verbindung zwischen den Beteiligten gibt und der Kontakt von dem Kranken oder Sterbenden „gesteuert" wird. Sehen wir uns diesen Bericht von Julia Barnes an:

Als wir Ende der 1960er-Jahre Studenten in Bristol waren, lebte mein Verlobter nicht im Haushalt seiner Mutter, die Ärztin in Nigeria war, sondern bei seinem Vater. Um Neujahr herum waren wir beide bei einer Abendgesellschaft im Haus meiner Eltern, als er plötzlich anfing, unkontrolliert zu weinen und vor Trauer geradezu zerfloss. Er ging hinaus in die Küche, um Geschirr zu spülen und auf andere Gedanken zu kommen, aber nichts half. Schließlich gab er es auf und fuhr zum Haus seines Vaters zurück. Dort kam ihm ein Polizist entgegen, der ihm sagte, seine Mutter sei am Abend ums Leben gekommen; wegen eines Rückflugs nach Nigeria war sie zum Londoner Flughafen gefahren (er hatte gar nicht gewusst, dass sie an dem Tag mit ihrem Auto unterwegs war). Er war kein emotionaler Mensch, ganz im Gegenteil, und diese merkwürdige Episode gehört zu den unerklärlichsten Ereignissen in meinem Leben.

Die überwältigende und unerklärliche Trauer war für Julias Verlobten extrem untypisch. Er hatte keinen Grund zu der Annahme, seine Mutter könne in Gefahr sein, und brachte seinen Gefühlsausbruch deshalb gar nicht mit ihr in Verbindung. In Kombination mit dem frappierend exakten Timing ist dieser Bericht so überzeugend, dass die Einordnung als „Zufall" geradezu abwegig erscheint. Egal ob man es als Telepathie oder als Besuch der Seele beim Verlassen des Körpers betrachten möchte – man kann kaum zu einem anderen Schluss kommen als dem, dass die

Seelen der beiden Beteiligten im Augenblick des Todes auf irgendeine Weise miteinander verbunden waren.

Die Episode wirft eine weitere Frage auf. Fast jeder, der solche Erfahrungen gemacht hat, spricht ihre starke und manchmal überwältigende emotionale Wirkung an. Die meisten Menschen erleben sie als extrem tröstlich und beschreiben Gefühle von Frieden und Glück; warum sind dann andere, etwa Julia Barnes' Verlobter, abgrundtief traurig? Auch wenn der Tod an sich vielleicht nicht zu fürchten ist, hat doch niemand behauptet, der reale Vorgang des Sterbens wäre immer angenehm. Könnte es sein, das die Empfindungen des Sterbenden sich den Beteiligten irgendwie mitteilen? Der Bericht von Wendy Lewis über die Art, wie ihre Zwillingsschwester auf den Tod ihrer Mutter reagierte, legt dies nahe:

Als meine Mutter Kathleen vor zwei Jahren hier in Hertfordshire starb, rief ich meinen Cousin an, den Sohn ihrer Zwillingsschwester Edie. Sie wohnen in Norfolk. Ihm war ziemlich unwohl bei dem Gedanken, seiner Mutter die Nachricht zu überbringen, denn die Schwestern waren 95 Jahre alt. Er und seine Frau beschlossen, es ihr nicht an diesem Abend zu sagen, denn sie nahmen sie zum Besuch ihrer jüngeren Schwester ins Krankenhaus mit und wollten ihr nicht zu viel zumuten. Als sie bei ihr an die Tür klopften, machte sie auf und sagte sofort: ‚Kath ist gestorben.' Sie waren ziemlich verwundert, denn es gab keine Möglichkeit, wie sie es hätte wissen können. Dann sagte sie: ‚Das Sterben ist keine besonders angenehme Angelegenheit.' Meine Mutter hatte erst am Vortag einen schweren Schlaganfall gehabt, und die Zeit im Krankenhaus bis zu ihrem Tod war für sie ziemlich schrecklich gewesen. Wir sind überzeugt, dass Mama ihre Schwester besuchte, bevor sie hinüberging.

Deutet der Kommentar der Schwester „Das Sterben ist keine besonders angenehme Angelegenheit" darauf hin, dass sie körperlich etwas von den Empfindungen ihrer sterbenden Schwester spürte? Oder war es einfach eine Information, die ihre Schwester ihr schickte?

Telepathie

Viele Menschen kennen das Gefühl, genau zu wissen, wer sie anruft, sobald das Telefon klingelt. Dr. Rupert Sheldrake[1] hat das Phänomen untersucht und Folgendes herausgefunden: Wenn Menschen raten sollten, wer sie anruft, lagen sie signifikant öfter richtig, wenn der Anrufer jemand war, mit dem sie eine enge emotionale Verbindung hatten (siehe Kapitel 11, S. 257). Die beiden Protagonistinnen der folgenden Geschichte hatten diese „Telefontelepathie" zu Lebzeiten gekannt, und deshalb scheint es plausibel anzunehmen, dass ihre enge Verbundenheit auch den Kontakt zwischen ihnen erleichterte, als eine von ihnen starb.

Am 8. Januar 1999 starb eine meiner besten Freundinnen acht Tage nach der Geburt ihres zweiten Sohnes. Ich war zu dem Zeitpunkt in Wales, aber genau um 13 Uhr 57, ihrem Todeszeitpunkt, spürte ich, wie sie ging, obwohl sie in London war. Sie gehörte zu den wenigen Menschen, von denen ich wusste: Wenn das Telefon klingelt, ist sie es, und wenn ich sie anrief, hatte sie garantiert gerade von mir gesprochen.

Eine geistig-seelische Verbundenheit ist auch eine mögliche Erklärung für die folgende, von Donald Rayner beschriebene Erfahrung:

Am Ostersamstag 2001 arbeitete ich in meinem Büro, als mich das Gefühl überkam, dass mein Bruder in Schwierigkeiten war. Das Gefühl war extrem stark. Ich war ganz aufgewühlt und sagte laut: ‚Brian ist in Schwierigkeiten, Brian stirbt.' Ich dachte zuerst, ich wäre überarbeitet, denn bei zwei wichtigen Langzeitprojekten, an denen ich mitwirkte, war ich in der heißen Phase. Inzwischen wanderte ich im Büro auf und ab. Ich ging in die Küche und machte mir eine Tasse Tee, um mich zu beruhigen. Um 11 Uhr rief ich meinen Bruder Brian an, der in Australien lebt – das ist unsere übliche Kontaktzeit, 18 Uhr seiner Zeit, bekam aber keine Antwort. Über die Osterfeiertage nahm ich mein Handy mit, damit ich kontaktiert werden konnte, falls es ein Problem gab. Nichts passierte, also strich ich es aus meinem Gedächtnis und konzentrierte mich auf die Ereignisse, deren Höhepunkt für diese Zeit vorgesehen war.

Drei Wochen später, am 3. Mai um 11 Uhr, rief Brian aus der Station für todkranke Krebspatienten des Hollywood-Hospitals in Perth an. Er sagte, er sei für eine Therapie zu krank, der Arzt würde aber versuchen, ihn so weit aufzubauen, dass er bald nach Hause entlassen werden könne, und er würde für mich einen Flug organisieren, damit er mir seine Lieblingsorte zeigen könne. Dann sagte er, Ostern seien seine Beine angeschwollen, und er habe nur schwer Luft bekommen. Sein Arzt vor Ort hatte ihm gesagt, das sehe nach Herzproblemen aus ... aber ihm wurde geraten, am folgenden Dienstag zu einem Körper-Scan zu kommen. Seine Lunge war voll von Flüssigkeit, und seine Nieren hatte der Krebs völlig zerstört.

Donald flog drei Tage später nach Australien. Sein Bruder starb am 13. Mai.

Bei unserer Stichprobe fand nur etwa ein Drittel der Erlebnisse im normalen Wachzustand statt: Etwa zwei Drittel ereigneten sich in Träumen oder bei einem plötzlichen Aufwachen, oder in dem benommenen, halb wachen, halb schlafenden Zustand vor dem Einschlafen. Das ist nicht überraschend, denn diese Phase ist bekannt als der geeignetste Bewusstseinszustand für Halluzinationen (die hypnagogen und hypnopompen Halluzinationen, die viele Menschen kurz vor dem Einschlafen oder kurz nach dem Aufwachen haben) und parapsychologische Phänomene (zum Beispiel Telepathie und Präkognition). Er erschwert aber auch die Entscheidung, ob die Erlebnisse auf die Interaktion zweier Seelen zurückzuführen sind, die sich in räumlicher Entfernung voneinander befinden, oder ob sie Halluzinationen sind, die im Inneren einer Person erzeugt werden.

Die Ganzfeld-Telepathie-Experimente

Die Telepathie ist bestenfalls ein schwaches Phänomen, das sich in Laborexperimenten fast unmöglich validieren lässt. Es ist behauptet worden, wenn es telepathische Übertragungen wirklich gäbe, würden sie wohl am ehesten empfangen, wenn der Verstand des Empfängers für minimalste sensorische Reize offen ist. Bei den Ganzfeld-Telepathie-Experimenten wurde versucht, diese besonders rezeptive Verfassung durch eine sensorische Deprivation der Probanden herbeizuführen.

Für die Experimente legen sich die „Empfänger“ in einem kleinen, angenehm temperierten Raum hin und entspannen sich. Hände und Füße sind weich eingepackt, die Augen mit halbierten Tischtennisbällen abgedeckt, und Kopfhörer emittieren ein weißes Rauschen. Nach etwa einer Viertelstunde fangen die Probanden an, helle, traumähnliche Bilder wahrzunehmen. Dem „Sender“, der sich in einem anderen, isolierten Raum befindet, werden dann Fotos oder Filmclips ohne Ton gezeigt, und er versucht, diese Bilder auf telepathischem Wege an den Empfänger zu schicken. Die Experimente haben einige der positivsten Beweise für Telepathie geliefert, aber die wissenschaftliche Gemeinschaft generell ist der Meinung, dass das endgültige Urteil noch aussteht.

Die Telepathie war für Wissenschaftler schon immer eine „heiße Kartoffel", und das ist unvermeidlich. Denn wenn man die Validität ihrer Aussagen akzeptiert, muss man auch anerkennen, dass das Bewusstsein sich nicht auf das Gehirn beschränkt – eine Vorstellung, die in die aktuelle westliche Wissenschaft einfach nicht integrierbar ist. Wir werden dieses Dilemma ausführlicher erörtern, wenn wir uns in den Kapiteln 11 und 12 mit dem Bewusstsein beschäftigen.

Träume und Telepathie

Interessanterweise finden Todesahnungen oder das Wissen um einen bevorstehenden Tod oft in Träumen oder bei einem plötzlichen Aufwachen statt. Psi-Forscher haben sich schon immer gern mit Träumen beschäftigt, denn offenbar gehören sie zu den wichtigsten Hilfsmitteln, durch die Psi-Phänomene wie Telepathie und Präkognition sich äußern. Viele Menschen, die jahrelang mit Träumen und Träumern gearbeitet haben, insbesondere C. G. Jung, waren der Meinung, dass der Schlaf die Telepathie begünstigt, und haben zahlreiche Berichte über telepathische Träume zusammengetragen. Bei den Traum-Experimenten am Maimonides Medical Center in Brooklyn wurde ein zufällig ausgewähltes Bildziel per Telepathie von einem menschlichen „Sender" an eine schlafende Person übermittelt. Die telepathische Übertragung begann erst, wenn der Schlafende in einer REM-Phase (abgeleitet vom Englischen *rapid eye movement* = „rasche Augenbewegung") war. In dieser Schlafphase finden die meisten Träume statt. Gegen Ende der REM-Phase wurde der Schlafende geweckt und gebeten, seine Traumbilder zu beschreiben. Dann wurden ihm vier Bilder gezeigt (von denen eines das Zielbild war), und er wurde gebeten, die Bildwelt seines Traums einem dieser Bilder zuzuordnen. Alternativ wurden sowohl Traum- als auch Zielbilder einem außenstehenden „Richter" geschickt, der beurteilen sollte, wie gut die Traumbeschreibung dem Zielbild entsprach. Obwohl die Experimentatoren eine hohe Erfolgsrate behaupteten, wurden die Experimente kritisiert, weil mehrdeutige Aussagen im Nachhinein leicht so angepasst werden konnten, dass sie die Telepathie-Hypothese bestätigten. Dies scheint jedoch unwahrscheinlich, denn die „Richter" kannten das gewählte Zielbild genauso wenig wie der Träumende. Substanzieller ist die Kritik, dass eine Wiederholbarkeit sich als schwierig erwies.

Denken wir auch daran, dass Träume ein wichtiges Instrument für den Ausdruck von Angst sind und viele Menschen häufig Angstträume haben.

Als wir nach einem Familienurlaub einmal abends mit unserer älteren Tochter nach Hause fuhren, waren wir direkt hinter einem Fahrzeug, das in einen dramatischen Unfall verwickelt war. Am nächsten Tag rief unsere jüngere Tochter uns völlig aufgelöst an. Sie hatte einen schrecklichen Traum gehabt und war mit dem sicheren Gefühl aufgewacht, uns wäre etwas Schlimmes passiert. Der Unfall hatte uns alle erschüttert; wenn die telepathische Übertragung von Emotionen möglich ist, wäre das eine gute Gelegenheit dafür gewesen. Andererseits waren die Angstträume unserer jüngeren Tochter in der Familie legendär. Als sie in die USA ging, rief sie uns anfangs mitten in der Nacht an, und wir mussten ihr regelmäßig versichern, dass sich ihr neuester Katastrophentraum zumindest bis dato nicht realisiert hatte. Früher oder später, könnte man behaupten, musste sie ja einen Treffer landen.

Bei der Beurteilung von Traum-Koinzidenzen sollten wir uns also als Erstes ansehen, ob die Person quasi gewohnheitsmäßig von Desastern träumt und ob der Traum sich mithilfe spezieller Faktoren rational erklären lässt. Zum Beispiel würden wir dem Besuch eines Sterbenden im Traum weniger Bedeutung beimessen, wenn der Träumende weiß, dass sein Besucher krank ist. Aber auch andere Faktoren spielen eine Rolle. Natürlich ist das Timing wichtig, genauso wie die Frage, ob der Traum eine besondere emotionale Wirkung hatte und starke Gefühle auslöste.

Denise Hamilton erzählte uns die folgende Geschichte vom Tod ihrer Schwiegermutter Vera, für die Denise die Tochter war, die sie nie gehabt hatte. Denise stand Vera sehr nahe. Kurz bevor Denise und ihr Mann heirateten, war bei Vera ein Hirntumor diagnostiziert worden. Sie war zu krank, um zur Hochzeit zu kommen, aber das Paar besuchte sie unmittelbar danach, und Denises Mann bat seine Mutter, erst zu sterben, wenn sie von ihren Flitterwochen auf der Hawaii-Insel Maui zurück waren. Denise beschreibt, was sie eines Nachts erlebte:

Ich wurde von einem sehr plastischen Traumbild geweckt. Es war, als würde ich Veras Hand halten, dann lockerte sich mein Griff, ihre Hand glitt langsam aus meiner heraus, und dann wurde ich plötzlich wach. Ich wusste sofort, dass sie von uns gegangen war. Ich notierte die Uhrzeit und den Tag, ohne meinem Mann etwas zu sagen – wir konnten auf Maui nichts tun, und der Rest unserer Flitterwochen wäre für uns beide nur viel trauriger geworden. Als wir nach Großbritannien zurückkehrten, wurden wir über das Lautsprechersystem im Flugzeug gebeten, ein Mitglied der Crew zu kontaktieren – es war eine Nachricht von meiner Mutter, die um einen Rückruf bat. Ich rief sie an, und die Nachricht war, dass Vera tatsächlich am Montag, dem 17. April 1989 gestorben war. Die Uhrzeit und das Datum passten zu meiner Erfahrung auf Maui.

Denise wusste, dass ihre Schwiegermutter krank war, deshalb ist es keine große Überraschung, dass sie von deren Tod träumte; aber auch hier legen die zeitliche Übereinstimmung, das anschauliche, bedeutungsvolle Traumbild und die emotionale Wirkung nahe, dass dies mehr als ein Traum war.

J. A. Kirton beschreibt den Traum, den sie in der Nacht hatte, in der ihre Mutter starb. Obwohl die Mutter mit dem Verdacht auf einen leichten Herzinfarkt ins Krankenhaus gebracht worden war, bestand kein Grund zu der Annahme, sie würde bald sterben.

In der Nacht, in der sie hingebracht wurde, träumte ich aus irgendeinem Grund, ich würde mit meiner Schwester ein Gartencenter besuchen. Im Traum überkam mich plötzlich das Gefühl, dass etwas passieren würde, dass etwas, das ich überhaupt nicht erklären konnte, auf mich zustürzte. Im Traum sagte ich zu meiner Schwester: ‚Ich muss jetzt gehen, sonst verpasse ich es.' Dabei hatte ich keine Ahnung, was ‚es' war. Ich wurde wach und hatte das Gefühl, dass etwas, irgendeine Wesenheit, mit Lichtgeschwindigkeit auf mich zuraste. Es war, als ob das, was ich spürte, was immer es sein mochte, durch die Schlafzimmerwand brauste, und obwohl ich nichts sehen konnte, war mir klar, dass dieses Etwas jetzt über mir schwebte. Ich sah nichts, aber das Gefühl, dass da etwas war, und dass das meine Mutter war, war so stark, dass ich mich auch heute, acht Jahre später, noch ganz klar daran erinnere. Sie kam dann auf mich zu, und ich spürte deutlich, wie sie mir einen Kuss auf den Scheitel gab – das hatte sie immer getan, wenn sie sich nach einem Besuch von mir verabschiedete. Dann war sie weg. Ich wusste ohne den Schimmer eines Zweifels, dass die Präsenz meine Mutter gewesen war, und dass sie gestorben war. Das war merkwürdig, denn ich rechnete ja nicht mit ihrem baldigen Tod, und weil es mir albern vorkam, so etwas überhaupt zu denken, sagte ich morgens niemandem etwas. Um 8 Uhr klingelte das Telefon. Es war mein Vater. Ich sagte ihm: ‚Du brauchst es mir nicht zu sagen. Ich weiß, weshalb du anrufst.' Sie war nachts an einem plötzlichen schweren Schlaganfall gestorben. Ich glaube, dass sie mich auf diese Weise besuchte und sich auf ihre übliche Art von mir verabschiedete, lässt sich nur so erklären, dass der Geist zum Zeitpunkt des Todes den Körper verlässt.

Dies ist ein besonders überzeugendes Erlebnis: Das Timing, das nicht erwartete Ableben, das zweifelsfreie Wissen, dass die Präsenz ihre Mutter war, die eindeutige Abschiedsgeste mit dem Kuss – all das zusammen lässt es plausibler erscheinen, den Besuch eher einer scheidenden Wesenheit – Seele, Geist – zuzuschreiben als dem bloßen Zufall.

Die folgenden Traumberichte sind insofern sehr ungewöhnlich, als der Besuchte keine starke emotionale Verbundenheit mit dem sterbenden Besucher empfand. Keiner der Träumenden hatte einen Grund, überhaupt an die Person zu denken, von der er träumte, und erst recht nicht, Angst um sie zu haben. Es ist, als würde der „Besucher" die Erfahrung steuern und als wäre der „Besuchte" lediglich der passive Empfänger des Besuchs.

Elizabeth Daniel:

Im letzten September vor zwei Jahren wurde ich um 4 Uhr 15 nachts von der Stimme meines Ex-Mannes geweckt. Er sagte mir: ‚Maggy, du brauchst nicht mehr darüber zu reden.' Ich sagte: ‚Worüber brauche ich nicht mehr zu reden?' Aber ich bekam keine Antwort. Ich machte das Licht an und schrieb es auf, Wort für Wort. Er und meine Eltern waren die einzigen Menschen, die mich überhaupt Maggy nannten, und es war klar wie Kloßbrühe seine Stimme mit ihrem Plymouth-Akzent. Er hätte im Zimmer sein können, so deutlich war sie. Beim Frühstück sagte ich meinem jetzigen Mann, mit dem ich seit 28 Jahren verheiratet bin: ‚Ich glaube, mein Ex-Mann ist gestorben.' Er dachte, ich wäre verrückt, denn mein Ex-Mann lebte in Schottland, und wir waren seit 29 Jahren geschieden. Ich hatte Bammel, seine Schwester in Plymouth anzurufen, und deshalb wartete ich ein paar Tage. Er war genau an dem Tag gestorben, in den frühen Morgenstunden.

Der Stiefvater von Wendy Howards Mutter war ein 85-jähriger Bergmann, der alleine lebte. Onkel Albert war ein unangenehmer Mensch, der sich nicht gut mit Wendys Mutter verstand. Irgendwann beschlossen die beiden, dass sie nichts mehr miteinander zu tun haben wollten. Sein Neffe kümmerte sich um ihn, und als er älter war, sahen sie sehr wenig von ihm. Wendy war die letzte aus der Familie ihrer Mutter, die ihn Weihnachten 2004 mit ihrem Mann besuchte. Wegen einer Lungenschädigung aus seiner Zeit als Bergarbeiter war er gesundheitlich in schlechter Verfassung und hatte Schwierigkeiten mit dem Atmen. Beim Abschied verstanden sie sich einigermaßen gut, auch wenn er klar machte, dass er mit dem Stand der Dinge – dass sein Neffe sich um ihn kümmerte – ganz zufrieden war. Wendy besuchte ihn deshalb nicht noch einmal, obwohl sie gehört hatte, dass es ihm nicht gut ging und der Zustand seiner Lunge sich verschlimmerte. Und dann passierte Folgendes:

Im August 2006 wurde ich in einer sehr heißen Nacht so zwischen 3 Uhr 30 und 4 Uhr wach. Ich weiß nicht, ob ich es träumte oder tatsächlich machte, jedenfalls stand ich auf und ging zur Schlafzimmertür, und dort stand Onkel Albert. Er wirkte ziemlich jung, oder eher wie mittleren Alters. Er sah glücklich und lebendig aus und sagte: ‚Es ist vorbei. Ich bin frei. Ich kann nicht glauben, dass ich endlich frei bin. Ich kann atmen.' Wir umarmten uns, als wäre es ein endgültiges Lebewohl. Dann ging ich wieder zu Bett beziehungsweise träumte, dass ich das täte, und fiel in einen unruhigen Schlaf. Etwa um 4 Uhr 30 wurde ich wach und japste nach Luft. Wie gesagt, es war eine sehr heiße Nacht, und die Luft im Zimmer war stickig. Ich schob die Bettdecke zur Seite und wankte diesmal wirklich zur Tür, keuchend, denn ich bekam keine Luft. Ich erreichte die Tür, stützte mich am Türrahmen ab und rang um Atem. Es ließe sich am besten als eine Panikattacke beschreiben. Mein Mann bewegte sich im Bett, und ich sagte ihm, ich hätte eine Panikattacke. In den 30 Jahren, die ich in dem Haus gewohnt und viele drückend heiße Nächte durchgeschlafen habe, hatte ich noch nie so reagiert. Nachmittags schaute ich bei meiner Mutter vorbei, und sie sagte, sie habe schlechte Nachrichten. Der Neffe hatte angerufen und gesagt, Onkel Albert sei etwa um 4 Uhr 30 gestorben – als ich in meinem Schlafzimmer keine Luft bekam. Die ganze Erfahrung hat mich ziemlich ratlos gemacht. Ich glaube nicht an übernatürliche Dinge, aber nach dem Erlebnis habe ich mir wirklich ein paar Fragen gestellt.

Neben der eher losen Verbindung der beiden Beteiligten sind hier auch andere Besonderheiten interessant. Erstens die Tatsache, dass Onkel Albert jünger aussah, als er tatsächlich war (etwas, das oft von Menschen beobachtet wird, die bei einer Nahtoderfahrung verstorbene Angehörige sehen); und zweitens Alberts Kommentar, er sei seine körperlichen Symptome los. Beides ist typisch für einen Besuch zum Zeitpunkt des Todes. Allerdings war es die Panikattacke der Schreiberin, die zum Todeszeitpunkt des Onkels stattfand, der „Besuch" war rund eine halbe Stunde vorher. Es ist, als habe die Abfolge der Ereignisse sich hier irgendwie umgekehrt.

Edith Dickinson war seit 23 Jahren von ihrem Mann geschieden und hatte ihn seit 25 Jahren nicht gesehen; mit seiner Familie dagegen war sie weiter freundschaftlich verbunden. Sie erzählt:

Am 14. April 1986 fuhr ich zu der Klinik, in der ich als Gesundheitspflegerin arbeitete, als ich plötzlich dachte: ‚Da ist jemand schwer krank, der mich braucht.' Ich dachte sofort an den Freund, den ich seit zwei Jahren hatte, und an meine Mutter, eine alte Dame von 85 Jahren. Als ich in der Klinik ankam, sprach ich mit den Schwestern darüber, die sehr besorgt waren. Wir konnten aber nichts tun, denn wir mussten schnell zu einem Vortrag; ich ging hin, bekam aber nichts mit. Ich überlegte ständig nur, wer da krank sein und mich brauchen könnte. Nach dem Vortrag kontaktierte ich meinen Freund, dem es gut ging, und erklärte ihm den Grund für meine Unruhe. Dann ging ich zu Mutter, der es ebenfalls gut ging. Als Nächstes besuchte ich ein paar Patienten, die mir Sorgen machten – nichts ergab sich. Ich war ziemlich durcheinander und frustriert – wer war es? Die Botschaft war sehr deutlich gewesen.

Zwischen 16 und 16 Uhr 30 merkte ich plötzlich, dass die ‚Botschaft' nicht mehr kam. Ich wusste, dass jemand gestorben war. Das machte mich sehr traurig. Ich notierte es in meinem Tagebuch und beschrieb meine seltsame Erfahrung vom 14. April.

Vier oder fünf Tage später erhielt ich einen Brief von der Royal Air Force, in dem mir mitgeteilt wurde, dass mein Ex-Mann an exakt diesem Tag gestorben war.

Interessant hier ist, dass die Erfahrung stark emotionalisiert, obwohl die Identität des „Senders" unklar ist. Anscheinend wird die emotionale Komponente der Botschaft (jemand stirbt) leichter übertragen als die intellektuelle (die Identität der Person). Interessant ist auch ein Vergleich mit dem folgenden Bericht. Auch er handelt von Protagonisten, die sich in der Vergangenheit nahestanden, zum Zeitpunkt des Vorfalls aber nicht mehr.

Ich bin in London geboren, und im Alter von vier bis fünfzehn Jahren war mein bester Freund ein spanischer Junge, der gegenüber von uns wohnte. Unsere Wege trennten sich, als wir älter wurden. Ich heiratete und zog nach Stevenage, aber jedes Mal, wenn ich in London meine Eltern besuchte, kam er vorbei und sagte guten Tag. Einige Zeit später war ich in Stevenage und schlief neben meinem Mann im Bett, als ich davon geweckt wurde, dass mein Freund ins Schlafzimmer kam. Ich wunderte mich, ihn zu sehen, denn er wusste gar nicht, wo ich wohnte.

Schockiert fragte ich ihn, was er da machen würde, und warf einen schnellen Blick auf meinen Mann, der erstaunlich ruhig weiterschlief. Mir war völlig schleierhaft, wieso er ihn nicht hatte hereinkommen hören. Mein Freund sagte, er sei nur mal schnell vorbeigekommen, um mich zu sehen, woraufhin er mich kurz umarmte und ging. Am nächsten Morgen war der ‚Traum' immer noch sehr lebendig, und ich fragte mich, was mit mir nicht stimmte und mich plötzlich von jemandem träumen ließ, dem ich zwar nahestand, von dem ich aber weder je geträumt hatte, noch an den ich überhaupt besonders oft dachte. Ich war mit zwei Kindern ausreichend beschäftigt.

Ungefähr zwei Wochen später besuchte ich meine Eltern in London, und mein Vater verkündete mir die schreckliche Nachricht, dass mein Freund vor etwa zwei Wochen in den frühen Morgenstunden bei einem Autounfall ums Leben gekommen war. Er war erst 22 gewesen. Ich wünschte, ich hätte den Traum in den Kalender eingetragen, denn ich weiß nicht mehr genau, ob er in der Nacht stattgefunden hat, in der er starb. Aber die Übereinstimmung ist erstaunlich.

Die Schreiberin fügt hinzu: „Ich hatte inzwischen eine Beziehung zu einem Mann, der an Krebs starb, und rechnete damit, dass etwas Ähnliches passieren würde, aber das war nicht der Fall."

Und das ist natürlich eine weitere Frage, die nicht leicht zu beantworten ist. Manche Menschen warten sehnlichst auf ein Zeichen, dass der geliebte Mensch den Tod irgendwie überlebt hat und mit ihnen in Kontakt tritt; aber sie bekommen kein Zeichen, haben keine Vision, nichts. Andere machen diese Erfahrung aus heiterem Himmel, unerwartet und ungewollt. Jedenfalls scheint es kaum Hinweise darauf zu geben, dass Hoffnung oder Erwartung sie auslösen können; wenn es so wäre, würden viel mehr Menschen von ihnen berichten.

Die meisten „rationalen“ Erklärungen für Sterbebett-„Besuche“ bezeichnen diese als das Ergebnis von Wunschdenken oder einer blühenden Fantasie. Allerdings werden viele ähnliche Geschichten auch von Fachkräften berichtet, die mit Sterbenden arbeiten und objektiver beobachten können als die direkt Beteiligten. In den 1970er-Jahren produzierte Gordon Thomas, Mitbegründer des BBC-Technikmagazins *Tomorrow's World,* einen Dokumentarfilm über die Arbeit des deutschen Krebsspezialisten Dr. Josef Issels an der Ringberg-Klinik in Bayern. Dr. Issels und sein Team hatten sich auf Kranke im Endstadium spezialisiert und im Verlauf von 20 Jahren rund 5000 solcher Patienten behandelt. Er erzählte Gordon von vielen Sterbebett-Ereignissen, die er miterlebt hatte. Darunter war auch der Bericht über einen Patienten, der darum gebeten hatte, ihm die Pantoffeln aufs Bett zu stellen, und zwar in Höhe seiner Füße, Schuhspitzen Richtung Tür. Der Nachtschwester hatte der Patient gesagt, er „werde bald einen Spaziergang machen“. Sie hatte nur gelächelt, denn er war bettlägerig und konnte nicht aufstehen. Am nächsten Morgen fand sie den Patienten tot vor. Die Angehörige eines anderen Patienten machte sich mitten in der Nacht eilig zur Klinik auf; sie war von der Stimme des Patienten geweckt worden, der ihr sagte, „er habe keine Schmerzen mehr, denn er sei an einem wunderschönen Ort.“ Als die Angehörige nach einer Anfahrt von mehreren Stunden in der Klinik ankam und der Todeszeitpunkt überprüft wurde, stellte sich heraus, dass er sich nur um Augenblicke vom Zeitpunkt ihres Wachwerdens unterschied.

Insgesamt ist die Hypothese eines sich beim Todeszeitpunkt manifestierenden erweiterten Bewusstseins für die meisten dieser Erfahrungen eine überzeugendere Erklärung als der Zufall oder eine Erwartungshaltung. Und je eingehender die Berichte studiert werden, desto deutlicher tritt ihre ganz spezielle Struktur zutage; auch dies versetzt der simplifizierenden Vorstellung vom bloßen Zufall einen Dämpfer.

Kontaktaufnahmen bei Rettungseinsätzen

Die Nahtod-Literatur ist voll von Berichten über Menschen, die nach einem Unfall eine Nahtoderfahrung hatten, in der sie scheinbar über der Szene schweben und diese aus der Höhe beobachten.[2] Manchmal beschreibt der Verunfallte dabei, wie er erfolglos versucht, die unter ihm arbeitenden Rettungskräfte zu kontaktieren. Levine zitiert den Bericht eines Freundes, der bei einer Nahtoderfahrung nach einem Autounfall beobachtete, wie Polizei und Feuerwehr überlegten, ob sie seinen Körper in den Krankenwagen laden sollten oder nicht.

Dr. Richard Kelly, ein pensionierter Kriminalbeamter im US-Bundesstaat Massachusetts, beschloss, diese Frage von einer anderen Seite her zu beleuchten – aus der Sicht der Einsatzkräfte. Dr. Kelly arbeitete 13 Jahre lang im psychologischen Dienst der Polizei, leitete sieben Jahre die Gesundheits- und Sicherheitsabteilung beim United States Marshals Service und ist professioneller klinischer Berater.

In einer Vorstudie[3] fand Dr. Kelly sechs Mitarbeiter aus der Notfallversorgung (vier Polizeibeamte und zwei Feuerwehr-Sanitäter), die von dem Gefühl sprachen, bei Vorfällen mit tödlichen Verletzungen von den verstorbenen Opfern kontaktiert worden zu sein: Sie spürten eine Präsenz, ein Anklammern oder einen Hilferuf. In zwei Fällen empfanden zwei Einsatzkräfte das Gleiche – im ersten, dass der Verstorbene sich irgendwie an sie „klammerte"; im zweiten, dass sie beobachtet wurden. Im dritten Fall spürte der Rettungsdienstler unmittelbar nach einem Augenkontakt eine Verbindung zu dem Sterbenden, und später hatte er das Gefühl, dieser sei „auf seinem Rücken". Im vierten Fall war der Augenkontakt Teil einer anhaltenden, persönlichen und starken Verbindung zu dem Opfer; damit einher ging das bohrende Gefühl einer unabgeschlossenen Beziehung. Alle teilnehmenden Einsatzkräfte hatten sich zunächst dagegen gesträubt, ihre Eindrücke zu beschreiben. In keinem der beiden Fälle, in denen die zwei vor Ort tätigen Einsatzkräfte das Gefühl eines Kontakts hatten, hatten sie sich vorher darüber ausgetauscht. Aber in beiden Fällen bestätigte ein Partner die Beschreibung des anderen: dass der Verstorbene an einer genau lokalisierbaren Stelle über ihnen schwebte und sie beobachtete. In allen Fällen hielten die Gefühle an, und in allen Fällen äußerten die Notfallkräfte, ihre Empfindungen seien vor allem mit dem Opfer und nicht mit dem Ereignis generell verbunden gewesen.

Als Dr. Kelly den vierten Bericht dokumentiert hatte, kam er zu dem Schluss, dass solche Geschichten nicht als lediglich bizarr abgetan werden konnten. Er begann mit einer größeren Studie, um ihre Häufigkeit zu bestimmen.[4]

Mithilfe von Fragebögen und Interviews wollte er von einer Gruppe von 90 Notfall-Einsatzkräften (68 Polizeibeamten und 22 Feuerwehrleuten/Rettungsdienstlern) wissen, ob sie schon einmal das Gefühl gehabt hatten, dass von ihnen versorgte tödlich Verletzte bei oder nach dem Sterbevorgang „mit ihnen kommunizierten, als Präsenz weiter anwesend waren oder sich an sie klammerten". 15 Befragte (17 Prozent) gaben an, solche Empfindungen gehabt zu haben und beschrieben 23 konkrete Erlebnisse. Ein Teilnehmer schilderte drei Erlebnisse; drei Teilnehmer sagten, sie hätten bei *allen* Sterbeszenen das Gefühl einer Präsenz gehabt; ein Teilnehmer identifizierte 17 Erlebnisse und zwei andere Befragte schätzten, sie hätten jeweils 100 Erlebnisse dieser Art gehabt, was wahrscheinlich an ihrer langen beruflichen Laufbahn lag. Insgesamt ergaben sich 229 Berichte über das Gefühl einer Präsenz.

Bei keinem der 15 Befragten war die Neigung zu Fantasiegeschichten oder eine psychische Krankheit erkennbar, und alle bestanden darauf, dass ihre Empfindungen weder durch Einbildung noch durch „innere Stimmen" ausgelöst worden waren. Sie beschrieben ihre Erlebnisse nicht als Erscheinungen, Visionen oder „Stimmen hören", sondern als Gedanken, Eindrücke, Bilder oder Empfindungen. Sie wussten, dass diese Erlebnisse ungewöhnlich waren, beharrten aber darauf, dass sie real waren. Keiner von den 15 war extrem religiös, und alle hielten eine spirituelle Erklärung der Präsenz für plausibel. Keiner hatte über seine Erlebnisse mit anderen gesprochen.

Die Berichte unterscheiden sich von anderen bislang hier Erörterten vor allem dadurch, dass zwischen den Beteiligten offenbar keine emotionale Bindung bestand. Von den Einsatzkräften kannte keiner das sterbende Opfer persönlich, und es hatte auch niemand eine Beziehung zu ihm. Umgekehrt allerdings gilt das Gleiche: Warum einen Feuerwehrmann kontaktieren, wenn man doch Mutter oder Vater, Partner oder Freundin einen Blitz-Abschiedsbesuch abstatten kann? Stephen Levine hat vorgeschlagen, angesichts der besonderen Umstände bei einem traumatischen unerwarteten Unfall könne der Tote oder Sterbende während des Übergangs durchaus verwirrt, beeindruckbar oder verängstigt sein.

Jemand, der ohne große Vorbereitung aus seinem Körper herauskatapultiert wird, zum Beispiel ein lebenshungriger Jugendlicher, der einen tödlichen Unfall hat, wird sich vielleicht, wenn der Rauch sich gelegt hat, fragen: ‚Was zum Teufel war das denn? Was ist mit meinem Körper passiert? Ich kann gar nicht tot sein, weil um mich herum noch so viel los ist.'

Levine meint, für solche verstörten Geister wäre der Rettungsdienstler jemand, der verfügbar, zumindest unbewusst willens und in der Lage ist, den Kommunikationsversuch der „verwirrten Seele" zu spüren.

Allerdings ergibt sich aus der Untersuchung von Dr. Kelly ganz klar, dass die Kontakte zwischen Opfer und Retter selten sind und nur einige wenige Menschen die Fähigkeit zu besitzen scheinen, den Kontaktversuch zu erkennen. Die 17 Prozent entsprechen in etwa dem Prozentsatz der Menschen, die bei einem Herzstillstand eine Nahtoderfahrung haben – zwischen 10 und 25 Prozent (siehe Kapitel 12)[5]. Offenbar ist das der Anteil an der Gesamtbevölkerung, der für Erfahrungen dieser Art offen ist. Nun könnte man behaupten, dass Personen, die von häufigen Kontakten berichten, diese Kontakte haben, weil sie sie erwarten, oder dass jemand, der einmal eine solche Erfahrung hatte, für weitere Kontakte aufgeschlossener oder sensibler ist. Am wahrscheinlichsten aber ist, dass etwa dieser Prozentsatz der Gesamtbevölkerung eine spezielle Fähigkeit hat, solche Erfahrungen wahrzunehmen (siehe in diesem Kapitel auf S. 156).

Den wissenschaftlichen Bezugsrahmen verlassen

Wie wir gesehen haben, fallen viele – wenn nicht alle – dieser Koinzidenzen in die Kategorie der telepathischen Erfahrungen. Zumindest legen sie den Schluss nahe, dass zwischen den Beteiligten eine „Verbundenheit" besteht. Nehmen Sie zum Beispiel den folgenden Bericht. Mary, eine der Personen, die uns geschrieben haben, ist heute über 90. Sie erklärt, persönliche Erfahrungen, die sie immer wieder in ihrem Leben hatte, hätten ihr Interesse an Nahtoderfahrungen und Parapsychologie geweckt und aufrechterhalten. Ihr erstes Erlebnis hatte sie 1918, als sie 11 Jahre alt war.

Ich saß auf einem Stuhl vor einem Kohlenfeuer und schrieb einen Brief an meinen Onkel George, der mit der Armee in Frankreich war – ich hatte eine Pause gemacht, sah ins Feuer und überlegte, was ich ihm noch schreiben könnte, als der Gedanke ,Onkel George wird diesen Brief nicht bekommen' mir in den Sinn kam. Ich war ein bisschen erschrocken, aber auch sehr neugierig. Ein paar Augenblicke später kam meine Mutter ins Zimmer und erzählte meinem Vater, sie habe gerade von ihrer Schwester erfahren, dass Onkel George ums Leben gekommen war. Ich erzählte niemandem etwas, aber damit fing mein Interesse an solchen Dingen an.

Als Schulmädchen hatte sie oft „Zukunftsträume". Dann kam ihr (nicht immer in einem Traum) das Bild eines Ereignisses in den Sinn, das einen oder zwei Tage später eintrat. Manchmal schrieb sie das Bild auf, um später, wenn es sich bewahrheitete, einen Nachweis zu haben, aber sie sprach mit niemandem darüber, denn „wenn Sie damals sonderbar oder ungewöhnlich waren, dachte man, Sie wären reif für die Irrenanstalt!"

Ihr nächstes Erlebnis hatte sie nach ihrer Hochzeit. Ihr Mann Francis war von Cambridge, wo er wohnte, mit ein paar Freunden nach London gefahren, und sie erwartete ihn um 3 Uhr 30 zu Hause zurück.

Um 3 Uhr 15 schrieb ich ein paar Briefe, als ich vor meinem geistigen Auge ein Auto sah, von dem ein Rad über die Straße rollte. Ich sagte zu mir: ,Oh Francis, fahr langsamer, sei vorsichtig.' Er kam so um 6 Uhr nach Hause und sagte ,Entschuldige, wir sind spät dran, ein Rad hat sich gelöst.' Ich erzählte ihm, was ich gesehen hatte, und er sagte mir, er habe gehört, wie ich zu ihm: ,Fahr langsamer' sagte, und gedacht: ,Das ist doch absurd, es ist kein Verkehr, aber Mary sagt, ich soll langsamer fahren, wie soll ich das den anderen erklären?' Aber er fuhr langsamer, und dann sah er ein Vorderrad vor sich, konnte auf den Seitenstreifen fahren und anhalten.

Mary und ihr Mann waren gläubige Christen und hielten diese Erlebnisse für göttliche Führung. Die Phänomene setzten sich fort, als Francis im Zweiten Weltkrieg als Fallschirmspringer bei den Luftlandetruppen war. Bei seinem letzten Heimaturlaub hatten beide das starke Gefühl, dass Francis nicht überleben würde.

Am 9. Juni 1944 holte ich unseren Sohn vom Kindergarten ab und ging etwa 50 Meter, ohne mir dessen bewusst zu sein, denn meine Gedanken waren nach Frankreich gewandert. Ich sah eine Reihe von Bildern vor mir, wie heutige Dias: ein Feld mit einer Backsteinmauer, zwei oder zwei Meter fünfzig hoch, und darin waren in Abständen Durchgänge für Menschen. Francis ging über das Feld, stürmte dann auf einen Deckungsgraben zu und fiel – ich hoffte natürlich, er wäre nur verwundet, spürte aber, dass er ums Leben gekommen war. Als mir wieder bewusst wurde, wo ich war, sagte seine Stimme: ‚Sieh nach oben, Mary.' Ich tat es und sah seinen Kopf und seine Schultern über einer weißen Wolke. Er winkte mir auf seine typische Weise zu und sagte: ‚Du hast recht, mein Schatz, auf Wiedersehen.' Ich war ziemlich ruhig, und wegen allem, was passierte, bekam ich das Telegramm erst am 26. Juni. Ich fragte beim Kriegsministerium nach: Er war am 8. Juni gefallen (interessante Diskrepanz: 8. oder 9. Juni?) Als ich später nach dem Krieg einen anderen Offizier traf, der uns gut kannte, fragte er mich, ob ich wissen wolle, was passiert sei. Ich bat ihn, es sich von mir erzählen zu lassen, und beschrieb ihm die mentale Diashow. Er sagte nichts, bis ich zum Ende gekommen war, und dann sagte er: ‚Als ob Sie dort gewesen wären.'

Nach dem Krieg besuchten Mary und ihr Sohn das Dorf, in dem Francis gefallen war, und sie sah selbst das Feld mit der Mauer und den Deckungsgräben; alles war so, wie sie es im Geiste gesehen hatte.

Während unserer Tätigkeit in Japan hörten wir von einem japanischen Beamten und seiner Studie über japanische Frauen, die der Zweite Weltkrieg zu Witwen gemacht hatte. Der Mann hatte eine Reihe von Geschichten zusammengetragen, die der von Mary glichen: Die Witwen beschrieben das Schlachtfeld und die Umstände, unter denen ihre Männer gestorben waren. Ich versuchte, eine Begegnung mit dem Mann zu organisieren, damit er mir von seiner ungewöhnlichen Sammlung erzählen konnte, aber leider war er inzwischen zu alt, sodass es nie zu einem Treffen kam. Schade ist auch, dass die Berichte nie veröffentlicht wurden. Sie hätten zu dem Nachweis beigetragen, dass sich Erfahrungen dieser Art nicht auf einen Kulturkreis beschränken, sondern überall auf der Welt weit verbreitet sind.

Parapsychologie-Wissenschaftler haben ein paar Jahre mit einer Technik experimentiert, die als Fernwahrnehmung bekannt ist. Der Versuchsteilnehmer notiert Details über ein räumlich entferntes Ziel, und anschließend wird durch verschiedene statistische Maßnahmen entschieden, ob er das gewählte Ziel wirklich gesehen oder nur erraten hat. Zur Zeit des Kalten Krieges war es für die USA wichtig, geheime Informationen über strategische Ziele in Russland zu bekommen. 1974 richtete der US-Geheimdienst unter der Leitung von Dr. Puthoff und Dr. Targ am Stanford Research Institute eine Abteilung für Fernwahrnehmung ein. Ein Teil des Materials dieser Einheit wurde 1995 freigegeben und ist durch eine Abhandlung von Dr. Puthoff online abrufbar.[6] Eine 1996 von Jessica Utts und dem Nobelpreisträger Brian Josephson veröffentlichte Abhandlung kam zu dem Schluss:

> In den vergangenen zehn Jahren wurden die Experimente der US-Regierung von einem hochrangigen wissenschaftlichen Komitee aus angesehenen Akademikern verschiedener Disziplinen beaufsichtigt, die aufgefordert waren, die Pläne vorab zu kritisieren und zu genehmigen. Es sind keine Erklärungen vorgelegt worden, die es einem ehrlichen Beobachter erlauben, die sich vergrößernde Sammlung konsistenter Ergebnisse abzulehnen.[7]

Wie immer bei parapsychologischen Experimenten ist die Wissenschaft bei der Fernwahrnehmung geteilter Ansicht. Marys zuvor beschriebene Erfahrung indes würde genau in diesen Rahmen passen. Wir haben ihren Brief so ausführlich zitiert, weil er zeigt, dass sie ihr ganzes Leben lang für telepathische und hellsichtige (also über räumliche Entfernungen wahrnehmbare) Eindrücke empfänglich war. In der Parapsychologie-Forschung ist der „Schafe-versus-Ziegen"-Effekt durchaus bekannt. Manche Menschen (die Schafe) besitzen die Fähigkeit, solche Mitteilungen zu erhalten, andere (die Ziegen) nicht. Mary gehört eindeutig in die Kategorie der „Schafe". Die Sensitivität für solche Eindrücke könnte ein Grund dafür sein, dass manche Menschen von Sterbebettvisionen berichten, andere hingegen nicht, obwohl sie sich vielleicht nach dem Kontakt zu einem geliebten Menschen sehnen, wenn dieser im Sterben liegt.

Die gleiche Koinzidenz für zwei Personen

Besonders interessant ist eine Handvoll Berichte, in denen geschildert wird, dass zwei Personen unabhängig voneinander, aber gleichzeitig, eine identische Erfahrung machen. Die Mutter von Carole McEntee-Taylor war gerade von einem sehr kräftezehrenden Schlaganfall genesen, hatte Diabetes und Bluthochdruck und lebte in der Angst vor einem zweiten Schlaganfall.

Am 15. Juli 1998 wachte ich kurz nach 4 Uhr scheinbar grundlos auf. Ich hatte nicht das Bedürfnis, etwas zu trinken oder zur Toilette zu gehen oder irgendetwas anderes dieser Art zu tun. Ich war nur unglaublich glücklich, zufrieden und froh. Ich fühlte mich so gut, dass ich aufstand, nach unten ging und mir eine Zeitlang den Himmel ansah. Dann ging ich wieder zu Bett. Kurz nach 6 Uhr rief mein Vater an und sagte, er habe wegen eines Krankenhaustermins meine Mutter wecken wollen und festgestellt, dass sie tot war.

Meine Tochter lebte damals bei ihrem Freund, und ich sah und sprach sie erst später an diesem Tag. Und da erzählte sie mir mit als Erstes, sie wäre an diesem Morgen ohne besonderen Grund so um 4 Uhr wach geworden und unglaublich glücklich und zufrieden gewesen. Wir wussten beide, dass es meine Mutter war, die sich verabschiedete und uns mitteilte, dass sie glücklich und im Frieden war.

Die Ähnlichkeit der Gefühle von Carole und ihrer Tochter ist bemerkenswert; allerdings stellten beide eine Verbindung zum Tod der Mutter erst her, nachdem sie wussten, dass diese tot war. Die starke Emotion, die gleichzeitigen Erfahrungen und die wahrscheinliche Übereinstimmung mit dem Todeszeitpunkt (der allerdings nicht genau bekannt ist) machen diesen Bericht trotzdem sehr überzeugend.

Jean Wareham und ihre Schwester machten eine sehr ähnliche Erfahrung, als Jeans Mutter langsam an Krebs starb. Jean und ihre Schwester saßen stundenlang an ihrem Bett, weil sie nicht wussten, wann der Tod eintreten würde. Und dann geschah Folgendes:

Eines Nachts nahm ich sehr intensiv wahr, dass sie nachts zu mir kam und sagte, sie sei nur gekommen, um sich zu verabschieden. Als mir am nächsten Morgen gesagt wurde, sie sei gestorben, ‚wusste' ich das schon, denn sie hatte es mir gesagt. Als ich meine Schwester traf, stellte ich überrascht fest, dass sie genau die gleiche Erfahrung zur gleichen Zeit wie ich gemacht hatte.

Chris Alcock schrieb uns von Kit, einem seiner Schulfreunde, der Anfang der 1950er-Jahre als junger Armeeoffizier in Korea im Einsatz war. Kits Mutter, eine Freundin von ihm und Chris' Schwester, die ebenfalls in ihn verschossen war, hatten in einer Nacht unabhängig voneinander ähnliche Träume. In ihnen sahen sie Kit, der ängstlich wirkte und nach den Worten ‚Ich bin verloren' langsam verschwand. Alle drei wachten auf. Das Erlebnis war so plastisch, dass sie das Schlimmste befürchteten. Später fanden sie heraus, dass ihre Träume zeitlich mit seinem Tod in Korea übereinstimmten. Für seinen Brief an uns bat Chris seine Schwester, ihren Traum zu schildern:

Sie sagte, sie habe geträumt, sie, ich und Kits jüngerer Bruder Peter würden auf einem Kaminvorleger vor einem großen Feuer im weitläufigen Raum eines alten Hauses sitzen. Die Tür auf der anderen Seite des Raums ging auf, und Kit kam herein. Er war kreidebleich und kalt. Meine Schwester sagte: ‚Kit, komm herein, komm zu uns und wärme dich.' Kit antwortete: ‚Ich kann nicht, ich weiß nicht, wo ich bin.' Dann ging er hinaus und schloss die Tür hinter sich.

Alle Beteiligten (einschließlich mir) sind und waren praktizierende Katholiken, aber solche Phänomene haben nichts mit unserem Glauben zu tun. Wir waren genauso überrascht wie jeder andere es wäre, egal welchen Glauben er hat, und auch wenn er überhaupt keinen hat.

All diese sehr überzeugenden Erfahrungen weiter „Zufall" zu nennen, wäre eine schwache, ja wenig glaubhafte Erklärung. Wenn wir andere, plausible Erklärungen finden wollen, müssen wir das derzeitige reduktionistische, mechanische, wissenschaftliche Bezugssystem verlassen.

Die Telepathie wäre, wenn wir sie als Denkmodell akzeptieren, eine vertretbare Erklärung für viele Sterbebett-Koinzidenzen; dies könnte insbesondere für solche gelten, bei denen jemand beim Tod eines nahestehenden Menschen von unerklärlichen körperlichen Empfindungen oder starken Gefühlen überwältigt wird. Allerdings scheint die Telepathie weder die auf den Seiten 143–145 beschriebenen Erfahrungen (keine echte emotionale Beziehung zwischen Abschiedsbesuchtem und Abschiedsbesucher) noch die parallel von zwei Personen erlebten Vorfälle adäquat zu erklären. Auch die vielen Phänomene im Moment des Todes oder kurz darauf, wenn das Gehirn unter Umständen nicht mehr arbeitet und das Bewusstsein abhandengekommen ist, lassen sich mit Telepathie nicht erklären.

Eine weitere – aus Sicht der reduktionistischen Wissenschaft ebenfalls unbefriedigende – Erklärung könnte sein, dass es beim Tod oder kurz danach einen Zustand gibt, in dem der Betreffende eine Art von Existenz hat, in der sein persönliches Bewusstsein auf irgendeine Weise unabhängig von seinem Gehirn weiterbesteht. Dieses Denkmodell erhält Rückhalt durch die Echttod-Erfahrungen, auf die wir uns in Kapitel 12 beziehen. Bei ihnen ist während eines Herzstillstands die Hirnfunktion so stark gestört, dass ein Bewusstsein nicht möglich ist; trotzdem berichtet der Betreffende, dass er seinen Körper verlässt und seine Reanimation von der Decke aus beobachtet. Dies weist darauf hin, dass sich der Geist in dieser Situation vom Gehirn abspalten kann. Sollten diese Befunde sich bestätigen, wäre es nicht unvernünftig zu behaupten, dass der Geist in diesem Zustand die Fähigkeit besitzt, sich fortzubewegen und mit anderen, ihm eng verbundenen Geistern zu interagieren. Diese Erklärung ist attraktiv, weil sie die meisten uns beschriebenen Phänomene verständlich macht.

Und sollten wir diese Erfahrungen überhaupt als paranormal betrachten? Sind sie nicht eher transzendent und spirituell? C. G. Jung, einer der Begründer der Tiefenpsychologie, beschrieb synchronistische Ereignisse als Verbindung einer starken transzendenten, inneren Komponente mit einem äußeren, scheinbar unabhängigen Ereignis in der realen Welt. Die Bezeichnung „synchronistisch" betont die Beziehung der Ereignisse zur Zeit: Das Wort ist von den griechischen Begriffen *„syn"* (zusammen) und *„chronos"* (Zeit) abgeleitet. Jung hatte ab 1909 an diesem Konzept gearbeitet, beeinflusst durch Gespräche zunächst mit Einstein über Relativität und viele Jahre später mit seinem Freund und Patienten, dem auf Quantenmechanik spezialisierten Physiker Wolfgang Pauli. Jungs zentrales Konzept war, dass nichts durch Zufall geschieht und gleichzeitig stattfindende Ereignisse einen Grund und einen tieferen Zusammenhang haben.

Jung experimentierte unter anderem mit dem I Ging, bei dem weder die ermittelten Linien noch die von ihnen gebildeten Trigramme Zufall sind; vielmehr verweisen sie auf eine Beziehung zwischen dem gegenwärtigen Augenblick und den unterschwelligen, grundlegenden Fragen desjenigen, der das I Ging zu Rate zieht. Jungs letzte Abhandlungen zu dem Thema wurden in den 1930er-Jahren publiziert. Das bekannteste Beispiel für Jungs Arbeit mit Synchronizität ist eine Patientin von ihm, die sich sehr abwehrend verhielt und eine Befragung über ihre sexuellen Empfindungen strikt ablehnte. Eines Tages erzählte sie ihm von einem Traum, in dem ein goldener Skarabäus die Traumbilder beherrschte. Im gleichen Moment klopfte ein Insekt ans Fenster, das offenbar hereinkommen wollte. Jung öffnete das Fenster und stellte fest, dass es sich um einen weit verbreiteten Käfer handelte, dessen Flügeldecken golden glänzten. Seiner Patientin sagte er: „Hier ist Ihr Skarabäus." Dies war der Durchbruch in ihrer Analyse, denn die Frau sah die Verbindung zwischen dem realen Käfer im Hier und Jetzt und dem Skarabäus ihrer sexuellen Traumwelt. Für Jung waren synchronistische Ereignisse kein Zufall. Das Ereignis im Hier und Jetzt zeigte den

Weg zu einem tief liegenden, oft archetypischen Komplex innerhalb der Person. Jung verwies auf viele klassische Archetypen, die in Mythen überall auf der Welt existieren: Geburt und Wiedergeburt, der Held, die Große Mutter, das Kind, der Trickster oder Schelm, und schließlich Gevatter Tod, der Sensenmann. Wenn man das Denkmodell der Synchronizität auf Sterbebett-Koinzidenzen anwendet, würde das bedeuten, dass im Moment des Ereignisses der Ur-Archetypus des Todes aktiviert wird und in der realen Welt Synchronizitäten möglich werden.

Richard Tarnas ist Professor für Philosophie und Psychologie und lehrt an verschiedenen US-Instituten. In seinem ersten Buch *Idee und Leidenschaft: Die Wege des westlichen Denkens*[8] beschreibt er kenntnisreich, wie das westliche Ego sich seit der Zeit der Griechen entwickelt hat. In seinem Buch *Cosmos and Psyche*[9] beschäftigt er sich mit Faktoren im Universum, die einen psychischen Einfluss auf das Hier und Jetzt normaler Menschen haben. In Bezug auf Jung, Synchronizität und die Beziehung zwischen Bewusstem und Unbewusstem stellt er fest (S. 55):

> Schließlich kann es sein, dass es zu einer oder mehreren besonders beeindruckenden Synchronizitäten kommt, die wegen der Wucht ihrer Gleichzeitigkeit und der Präzision ihrer Struktur auf das Individuum wie eine Offenbarung wirken und für seine psychische oder spirituelle Entwicklung eine entscheidende Schwelle darstellen. Nicht selten finden Synchronizitäten dieser Art im Zusammenhang mit Geburten, Todesfällen, Krisen und anderen wichtigen Wendepunkten im Leben statt.

Beim aktuellen Stand wissenschaftlicher Kenntnisse scheint Jungs Ansatz der Synchronizität das erstaunlich vielfältige Phänomen der Sterbebett-Koinzidenzen am besten zu erklären.

Kapitel 7

Trauer und Halluzinationen

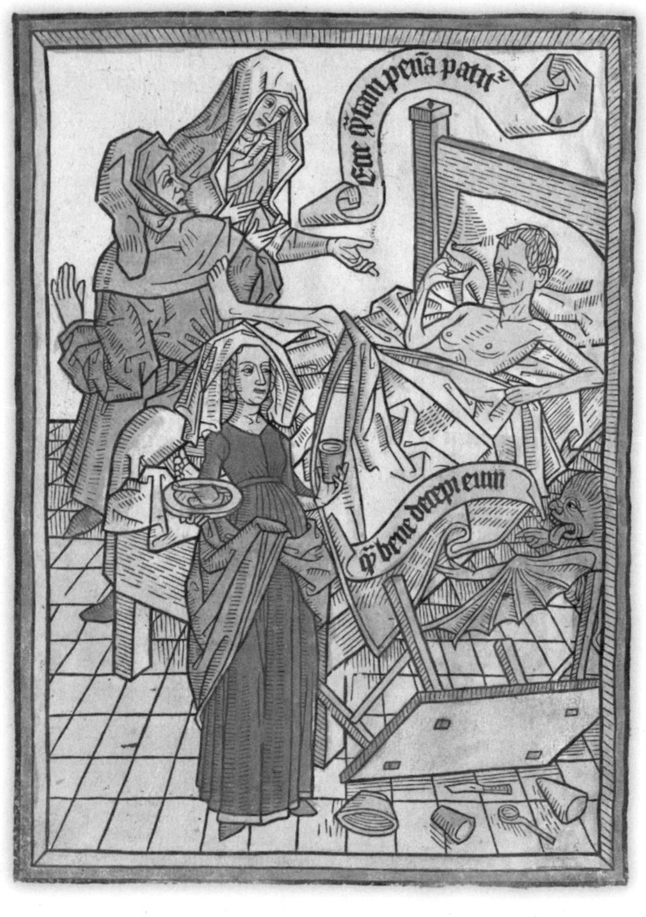

Versuchung durch Ungeduld

> *Ich weiß, dass man sehr leicht Dinge sieht oder hört, wenn man trauert, denn man ist dann – im nettesten Sinn des Wortes – ein bisschen verrückt. (Eine Teilnehmerin an unseren Umfragen)*

Eigentlich wollten wir uns in diesem Buch nur mit solchen Koinzidenzen beschäftigen, bei denen der Kontakt zwischen einem Sterbenden und ihm nahestehenden Menschen mehr oder weniger im Augenblick des Todes stattfand. Sehr viele uns zugegangene Briefe und E-Mails stammten aber auch von Personen, die einen Kontakt in den Wochen und Monaten nach dem Tod beschrieben.

Viele Erklärungen, die bei einer Kommunikation zwischen einem lebenden und einem sterbenden Menschen statthaft wären, sind nicht mehr angemessen, wenn ein Partner des Paars tot ist.

Wir kommen hier in einen ganz anderen Bereich, für den bereits eine umfangreiche wissenschaftliche und anekdotische Literatur vorliegt: den der Nachtod-Kommunikation. Ein vollständiger Überblick über diesen Bereich würde den Rahmen dieses Buches sprengen, aber in Anbetracht der vielen uns vorgelegten Erfahrungen wäre es interessant zu prüfen, ob sie irgendeinem Muster folgen und uns helfen, den Sterbevorgang besser zu verstehen.

Kontakt mit Verstorbenen

Seit vielen Jahren ist bekannt, dass Trauernde sehr oft Halluzinationen von ihrem verstorbenen Partner haben. Eine 1973 durchgeführte Meinungsumfrage unter 1467 US-Amerikanern ergab, dass 27 Prozent sagten, sie seien in Kontakt mit einem Verstorbenen gewesen[1], und in einer Befragung von 1132 Personen durch Erlundur Haraldsson in Island behaupteten 31 Prozent, einen Kontakt mit Verstorbenen zu haben. Eine neuere Interview-Umfrage unter mehr als 3000 Personen in Nordamerika legte nahe, dass rund einer von fünf trauernden Amerikanern diese Art von Nachtod-Kommunikation erlebt hatte.[3]

Die erste große Untersuchung in Großbritannien wurde von Dewi Rees durchgeführt, einem Allgemeinarzt in Wales.[4] Er stellte fest, dass von 227 Witwen und 66 Witwern fast die Hälfte Halluzinationen von ihrem verstorbenen Partner bzw. ihrer verstorbenen Partnerin erlebt hatte. Die Halluzinationen traten oft über viele Jahre hinweg auf, waren aber in den ersten zehn Jahren nach dem Verlust am häufigsten. Männer hatten sie genauso oft wie Frauen; bei Jüngeren waren sie weniger wahrscheinlich als bei Trauernden über 40 Jahren. Die Häufigkeit des Auftretens nahm mit der Länge der Ehe zu und hing insbesondere mit einer glücklichen Ehe und Elternschaft zusammen.

Dewi Rees kam zu dem Schluss, dass es sich hier um „tröstliche Halluzinationen" wahrscheinlich psychischen Ursprungs handelt, die eher harmlos sind und bei einem schmerzlichen Verlust tatsächlich großen Trost spenden. Laut seiner Umfrage am weitesten verbreitet war das Phänomen, dass die Anwesenheit des verstorbenen Partners gespürt wurde. Visuelle oder auditive Halluzinationen kamen weniger häufig vor. Am seltensten war das Gefühl, berührt zu werden.

	Männer	*Frauen*	*Insgesamt*
Spürt die Anwesenheit	43,9 %	37,9 %	39,2 %
Sieht den Verstorbenen	16,7 %	13,2 %	14,0 %
Hört den Verstorbenen	10,6 %	14,1 %	13,3 %
Spricht mit dem Verstorbenen	19,7 %	9,3 %	11,6 %
Wird von dem Verstorbenen berührt	1,5 %	3,1 %	2,7 %

Haraldsson stellte fest, dass visuelle Halluzinationen am häufigsten und Gefühle einer unsichtbaren Anwesenheit am zweithäufigsten waren. Das Gefühl, berührt zu werden, war weniger häufig, genauso wie der Eindruck des Geruchs, der für den lebenden Menschen charakteristisch gewesen war.

Genauso wie die Sterbebett-Koinzidenzen finden die Phänomene mit größerer Wahrscheinlichkeit statt, wenn der Trauernde sich ausruht oder schläfrig ist. Ein Drittel von Haraldssons Befragten war bei dem Kontakt körperlich aktiv und ging seiner täglichen Arbeit nach; ein Drittel ruhte sich aus, und ein weiteres Drittel war am Einschlafen oder gerade wach geworden.

Der Schmerz über den Tod des Partners war bei Haraldsson nur in einigen wenigen Fällen für den Kontakt von Belang – was nahelegt, dass dieser nicht nur – oder immer – ein „Tröstungsmechanismus" ist. Es lag keiner der medizinischen oder physiologischen Faktoren vor, von denen bekannt ist, dass sie Halluzinationen auslösen können. Fast alle Befragten waren in normaler gesundheitlicher Verfassung; nur sechs waren bettlägerig, keiner hatte Fieber, nur einer nahm Medikamente. Am interessantesten sind die 13 Fälle, bei denen der Wahrnehmende zum Zeitpunkt seiner Erfahrung nicht wusste, dass die Person, über die er halluzinierte, tatsächlich gestorben war; dies schließt die Faktoren Kummer, Trost oder Erwartung als Erklärung aus.

Das Feld der Nachtod-Kommunikation ist inzwischen ein florierender Zweig parapsychologischer Untersuchungen. Früher fand die Kommunikation mit dem Verstorbenen meist mithilfe eines Mediums statt. Heute wird auch die instrumentelle Transkommunikation einbezogen; bei diesem populär als „Tonbandstimmen" bezeichneten Phänomen dienen Fernseher, Tonband, Radio oder Telefon als Kommunikationsvermittler.[5]

Wer wird kontaktiert?

In unserer Befragung erlebten nicht nur hinterbliebene Ehepartner den Kontakt; auch Personen mit anderen engen Beziehungen zum Verstorbenen berichteten sehr oft von dem Phänomen – vor allem Eltern und Kinder, Großeltern und Enkelkinder. Die Art des Kontakts entsprach weitgehend den Ergebnissen von Dewi Rees und anderen sowie den Schilderungen, die wir über die Besuche von Sterbenden erhalten hatten: Am häufigsten war das Gefühl, die Person sei anwesend, gehört oder gesehen wurde sie seltener. Mehrere Personen beschrieben das Gefühl eines tröstlichen körperlichen Kontakts.

Nachts spürte ich, wie er kam und sich ans Fußende des Bettes setzte, und eines Nachts, als ich die Zeitung las, spürte ich, wie er meinen Pony hochschnipste; das hatte er manchmal getan, als Zeichen seiner Zuneigung.

Seit er tot ist, spüre ich ums Haus herum seine Anwesenheit, und gelegentlich sehe ich sein Gesicht auf dem Kissen im Bett neben mir.

Seit meine Mutter tot ist, erlebe ich das Phänomen, dass jemand sich neben mich legt, wenn ich allein im Bett bin, das heißt bevor mein Mann ins Bett kommt. Es kann sein, das ich beim Lesen bin, oder, wenn ich müde bin, einfach da liege, und dann spüre ich das Gewicht von jemandem, der sich auf das Bett legt. Ein oder zwei Mal bin ich eingeschlafen, spürte das Gewicht von jemandem, der sich hinlegt, drehte mich um, um meinem Mann einen Gutenachtkuss zu geben, und merkte, dass er noch gar nicht nach oben gekommen war. Das passierte nicht jede Nacht, aber wenn ich genervt oder krank war, war das Gefühl stärker. Ich hatte auch schon das Gefühl, als würde jemand mich im Bett behutsam zudecken; meine Mutter hatte das immer getan, als ich ein Kind war und sie kam, um gute Nacht zu sagen.

Mein Vater starb am 30. April 1989 in den Vereinigten Staaten, wo er lebte. Ich konnte nicht zur Beerdigung reisen, weil ich im neunten Monat schwanger war. Mein Sohn kam am 17. Mai 1989 zur Welt. Drei Tage später … war ich in meinem Einzelzimmer im Krankenhaus, und mein Sohn war in seinem hellen Kinderbettchen neben meinem Bett. So um 3 Uhr kam tatsächlich mein Vater in mein Zimmer – ich habe ihn deutlich gesehen. Ich erinnere mich sogar, dass ich mich im Bett aufsetzte, weil ich ihn nicht für real hielt, aber er war da, in meinem Zimmer. Damals dachte ich nicht: ‚Oh, er ist tot.' Er ging zu dem Kinderbettchen, sah meinen Sohn an und lächelte. Dann lächelten wir uns an, er nickte anerkennend und ging hinaus. Am nächsten Morgen erinnerte ich mich lebhaft an seinen Besuch. Es war eine wunderbare Erfahrung.

Ein paar Berichte legten nahe, dass diese „Besuche" auch von anderen Familienangehörigen erlebt wurden, etwa die folgenden drei.

Evies Mann starb im Oktober 1998 an Lungenkrebs.

Als die Wochen vergingen, träumte ich viel von meinem Mann, aber ich schätze, das ist ganz normal. Eines Nachts lag ich eine Weile wach, und ich glaube, ich schlief wieder ein – das ist meine Erklärung. Aber ich konnte spüren, wie mein Mann bei mir im Bett war und mich umarmte, und ich erinnere mich, dass ich dachte: ‚Das muss real sein, denn ich bin ja wach.' Aber ich vermute, ich war wieder eingeduselt, und es war ein weiterer Traum.

Ich habe mehrmals den Geruch von Zigarrenrauch im Haus wahrgenommen (er rauchte Zigarren), und einmal hatte ich das ganz starke Gefühl, dass jemand am Fußende des Bettes stand, als ich nachts wach wurde. Ich bin mir sicher, dass das alles ziemlich normal ist.

Das Merkwürdigste passierte in dem August nach seinem Tod. Ich war frühmorgens mit Bertie (meinem Hund) draußen in den Feldern unterwegs. Es war ein sehr ruhiger, stiller Tag, kein

Verkehrslärm und niemand sonst unterwegs. Absolut friedlich. Und plötzlich hörte ich Rons Stimme rufen: ‚Evie!' Es klang wie eine Warnung. Ich wirbelte herum und konnte natürlich nichts sehen. Ich dachte, offenbar würde ich gerade verrückt, und auf dem Nachhauseweg sagte ich mir immer wieder: ‚Ich werde verrückt. Aber ich weiß, was ich gehört habe. Es war Rons Stimme. Aber das ist nicht möglich. Ich werde verrückt.'

Also, ich dachte nicht mehr daran, außer dass offenbar das Irresein anfing, und ein paar Tage später rief ich meine Schwägerin Mandy an. Wir schwatzten ein bisschen, und ich erzählte ihr, was ich Ihnen gerade erzählt habe. Sie wurde ganz still und fragte, wann das passiert sei. Ich erklärte ihr ein bisschen mehr. Daraufhin sagte sie, vor einer Woche sei sie allein zu Hause gewesen und mit einer Tasse Tee nach draußen in den Garten gegangen, um sich ein bisschen hinzusetzen und zu relaxen. Türen und Fenster standen offen, denn es war ein herrlicher Tag. Plötzlich hörte sie eine Männerstimme ‚Mandy!' rufen (auch diesmal klang es wie eine Warnung). Sie sprang auf und dachte, es sei ihr Mann, der früher von der Arbeit zurückgekommen sei – aber da war niemand. Ich wusste von all dem nichts, als ich mein Erlebnis hatte, deshalb vermute ich mal, dass Autosuggestion ausgeschlossen werden kann. Aber es ist doch ziemlich merkwürdig, dass zwei Frauen genau die gleiche Wahrnehmung haben können.

Ich weiß, dass man sehr leicht Dinge sieht oder hört, wenn man trauert, denn man ist dann – im nettesten Sinn des Wortes – ein bisschen verrückt. Jetzt habe ich seit ein paar Jahren nichts Derartiges mehr erlebt, und deshalb weiß ich nicht genau, ob es ein Leben nach dem Tod gibt. Wenn es eins gibt, hoffe ich, dass mein Mann es sich gut gehen lässt, obwohl – als Kricketspieler wäre er von unserer Leistung bei den Ashes wohl nicht sonderlich beeindruckt!

Eine Halluzination ist definitionsgemäß eine subjektive Erfahrung, die nicht von anderen Menschen geteilt wird. Dass die beiden Frauen offenbar die gleiche Art von Kontakt mit derselben Person mehr oder weniger zeitgleich erlebten, bedeutet, dass zumindest in diesem speziellen Fall „Halluzination" als Erklärung einfach nicht passt. Interessant ist, dass jede Frau ihren eigenen Namen hörte, so als würde ein und derselbe Stimulus von jeder subjektiv interpretiert und personalisiert.

Der folgende Bericht ist nicht nur interessant, weil die Schreiberin wegen des ungewöhnlichen Traums „ihren Vater gehen lassen" konnte, sondern auch, weil ihre Schwester den gleichen Traum hatte, eventuell sogar zur gleichen Zeit (obwohl das nicht sicher ist).

Mein Vater starb unerwartet im August 1998 … Für mich war es sehr schwer, mich mit seinem Tod abzufinden, denn alles geschah so schnell. Ein paar Mal träumte ich, wir hätten ihn lebendig begraben, und hatte eine Heidenangst, wenn ich mitten in der Nacht nach diesen Träumen wach wurde. Das ging ein paar Nächte so, bis ich eines Nachts einen ganz anderen Traum hatte. Mein Vater erschien, sah lebendig und gesund aus und sagte mir, es würde ihm gut gehen, er sei glücklich und bei seinem Onkel. Von dieser Nacht an träumte ich nicht mehr von ihm und konnte ihn ‚gehen lassen'. Aber die größte Überraschung kam danach. An Weihnachten besuchte ich meine Schwester, die ich seit der Beerdigung unseres Vaters im August nicht gesehen hatte. Sie fing an, mir von ihren schlechten Träumen im Zusammenhang mit dem Tod unseres Vaters zu erzählen; sie hatten eines Nachts aufgehört, als unser Vater ihr im Traum erschienen war und gesagt hatte, ‚es würde ihm gut gehen, er sei glücklich und bei seinem Onkel.' Sie erzählte mir genau das, was ich erlebt hatte, und vielleicht ist es uns in derselben Nacht passiert.

Träume sind eine Möglichkeit, mit einem Todesfall fertigzuwerden; sie ist hier sicher nicht auszuschließen. Aber ist es wahrscheinlich, dass beide Schwestern den gleichen Traum mit den gleichen Bildern hatten? Ist nicht eine Nachtod-Kommunikation wahrscheinlicher?

Martin Howards Sohn Matthew starb 1998. Er ertrank im Gartenteich eines Nachbarn, als er zwei Jahre alt war. Hier beschreibt Martin, was drei Tage nach seinem Tod geschah:

Früh am Dienstagmorgen wurde ich wach. Wir haben ein Fenster über unserem Schlafzimmerfenster. Ich sah den Schatten eines Babygesichts, das durch das Fenster hineinsah. Ich konnte die Gesichtszüge nicht erkennen, aber ich wusste, dass es Matthew war. Ich glaube, ich döste wieder ein. Später hörte ich ein Knistern (wie das Geräusch, wenn ein Baby geht und seine Windel knistert). Das Geräusch begann neben der Tür und bewegte sich am Fußende des Bettes vorbei auf meine Frau zu. Ich zögerte, die Augen aufzumachen (ehrlich gesagt hatte ich eine Riesenangst), aber als ich es schließlich tat, war niemand da. Als ich morgens aufstand, stellte ich fest, dass sich die Alarmanlage für das Haus nachts selbsttätig resettet hatte.

Meiner Frau erzählte ich zunächst nichts davon, denn ich wollte sie nicht beunruhigen. Ich erzählte es ihr ein paar Tage später. Sie sagte, sie habe genau das Gleiche gehört wie ich, und das machte uns ziemlich fassungslos. Wir hatten beide das Gleiche gehört, es aber nicht ansprechen wollen, um den anderen nicht zu beunruhigen!

Nun, Matthew hatte das vor seinem Tod ziemlich lange so gemacht. Er wurde in den frühen Morgenstunden wach, kam in unser Zimmer, wanderte am Fußende des Bettes vorbei und hoch zu Jeanettes Seite, und wir hörten seine Windel knistern. Meine Frau brachte ihn dann entweder in sein Zimmer zurück, oder sie hob ihn hoch und legte ihn für eine Weile zwischen uns. Später brachte ihn dann einer von uns zurück in sein eigenes Bett und kuschelte ihn ein.

Ich war solchen Geschichten gegenüber immer ein bisschen skeptisch … Erst aufgrund meiner eigenen Erfahrungen hinterfrage ich, was geschieht, wenn wir sterben. Ich weiß nicht, ob andere Leute auch solche Erlebnisse haben; vielleicht fürchtet man, sie zu erwähnen, weil man Angst hat, als übergeschnappt zu gelten.

Die Tatsache, dass Martin und seine Frau das Gleiche hörten, schließt eine Halluzination aus – Halluzinationen sind *per definitionem* keine „Gemeinschaftsveranstaltung".

Auch Ann Gerry berichtete uns von einem Erlebnis, das sie als Kind hatte, als ihr Großvater starb; wie viele andere Geschichten zeigt auch diese die oft starke Verbundenheit zwischen Großeltern und Enkeln.

Als ich zehn Jahre alt war (ich bin jetzt 39), starb mein Großvater mütterlicherseits, den wir Papa nannten, plötzlich an Krebs … Meine Eltern beschlossen, weder mir noch meiner 14-jährigen Schwester zu sagen, dass er krank war. Damals wusste ich nicht, was der Tod war, ich hatte noch keinen erlebt. Am Ende der Herbstferien im Oktober sahen wir uns plötzlich … mit unseren Eltern zum Haus unserer Großeltern in Paignton in Devon fahren. Wir hatten keine Ahnung vom wahren Grund … Es war einfach wunderbar, dass wir zu Nanna und Papa fuhren und ein paar Tage später in die Schule zurück konnten.

Als wir bei Nanna und Papa ankamen, wurden unsere Eltern schnell in die Küche gebeten. Unser Vater kam ein bisschen später wieder heraus und sagte uns, dass Papa gegangen wäre. Ich muss zugeben, dass ich nicht verstand, dass ‚gegangen' in diesem Zusammenhang ‚für immer' bedeutete. Am nächsten Morgen ging ich nach unten und hörte, wie jemand den Boden der offenen Feuerstelle im Wohnzimmer sauber machte … Es gab keine Diele, und die Treppe führte direkt ins Wohnzimmer. Das Geräusch war für mich schmerzlich und verwirrend, denn es war immer Papas Aufgabe gewesen, die Feuerstelle zu reinigen. Ich erinnere mich, dass ich durch die Streben des Treppengeländers linste, um zu sehen, wer so dreist war, seinen Job zu übernehmen, stellte aber fest, dass er es war. Ich konnte hören, wie meine Mutter, mein Vater und Nanna in der Küche miteinander spra-

chen, und versuchte herauszufinden, warum sie mich angelogen hatten. Als die Küchentür aufging und Nanna ins Wohnzimmer trat, richtete er sich auf und lächelte nur. Es war kein breites Grinsen, nur das leise Lächeln, das besagt: Es ist alles in Ordnung. Als ich am Fuß der Treppe ankam, war er weg. Erst viele Jahre später erzählte ich es einzig und allein meiner Schwester, und fast all die Jahre habe ich mich immer wieder gefragt, ob ich ihn gesehen hatte, weil ich ihn sehen wollte.

Zweifellos lassen viele und eventuell sogar die meisten dieser „tröstlichen Halluzinationen" sich leicht auf psychische Ursachen zurückführen. In Alltagssituationen finden sich immer wieder Dinge, die sich mit einem bestimmten Menschen in Verbindung bringen lassen; auch nach seinem Tod können solche „Zeichen" – ein besonderer Geruch oder Zigarettenrauch zum Beispiel – eine Erinnerung wecken oder das Gefühl auslösen, er sei immer noch irgendwie da. Wir wissen, dass das menschliche Gehirn geschickt darin ist, eine ganz neue, synthetische Welt zu erschaffen – außerkörperliche Erfahrungen etwa können durch extremen Stress, Schock, Schmerz oder blankes Entsetzen hervorgerufen werden. Und natürlich – und das ist der Hauptunterschied zwischen diesen Erfahrungen und Sterbebett-Koinzidenzen – weiß der Halluzinierende, dass er einen geliebten Menschen verloren hat und Trost braucht. Ist es so überraschend, dass er von ihm träumt, seine Anwesenheit wahrnimmt, ja seine Berührung spürt? Zahllose Male bei Tag und bei Nacht findet er sich in Situationen wieder, in denen er den Menschen, den er verloren hat, bisher gesehen, gespürt oder gehört hat. Ist es da verwunderlich, dass er es weiterhin tut?

Wenn wir Sterbebett-Koinzidenzen als möglichen Hinweis auf irgendeine Art von Verbindung zwischen den Lebenden und den Sterbenden akzeptieren, ist es dann logisch, die Halluzinationen von Trauernden, die ihnen doch in vieler Hinsicht gleichen, als bloßes Trostpflaster für die Seele abzutun? Und zu behaupten, sie seien ein ganz anderes Phänomen? Wo hört man auf, wenn man diese Büchse der Pandora einmal geöffnet hat und mit Spekulationen anfängt? Die Halluzinationen von Trauernden lassen sich einem ganz neuen Bereich von Anekdoten und Legenden zuordnen – über Geister, über Mediumismus –, der weit über den Umfang und die Absicht dieses Buches hinausgeht und den es weder untersuchen noch erklären will. Für Wissenschaftler ist das gefährliches Terrain, faszinierend ist es allemal.

Kapitel 8

Großvaters Uhr und andere merkwürdige Begebenheiten

Trost durch Geduld

Großvaters Uhr war zu groß fürs Regal,
und stand neunzig Jahr' auf dem Boden.
Ihre Höhe entsprach anderthalbmal ihm selbst,
ihr Gewicht war so wie das seine.
Gekauft ward sie am Tag seiner Geburt,
sie war immer sein Schatz und sein Stolz.
Aber ach, sie blieb stehen und tickte nie mehr
als der alte Großvater starb.

(Übersetzung des Liedes „My Grandfather's Clock"
von Henry Clay Work, 1876)

Merkwürdige Vorfälle um den Todeszeitpunkt herum nehmen nicht immer die Form einer Vision oder einer Präsenz an. Oft haben sie einen sehr viel irdischeren Charakter. Uns wurde von unerklärlichem Pochen oder Hämmern, schlagenden Türen oder Fotos berichtet, die von der Wand fallen, eventuell mit der Vorderseite nach unten. Telefone sollen geklingelt haben, im folgenden Bericht sogar „auf Bestellung". Mary G. erzählte uns:

Bevor mein Mann starb, hatte eine Freundin mir erzählt, sie habe zum Zeitpunkt des Todes ihrer Schwester deren Geist gesehen. Das machte mir ein bisschen Angst. Es war absehbar, dass mein Mann sehr bald sterben würde, und obwohl ich ihn sehr liebte, wusste ich nicht, wie ich reagieren würde, wenn ich in als Geist sehen würde. Deshalb schickte ich ihm die telepathische Botschaft, ich würde ihn lieber nicht sehen, er möge mich stattdessen doch bitte anrufen. Er starb in den frühen Morgenstunden, und beim Wachwerden an diesem Morgen träumte ich, ich würde das Telefon klingeln hören. Ich nahm das Gespräch an, und seine Stimme sagte ‚Hallo'. Er klang gut, sehr herzlich. Kurz darauf rief mich das Hospiz an, in dem er war, und sagte, er sei verstorben. All das überzeugte mich davon, dass es nach diesem Leben noch etwas anderes geben muss.

Auch in unserer Pflegeheimstudie berichteten viele Betreuende von unerklärlichen Vorfällen: In Zimmern von Bewohnern, die vor Kurzem gestorben waren, ging das Licht an und aus, blieben Uhren stehen oder fielen Bilder von der Wand. Andere Pflegekräfte sprachen davon, dass die Notruf-Klingel im Zimmer eines Bewohners am Tag seiner Bestattung durchgehend läutete, obwohl sich niemand mehr in dem Zimmer aufhielt. „Als ob", kommentierte eine Interviewte, „der Geist des Toten immer noch bei uns wäre." Mehrere andere Pflegekräfte meinten, sie würden die Anwesenheit des kürzlich verstorbenen Bewohners spüren, Schritte hören oder Erscheinungen sehen, so als würde der Bewohner sich nach seinem Tod noch eine Weile „herumdrücken". Eine Befragte hatte den Eindruck, an der Schulter geschubst zu werden, als sie das Zimmer eines verstorbenen Bewohners betrat.

Mit dem Verstorbenen verknüpfte Gerüche werden recht häufig wahrgenommen. Keith Wilson roch in seinem Auto ganz intensiv den Tabakrauch seines Vaters, als er nach dessen Tod nach Hause fuhr. Gelegentlich wird Musik gehört; Katherine Knight erzählte uns, was ihre Schwester Ungewöhnliches erlebte, als ihr Onkel starb.

Er starb im Juli vor ein paar Jahren in den frühen Morgenstunden in einem französischen Krankenhaus. Etwa zur gleichen Zeit wurde meine Schwester in ihrer Londoner Wohnung plötzlich vom Heulen eines Tieres geweckt. Sie hielt es für einen Wolf. Sie sagte, es habe wie eine Aufzeichnung geklungen, so als hätte jemand bei einem Tonbandgerät die Wiedergabe-Taste gedrückt, denn es habe ganz unvermittelt angefangen. Das Heulen dauerte zwei oder drei Sekunden und hörte dann abrupt auf, als hätte jemand die „Stop"-Taste gedrückt. Meine Schwester bekam solche Angst, dass sie die Nachttischlampe anlassen musste und sich die Bettdecke über den Kopf zog. Sie erinnert sich auch daran, dass die Atmosphäre währenddessen geradezu unheimlich still war. Die ganze Episode dauerte ungefähr 15–20 Minuten. Erst am nächsten Mittag fanden wir heraus, dass unser Onkel gestorben war.

Wenn die Mechanik nicht funktioniert

Normalerweise meinen wir, mechanisch betriebene Gegenstände wären unabhängig von uns und uns gegenüber gleichgültig. Ein Blick auf unser Verhalten zeigt jedoch, dass wir zu vielen Dingen eine sehr enge Beziehung haben. Autos zum Beispiel sind für viele Menschen nicht einfach ein Fortbewegungsmittel – sie geben ihnen sogar Namen und hegen geradezu zärtliche Gefühle für sie. Mehrere parapsychologische Experimente haben einen kleinen Einfluss des Geistes auf mechanische Systeme gezeigt.[1] In den 1980er-Jahren demonstrierte Uri Geller das Verbiegen von Löffeln mit der Kraft des Geistes, und landesweit zeugten Schubladen mit durcheinandergebrachtem Besteck von den Versuchen vieler Kinder, es ihm nachzutun. Ein paar Eltern waren überzeugt, dass ihre Kinder tatsächlich Löffel verbiegen konnten. Professor Hasted vom Kings College in London testete einige dieser Kinder und kam zu überzeugenden Ergebnissen; trotzdem ist der Bereich weiterhin umstritten.

Menschen, die sehr subtile Arbeiten ausführen, brauchen erwiesenermaßen einen ruhigen Geist, und das nicht nur, weil er ihnen eine ruhige Hand verleiht. Offenbar ist auch ihre Beziehung zu dem Gegenstand extrem wichtig. Sterbebett-Koinzidenzen zeigen, dass der Geist einen anderen Geist beeinflussen kann; deshalb ist es vielleicht nicht so abwegig anzunehmen, dass der Geist – auch im Sterben – mechanische Abläufe beeinflussen könnte. Die folgende Geschichte, in der ein Fernsehgerät und eine Alarmanlage nicht richtig funktionierten, ist dafür ein gutes Beispiel; beachten Sie auch den Kommentar der Krankenschwester.

Lucie Green und ihr Onkel saßen bei ihrem Vater am Bett, als er im Krankenhaus im Koma lag.

Der Fernsehbildschirm wurde weiß, der Ton fiel aus, und dann hastete eine Krankenschwester ins Zimmer und fragte, warum wir den Alarmknopf gedrückt hätten. In genau diesem Augenblick machte mein Vater, 58, seinen letzten Atemzug. Niemand hatte den Alarm ausgelöst, und trotzdem wurde er im Schwesternzimmer angezeigt, und niemand kann erklären, warum der Fernseher anfing zu spinnen. Kurz nach dem Tod meines Vaters funktionierte er wieder normal. Später sprach ich mit der Krankenschwester darüber, dass der Alarm losgegangen war, und sie sagte, das passiere ständig, wenn jemand stirbt. Ich kann weder sagen, dass ich an ein Leben nach dem Tod glaube, noch dass ich nicht daran glaube, aber dieses Erlebnis hat mir die Augen für irgendetwas da draußen geöffnet, das niemand verstehen kann.

Eine spektakuläre mechanische Fehlfunktion wurde uns von Ron Baker beschrieben. Er sagt, es sei die einzige merkwürdige Erfahrung seines Lebens gewesen, die ihn seitdem fasziniert.

1954 diente ich in der Royal Air Force in der Radarstation Fairlight in der Nähe von Hastings in Sussex. An einem langen Wochenende, an dem der größte Teil der Belegschaft 72 Stunden Ausgang hatte, war ich das ganze Wochenende über der Fahrer vom Dienst für die Notbesetzung auf dem Stützpunkt. Spät am Abend … saß ich neben der Telefonanlage und trank mit dem Telefonisten vom Dienst eine späte Tasse Kaffee. Exakt um 23 Uhr schaltete sich die Telefonzentrale ab. Sogar das grüne Licht, das anzeigte, dass die Anlage ans Stromnetz angeschlossen war, ging aus. Eigentlich hätte dann ein rotes Licht leuchten sollen, das anzeigte, dass die Notstromversorgung sich eingeschaltet hatte. Aber da zeigte sich kein rotes Licht, und die Telefonzentrale war absolut tot. Auch der

Fernschreiber, der wie die Telefonanlage über eine eigene Festnetzleitung der britischen Post- und Telekommunikationsgesellschaft GPO versorgt wurde, war außer Betrieb. Das bedeutete, dass die Station, die zum System der Chain-Home-Radarstationen gehörte, die im damals sehr beunruhigenden Kalten Krieg unsere Küste schützte, keinen Kontakt zu den anderen Stationen hatte und das Radar-Netzwerk unterbrochen war, eine extrem bedenkliche Situation. Während der Telefonist alles Mögliche an den Geräten überprüfte, ging ich zum Wachlokal, um das Problem zu melden und zu veranlassen, dass jemand nach Hastings fuhr und das Problem dem Notfalldienst der GPO mitteilte.

All das dauerte eine halbe Stunde, und dann, genau um 23 Uhr 30, schaltete sich die Telefonanlage wieder ein. So konnten wir den GPO-Ingenieur anrufen, der das gesamte System überprüfte und nicht den kleinsten Fehler fand. Außer einen Bericht an den Offizier vom Dienst bei unserer Stammtruppeneinheit anzufertigen, war nichts zu tun. Aber um 9 Uhr am folgenden Morgen kam ein Telegramm an den Stationskommandanten an; es war von der Familie eines Stützpunktangehörigen namens Brown, einem der Telefonisten, die auf Heimaturlaub waren, und besagte, dass er plötzlich krank geworden und in der vorherigen Nacht um 23 Uhr gestorben war!

Weitere Überprüfungen durch die GPO und unser eigenes technisches Personal konnten keinen Defekt an der Telefonleitung, der Anlage oder dem Fernschreiber feststellen, und das Problem trat nie wieder auf.

Auch hier besteht eine Beziehung zwischen dem Bediener und der Anlage, die mit einer Art mitfühlender Dysfunktion auf seinen Tod reagiert. Solche seltsamen Mensch-Maschine-Interaktionen tauchen oft in der Parapsychologie-Literatur auf – etwa wenn mit Jugendlichen assoziierte Poltergeist-Aktivitäten Elektro- und Telefongeräte zu beeinträchtigen scheinen.

Von allen eigenartigen Phänomenen um den Todeszeitpunkt herum sind stehenbleibende Uhren vielleicht das faszinierendste; denn zum einen scheint das Phänomen sehr häufig vorzukommen, und zum anderen hat es Eingang in die volkstümliche Überlieferung gefunden – siehe das Lied über Großvaters Uhr. Natürlich haben die meisten von uns schon erlebt, dass Uhren stehenbleiben und sogar ohne ersichtlichen Grund wieder anfangen zu ticken. Und wenn das gerade dann passiert, wenn jemand stirbt, ist „Zufall" als Erklärung zunächst einmal genauso plausibel wie irgendetwas anderes. Die außergewöhnliche zeitliche Übereinstimmung, die enge Beziehung des Sterbenden zu seiner Uhr und die Tatsache, dass er im entscheidenden Moment seines Sterbens auf sie zeigte, machen den folgenden Bericht zu einem besonders überzeugenden Beispiel dafür, dass vielleicht mehr dahintersteckt.

Anfang der 1970er-Jahre starb mein Großonkel (der Bruder meiner Großmutter) zu Hause. Er lebte mit meinen Großeltern zusammen. Am Fußende seines Bettes stand eine alte Wanduhr. Sie war rund 100 Jahre alt und von den Generationen vor ihm an ihn weitergegeben worden. Soweit ich wusste, hatte sie nie funktioniert. Mein Großvater sagte, als mein Großonkel im Sterben lag, habe er plötzlich auf die Uhr gezeigt. Sie schlug 4 Uhr nachmittags, was ungefähr stimmte, und dann starb mein Großonkel.

Das sind ziemlich viele Zufälle: Die Uhr schlug – soweit die Lebenden sich erinnern konnten, zum ersten Mal – als der Großonkel auf sie zeigte. Ihre Schläge entsprachen ungefähr der tatsächlichen Uhrzeit. Und sie schlug in dem Moment, in dem ihr Besitzer starb.

Margaret Catherine und David Eccleshall beschrieben eine sehr ähnliche Erfahrung. Margaret:

Als meine Mutter im Endstadium einer Motoneuron-Erkrankung war, fiel ihr das Sprechen sehr schwer; trotzdem gab sie mir zu verstehen, dass jemand gekommen war, neben ihrem Bett stand und ihr versicherte, sie solle keine Angst haben, und sie wären bei ihr, wenn sie sterben würde. Ich konnte nicht verstehen, wer sie besuchte, aber anschließend war sie sehr beruhigt und im Frieden und akzeptierte, was mit ihr geschah. Das war nur ein paar Tage, bevor sie starb. Am Morgen ihres Todes ging ich in die Garage, um mein Auto zu holen, und sah ihre Uhr, auf die sie große Stücke hielt; sie war mit allem, was sie besaß, in der Garage verstaut worden, nachdem wir ihre Wohnung ausgeräumt hatten. Ich dachte, es wäre eine Schande, die Uhr in der Garage zu lassen, also nahm ich sie mit ins Haus und stellte die richtige Uhrzeit ein. Ich ließ sie auf dem Tisch stehen und ging zur Arbeit. Dort rief mich eine Krankenschwester an und sagte, meine Mutter sei um zehn vor elf an diesem Morgen gestorben. Es war nicht erwartet worden, dass sie an diesem Tag sterben würde, und ich ärgerte mich ziemlich, weil ich nicht bei ihr gewesen war. Ich fuhr sofort nach Hause, und das Erste, das ich beim Hereinkommen sah, war, dass die Uhr genau um zehn vor elf stehengeblieben war. Ich hatte sie morgens erst aufgezogen, es gab keine Erklärung für ihr Stehenbleiben, und 21 Jahre später tickt sie immer noch ohne Probleme auf meinem Kaminsims.

Jennie Stiles beschrieb, wie sie nach dem plötzlichen und tragischen Tod ihrer Tante deren Wohnung in London ausräumte, die sie gut kannte. „Als ich ihre Wohnung zum ersten Mal nach ihrem Tod betrat, fiel mir auf, dass alle Uhren zur selben Zeit stehengeblieben waren: Genau zur Zeit ihres Todes."

Es ist sicher vertretbar zu behaupten, dass Menschen eine enge Beziehung zu mechanischen Uhren haben. Sie müssen sie regelmäßig aufziehen, und weil mechanische

Systeme selten absolut präzise funktionieren, müssen sie ab und zu die Uhrzeit korrigieren. Kurzum, sie müssen sich mit ihren mechanischen Uhren beschäftigen. Von elektrischen Uhren kann man das nicht behaupten. Sie werden schließlich nur an die Steckdose angeschlossen, und dann funktionieren sie, ohne dass man sich weiter um sie kümmern muss. Wir könnten sogar die Hypothese aufstellen, dass mechanische Uhren zum Todeszeitpunkt stehenbleiben, elektrische nicht. Aber schon ein kurzes Nachdenken widerlegt diese Ansicht. Uhren sind ein fester Bestandteil unseres Lebens. Wir richten unser Verhalten nach ihnen, immer wieder werfen wir einen Blick auf sie, sie sagen uns, wann wir aufstehen und wann wir zu Bett gehen sollen. Deshalb sollten wir zwischen mechanischen und elektrischen Uhren vielleicht gar keinen so harten Schnitt machen. Die folgende Geschichte zeigt jedenfalls nicht als einzige, dass die obige Hypothese keinen Bestand hat.

David:

Mein Vater starb um 3 Uhr 15 nachts. Statt meinen Onkel Archie anzurufen, der Papa nahegestanden hatte, besuchte ich ihn so um 8 Uhr 30. Ich wollte ihm sagen, dass wir Papa verloren hatten, und ihn zum Haus zurückbringen, wenn er das wollte. Als Onkel Archie die Tür aufmachte, war klar, dass er traurig war, und als ich anfing, ihm von Papas Tod zu erzählen, unterbrach er mich und sagte, er wüsste es schon … Er sagte, niemand habe ihn angerufen, aber ich solle mir die Uhr auf dem Kaminsims ansehen – sie war um 3 Uhr 15 stehengeblieben, genauso wie seine Armbanduhr, seine Nachttischuhr und alle anderen Uhren im Haus. Sogar ein LED-Display, ich glaube von einem Radio, leuchtete 3.15. Ich war ziemlich perplex, aber Archie schien das Phänomen nichts auszumachen; ihn bekümmerte nur, dass er einen lieben Menschen verloren hatte.

Vielleicht ist es logischer zu akzeptieren, dass nichts in der Natur für sich allein geschieht; wenn also Notruf-Klingeln läuten und elektrische Systeme ausfallen, gibt es keinen Grund, weshalb Uhren, zu denen wir eine noch engere Beziehung haben, nicht auch vom Tod eines Menschen beeinflusst werden sollten.

Der Großvater von Julie Lewis besaß eine Uhr, die er als Preis bei einem Wettlauf gewonnen hatte; sie blieb stehen, als er starb. Sie ergänzt: „Mein Opa sagte meiner Oma kurz vor seinem Tod, er würde sie verlassen; mir ist nicht klar, wieso er es wusste. Er wusste einfach, dass seine Zeit gekommen war." Auch Janice Aston berichtete uns von einer interessanten „Uhren-Koinzidenz".

Mein Vater hatte mehrere Wochen (bevor er starb) an einer alten Uhr herumgewerkelt, die schon lange im Haus war und die nicht funktionierte. Jedes Mal, wenn ich am Wochenende zu Besuch kam, bastelte er daran, und schließlich brachte er sie zum Laufen.

Am Tag seiner Bestattung stand die Uhr auf dem Kaminsims und zeigte die richtige Uhrzeit an – ich bemerkte es, bevor ich zur Beerdigung ging. Aber als ich nach der Beerdigung auf die Uhr sah, fiel mir auf, dass sie stehengeblieben war. Sie funktionierte nie wieder und wurde schließlich entsorgt.

Peter Turnbull beschrieb, dass eine kleine, batteriebetriebene Uhr seines Vaters stehenblieb, als der Zwillingsbruder seines Vaters starb. Sie ließ sich ohne Batteriewechsel leicht wieder in Gang bringen und lief dann einwandfrei, bis Peters Vater dement wurde; von da an beschleunigte sich ihr Tempo, bis sie zum Lebensende seines Vaters hin doppelt so schnell ging wie normal und als Zeitmesser nutzlos war.

Ich wusste, dass sie stehenbleiben würde, wenn er starb, und gewöhnte mir an, mein Ohr an die Uhr zu halten, und wenn ich ihr leises, aber schnelles Ticken hörte, sagte ich mir: ‚Du bist also noch unter uns, alter Junge.'

Als sein Vater schließlich starb, vergaß Mr. Turnbull zwei oder drei Tage, die Uhr anzusehen; als er es dann tat, stellte er fest, dass sie tatsächlich stehengeblieben war – um 4 Uhr 37, acht Minuten vor dem offiziellen Todeszeitpunkt um 4 Uhr 45.

Ich werde nie wissen, ob die Uhr in Erwartung seines Todes stehenblieb, als hätte sie den Todeszeitpunkt im Voraus gekannt, oder ob sie zufällig in dem Moment, in dem er starb, die richtige Uhrzeit anzeigte. Wie dem auch sei, ich machte das Batteriefach auf, nahm die Batterie heraus, klebte den Deckel mit Sekundenkleber fest und stellte die Uhr mit der Schiebermütze meines Vaters obendrauf ins Regal. Dort steht sie immer noch und zeigt die Zeit an, zu der mein Vater gestorben ist. Manche Leute halten das für morbid, aber mein Vater war ein super Typ.

Genauso merkwürdig sind die Berichte über Uhren, die nach jahrelanger Inaktivität zum Todeszeitpunkt auf mysteriöse Weise wieder anfangen zu ticken. Janice Lane teilte uns mit:

Mein Vater starb vor 18 Monaten. Am Morgen seiner Bestattung beschloss ich, die Uhr zu tragen, die er mir zum achtzehnten Geburtstag gekauft hatte. Ich hatte diese Uhr seit ungefähr 18 Jahren nicht getragen. Als ich die Uhr aus einer Schachtel nahm, die ich weggepackt hatte, tickte sie und zeigte die exakt richtige Zeit an. Es ist eine Uhr zum Aufziehen, also ohne Batterien. Das Erlebnis mit der Uhr half mir, den Beerdigungstag zu überstehen; ich hatte das Gefühl, dass mein Vater bei mir ist. Vor dieser Erfahrung glaubte ich nicht an ein Leben nach dem Tod (obwohl ich das gerne getan hätte).

Eileen Chamberlain:

Meine Nachbarin Mary Holmes brachte ihre Mutter von Lancashire hierher nach Yorkshire. Die Mutter, die bei ihr Leben sollte, brachte ein paar Dinge mit, unter anderem eine alte Standuhr. Nach ein paar Wochen musste meine Nachbarin aufs Aufziehen verzichten, denn die Schläge waren sehr laut, vor allem nachts.

Drei Jahre später fuhr Mary in Urlaub, und ihre Mutter kehrte für einen kurzen Aufenthalt nach Burnley zurück. Dort wurde sie krank und kam ins Krankenhaus. Eines Tages rief mich das Krankenhaus an (Mary hatte zu dem Zeitpunkt kein Telefon). Ich holte Mary, und das Krankenhaus sagte ihr, ihre Mutter sei gestorben. Ich ging mit Mary zu ihrem Haus zurück und machte ihr eine Tasse Tee. Als wir uns hinsetzen, schlug die alte Standuhr an der Wand zweimal. Drei Jahre lang hatte sie nicht getickt, und auch in den folgenden Monaten, in denen die Familie sie nach dem Tod der Mutter behielt, blieb sie still. Als die Uhr die zwei Schläge getan hatte, saßen wir etwa fünf Meter von ihr entfernt und waren nicht an ihr vorbeigegangen. Ich war nie überzeugt, wenn ich ähnliche Geschichten gelesen habe, aber bis heute kann ich mir nicht erklären, wie es möglich war, dass die Uhr der alten Dame nach deren Tod geschlagen hat, obwohl sie mindestens ein paar Jahre nicht aufgezogen worden war.

Ich habe keine feste Meinung zu solchen Dingen, aber das war etwas, das ich mir nie erklären konnte. Als ich einer Freundin sagte, dass ich Ihnen schreiben wolle, erzählte sie mir eine merkwürdige Geschichte über die Uhr ihrer Schwiegermutter. Als die Schwiegermutter starb, brachte ihr Mann aus dem Haus seiner Mutter eine alte Uhr mit Westminsterschlag zurück. Die Uhr ging nicht, aber mit der Absicht, sie irgendwann reparieren zu lassen, stellte ihr Mann sie in einen Schrank. Ein paar Jahre später saßen sie da und sprachen über die Schwiegermutter, und was sie so erlebt hatte. Und plötzlich hörten sie, wie die Uhr im Schrank ihr typisches Läuten von sich gab.

Mag sein, vielleicht gab es eine Erklärung, aber meine Freundin sagt, dass – wie bei meinem Erlebnis – niemand im Haus umhergegangen war und sie ein paar Meter von dem Schrank entfernt saßen.

Also Achtung, wenn Uhren in der Nähe sind!

Nachdem wir über ein Dutzend Berichte erhalten hatten, die mit Uhren zu tun hatten, wurde uns klar, dass in diesen Geschichten mehr steckte als nur der Stoff für Legenden. In diesem Zusammenhang beschlossen wir herauszufinden, wie das Lied über „Großvaters Uhr" entstanden war. Die Geschichte ist folgende:

Anfang des 19. Jahrhunderts befand sich die Uhr, eine große Bodenstanduhr, in der Lobby des George-Hotels in Piercebridge in Nord-Yorkshire. Das Hotel wurde von zwei Brüdern namens Jenkins geleitet, die beide Junggesellen waren. Die Uhr war viele Jahre dort gewesen und hatte ein für alte Uhren ungewöhnliches Merkmal – sie ging genau.

Eines Tages starb einer der beiden Brüder, und plötzlich geriet die alte Uhr aus dem Takt. Obwohl mehrere Uhrmacher vergeblich versuchten, sie zu reparieren, ging sie jeden Tag über eine Stunde nach. Als einige Zeit später der zweite Bruder im Alter von 90 Jahren starb, versagte die Uhr, auch wenn sie ganz aufgezogen war, völlig den Dienst. Der neue Hoteldirektor versuchte nie, sie reparieren zu lassen, ließ sie aber in einem sonnenbeschienenen Winkel der Lobby stehen. Die Zeiger zeigten die Uhrzeit an, zu der der letzte Jenkins-Bruder gestorben war.

Um 1875 stieg ein amerikanischer Komponist und Liedermacher namens Henry Clay Work während einer

Englandreise zufällig im George-Hotel ab. Man erzählte ihm die Geschichte von der alten Uhr, und er beschloss, ein Lied über sie zu komponieren. Henry kehrte nach Amerika zurück und veröffentlichte das Lied, dessen Partitur sich nicht nur über eine Million Mal verkaufte; es gab auch diesem speziellen Uhrentyp den in Großbritannien bis heute üblichen Namen „Großvateruhr".

Physische oder mechanische Ereignisse dieser Art sind interessant, weil sie eine mögliche Verbindung zwischen einem Sterbenden und einem für ihn bedeutungsvollen materiellen Objekt nahelegen. Und weil diese Verbindung sich in der realen Welt äußert, ist sie auch für Menschen sichtbar, die keine emotionale Bindung an den Sterbenden haben. Wenn es solche Dinge tatsächlich gibt, muss man sich allerdings wundern, dass sie nicht öfter bemerkt werden. Uhren und Fernsehgeräte gehören zu unserem Alltag. Aber wenn ein Lokführer, der 30 Jahre für einen speziellen Zug verantwortlich war, im Hospiz stirbt und zeitgleich bei diesem Zug fünf Minuten lang der Strom ausfällt, fragt niemand: „Ist das etwa der alte Fred, der sich von seiner Lok verabschiedet?" Vielleicht gibt es viele Beispiele dieser Art, die wir nicht zur Kenntnis nehmen, weil wir kognitiv nicht komplex genug ausgestattet sind, um auf sie zu achten. Wer weiß, ob wir nicht viele weitere Beispiele finden würden, wenn wir gezielt nach ihnen suchen würden?

Obwohl solche Phänomene interessant sind, scheinen sie nicht so sinnbehaftet und bedeutsam zu sein wie die Visionen des Sterbenden und die Abschiedsbesuche, die Hinterbliebene von ihren verstorbenen Angehörigen erhalten. Jungs Archetyp- und Synchronizitätskonzept legt allerdings auch folgenden Gedanken nahe: Wenn der universelle Archetypus des Sensenmanns aktiviert wird und der Tod eintritt, werden in einem sehr tiefen Sinne Strukturen im Kosmos verändert, und die Auswirkungen zeigen sich dann an alltäglichen Ereignissen und Phänomenen. Schon der Begriff „Synchronizität" enthält die Vorstellung von Zeit – *chronos;* deshalb kann die zeitliche Verknüpfung, die sich durch das Stehenbleiben einer Uhr manifestiert, als Bestandteil des archetypischen Todes-Ereignisses betrachtet werden.

Oder sollen wir der Auffassung von Glennys Howarth[3] folgen? Sie nimmt eine kontinuierliche Beziehung zwischen Hinterbliebenen und Verstorbenen an und glaubt, dass die begrifflichen Grenzen zwischen Lebenden und Toten fließender sind, als wir vermuten.

Die in diesem Kapitel beschriebenen Phänomene können tatsächlich Zufall sein, aber deshalb sind sie nicht weniger interessant. Allan Kellehear[4] beschreibt, wie schwer es ihm fiel, eine tröstliche Antwort für eine Japanerin zu finden. Die Frau hatte mit ihrer Mutter, der sie sehr nahestand, einen Pakt geschlossen: Wer als Erste sterben würde, sollte versuchen, die andere zu kontaktieren. Die Frau fragte Allan, warum sie zwei Jahre nach dem Tod der Mutter noch nichts von ihr gehört hatte. Bedeutete es, dass sie nicht überlebt hatte? War sie in Schwierigkeiten? Oder hatte sie den Pakt aufgekündigt? Allan suchte Rat bei einem Freund, der viele Jahre in Japan gearbeitet hatte und daran gewöhnt war, solche verzwickten Probleme mit Japanern zu erörtern. Der Freund erwiderte, wenn ihm eine solche Frage gestellt würde, würde er sagen: „Sind Sie absolut sicher, dass Sie nichts von ihr gehört haben? Denken Sie sorgfältig nach. Sind Sie sicher?" Oft haben Menschen nach einem Todesfall Träume oder seltsame und unerklärliche Erlebnisse und spüren mit absoluter Sicherheit, dass sie auf eine Verbindung mit dem geliebten Menschen hinweisen. Aber oft fürchten sie auch, in das Gesehene oder Gespürte zu viel hineinzuinterpretieren, und schieben es beiseite, obwohl sie sich sehnlichst ein Zeichen wünschen. Es kann auch sein, dass ihre Trauer sie so in Beschlag nimmt, dass sie von dem, was um sie herum geschieht, kaum etwas mitbekommen. Wichtig ist nur eines: Wenn Sie solche Erlebnisse haben und meinen, sie seien bedeutsam, dann vertrauen Sie unbedingt Ihren Instinkten. Allan kommt zu dem Schluss:

Alles kann eine Bedeutung für Sie haben. Ja, der Grat zwischen Selbsttäuschung und persönlicher Sinnzuweisung ist schmal, aber lassen Sie nie zu, dass andere für Sie entscheiden. Nur Sie wissen, wer Sie liebt. Und manche Liebesbriefe sind in Geheimschrift geschrieben, und das wird immer so sein. Manche Botschaften sind nur für Ihre Augen bestimmt. Auch die Botschaften von Toten.

Merkwürdiges Verhalten von Tieren

Die Vorstellung ist nicht neu, dass Tiere Informationen über einen zusätzlichen Sinn erhalten können, den wir Menschen verloren haben – falls wir ihn je hatten. Rupert Sheldrake hat für sein Buch *Der siebte Sinn der Tiere*[5] mehr als 2500 Fallgeschichten analysiert; er kam zu dem Schluss, dass Hunde und Katzen vor allem in drei Bereichen ein unerklärliches Verhalten zeigen – Telepathie, Orientierungssinn (Tiere können über große Entfernungen den Weg nach Hause finden) und Vorahnungen (oft spüren sie Erdbeben und Vulkanausbrüche im Voraus). Die meisten Haustierbesitzer werden Beispiele dafür nennen können, dass Katzen oder Hunde sich verhalten, als könnten sie Gedanken lesen. Hunde scheinen oft zu wissen, wann ihr vielleicht kilometerweit entfernter Besitzer nach Hause aufbricht, und warten an der Haustür auf sein Kommen. Katzen sind geradezu berüchtigt dafür, genau zu spüren, wann ihr Besitzer sie zum Tierarzt bringen will (eine prospektive Studie mit einem grauen Familienmitglied aus dem Katzenreich lieferte uns dafür persönliche und unstrittige Beweise). Sheldrake kontaktierte 65 Tierarztpraxen in London und fragte, ob es Probleme damit gab, dass Katzenbesitzer ihre Termine einhielten. 64 hatten solche Probleme festgestellt, und einige machten mit Katzenbesitzern überhaupt keine Termine mehr aus und meinten: „Termine für Katzen, das funktioniert nicht." Das hat nicht nur damit zu tun, dass die Katze den Besitzer mit dem Katzenkorb kommen sieht – die Tiere verstecken sich, sobald ihre Besitzer auch nur anfangen zu denken: „Ich sollte jetzt wohl besser anfangen, Mitzi zu suchen, wenn wir es bis 11 Uhr 15 schaffen sollen ..."

Das Wissen um den Tod ist sicher nicht auf unsere eigene Spezies beschränkt. Zum Beispiel wurde gezeigt, dass Elefanten einem kranken, sterbenden oder toten Artgenossen Beachtung schenken und offenbar auch dann Mitgefühl äußern, wenn er nicht zur selben Familie gehört. Wie faszinierend das vorherwissende Verhalten von Haustieren für die meisten von uns ist, wird auch an dem enormen Interesse deutlich, das Dr. David Dosa mit seinen Veröffentlichungen über den Kater Oscar auslöste.[6] Oscar lebt in einem Pflegeheim in Providence, Rhode Island, und hat die unheimliche Fähigkeit zu spüren, wann ein Bewohner sterben wird. Wenn ein Patient dem Tode nahe ist, taucht Oscar fast immer auf und springt auf dessen Bett. Inzwischen akzeptieren und respektieren die Mitarbeiter Oscars Instinkte und rufen die Angehörigen an, sobald er beschlossen hat, sich neben dem Patienten einzurollen. Aber sie haben keine Erklärung für dieses Verhalten. Oscar interessiert sich nicht für Patienten, denen es einfach nur schlecht geht oder die noch einige Tage zu leben haben. Eine Hypothese besagt, dass Katzen mit ihrem feinen Geruchssinn subtile Stoffwechseländerungen registrieren, die um den Todeszeitpunkt herum stattfinden. Aber warum Oscar sich dafür überhaupt interessieren sollte, konnte noch niemand erklären.

In Anbetracht dieser anscheinend außersinnlichen Fähigkeit von Katzen und Hunden überrascht es nicht, dass so viele Menschen, auch viele Freunde, uns von Erlebnissen mit Katzen und Hunden im Umfeld eines Todes berichtet haben.

Ann Liddell beschrieb das ungewöhnliche Verhalten ihres Neufundländers in der Nacht, in der ihre Mutter starb. „Ungefähr um 4 Uhr 30 fing er an zu bellen – nicht sein übliches kurzes Warnbellen, sondern ein Heulen. Ich wusste sofort, dass meine Mutter gestorben war, und kurz darauf rief das Krankenhaus an und bestätigte es."

Die Mutter von Michael Finch war in einer Einrichtung der Macmillan-Stiftung, als sie an Krebs starb und im Koma lag. Eines Abends verließ Michael das Krankenhaus und fuhr nach Hause, um den Hund nach draußen zu lassen.

Solange ich lebe, werde ich das NIE vergessen. Am 12. November 1995 um 22 Uhr 45 begann der Hund zu heulen wie ein Wolf. Es war gruselig. Ich wusste einfach, dass er das machte, weil Mama gestorben war. Fünf Minuten lang heulte er unkontrollierbar und ging dann zum Schlafen in sein Körbchen. Dieser Hund war ein Cavalier-King-Charles-Spaniel, und in den 12 Jahren, die er damals alt war, hatte er noch nie so tiefe, wilde und raue Töne von sich gegeben. Als mein Vater und meine Schwester rund eine Stunde später zurückkamen, bestätigten sie, was ich gedacht hatte: Mama war um 22 Uhr 45 gestorben.

Ein Freund von uns erzählte uns die folgende eigenartige und unerklärliche Hundegeschichte. Allans Eltern waren geschieden worden, als er vier Jahre alt gewesen war. Nach der Scheidung gingen er und seine japanische Mutter nach Japan, um ein paar Monate bei ihrer Familie zu bleiben. Der größte Teil der Familie war nicht glücklich damit, dass ein „gemischtrassiges" Kind bei ihnen wohnen sollte; die Ausnahme war ein Onkel mütterlicherseits, der Rassismus ablehnte und Allan und seine Mutter aufnahm. Nach ein paar Monaten kehrten sie in sein Heimatland zurück, und seitdem hatte Allan kaum Kontakt zu seinen japanischen Verwandten. In den 1990er-Jahren traf Allan seinen Onkel wieder und konnte ihm persönlich dafür danken, dass er sich gegen den ablehnenden Teil der Familie gestellt hatte. Nach dieser Begegnung bekam Allan jedes Jahr einen Weihnachtsbrief von dem Onkel.

Eines Abends saßen Allan und seine Frau Jan entspannt in ihrem Wohnzimmer, als sein Hund, der Allan gegenüber neben dem Sessel seiner Frau lag, sich aufsetzte und anfing, sich sehr merkwürdig zu verhalten. Er begann zu knurren, was er nie getan hatte. Er schien Allan anzuknurren, oder zumindest etwas in Allans Richtung. Kurz darauf hörte er auf zu knurren, starrte aber unverwandt nicht auf Allan, sondern auf einen Punkt direkt neben ihm – als würde neben Allans Platz jemand sitzen oder stehen. Aber da war natürlich niemand. Nach ein oder zwei Minuten legte der Hund sich wieder hin, aber Allan und Jan standen weiter vor einem Rätsel. Am nächsten Tag rief Allans Mutter an und sagte, am Abend zuvor sei sein Onkel gestorben, ungefähr zu der Zeit, als der Hund mit seinem ungewöhnlichen Verhalten angefangen hatte. Allan ist Forscher und neigt nicht zu Fantastereien, aber die Verbindung zwischen den beiden Ereignissen schien zu offensichtlich, um sie einfach dem Zufall zuzuschreiben.

Als Susan Burmans Mann starb, lag sie neben ihm auf dem Bett, und zu seinen Füßen hatte sich ihre Katze zusammengerollt. Sie schreibt, als er seinen letzten Atemzug tat, habe sich das Fell auf dem Katzenrücken aufgestellt wie bei einer statischen Aufladung.

Eine Pflegekraft, die wir für unsere Pflegeheimstudie[7] interviewten, erzählte uns, die Katze eines Bewohners, die normalerweise auf seinem Bett schlief, habe ganz ähnlich reagiert. Die Katze kam zufällig in dem Augenblick in das

Zimmer, in dem der Bewohner starb, und die anwesende Krankenschwester berichtete: „Ihre Nackenhaare stellten sich auf. Sie stieß einen schrillen Schrei aus und raste ein paar Mal durchs Zimmer. Dann schoss sie aus dem Zimmer heraus, als wollte sie nicht dort sein. Die Katze spürte, dass die Geistwesen den Bewohner jetzt abholten."

Etwas noch Merkwürdigeres erlebten zwei unserer ältesten Freunde mit ihrer Katze. Die beiden sind Biochemiker an einem universitären Forschungsinstitut, also ein Paar, das nicht zu Hirngespinsten oder voreiligen Schlüssen aufgrund fadenscheiniger Beweise neigt. Sie erhielten regelmäßig den Besuch von Brians betagter Tante, jedenfalls in den letzten Jahren vor ihrem Tod. Die Tante saß die meiste Zeit in einem bestimmten Sessel, und die Katze (die wie praktisch alle Katzen froh war, ein Mitglied des Haushalts zu finden, das lange Zeit ruhig an einem Platz saß) ließ sich auf ihren Knien nieder. Die Tante hatte Brian darauf eingeschworen, dafür zu sorgen, dass sie neben ihrem Mann bestattet wurde. Ansonsten, sagte sie, würde sie als Geist zurückkommen und herumspuken. Ein paar Monate später starb die Tante. Und von ihrem Todestag bis zum Tag der Bestattung verhielt die Katze sich merkwürdig. Wenn sie ins Wohnzimmer kam, sträubte sich ihr Nackenfell, und das Fell insgesamt plusterte sich auf. Sie mied den Sessel der Tante und versteckte sich hinter dem Sofa. Nach der Beisetzung, als die Tante tatsächlich neben ihrem Mann bestattet worden war, verhielt die Katze sich wieder normal.

Nur wenige Tiere reagieren wie Kater Oscar, der im Angesicht des Todes nie die Ruhe verlor und ihm geradezu hinterherzuspüren schien. Die meisten Tiere, von denen uns berichtet wurde, scheint das, was sie gesehen oder gespürt haben, ziemlich verstört zu haben. Hunde bellten oder heulten, das Fell von Katzen sträubte sich. Ob sie nun die Anwesenheit eines Sterbenden wahrnehmen oder eine Ahnung von der Realität des Todes bekommen – die Erfahrung wirkt auf sie nicht beruhigend. Bei Menschen ist das anders, aber sie haben auch einen konzeptuellen Rahmen, mit dessen Hilfe sie ihre Erfahrungen interpretieren können. Für Tiere sind es offenbar einfach neue Erfahrungen, die sie nicht verstehen und die ihnen deshalb Angst machen.

In der folgenden Geschichte findet eine interessante Umkehrung insofern statt, als der Katzenbesitzer in einem Traum an der Nahtoderfahrung seiner Katze teilhat und nach deren Tod ihre Anwesenheit spürt. Danny Penmans Katze Buffy war alt, blind und epileptisch und über Monate hinweg immer wieder krank.

Sie war das wundervollste kleine Geschöpf, das mir je begegnet ist. Sie adoptierte mich, als ich in London war, und ich liebte sie abgöttisch. Als ich eines Abends meditierte, geschah etwas ziemlich Merkwürdiges. Mittendrin fand ich mich in der ‚langer dunkler Tunnel'- Geschichte wieder. Das war mir noch nie passiert. Ich war bei Bella [Dannys Partnerin], und wir hatten Buffy zwischen uns. Buffy humpelte zuerst, wie es ihre Art ist, wurde dann geschmeidiger und schneller und anschließend bleich wie ein Geist. Sie begann von uns weg und ins Licht zu fliegen. Wir badeten beide in einem wunderschönen, intensiven Licht, und Buffy flog in es hinein. Aus irgendeinem bizarren Grund wurden meine Arme nach oben geschleudert, und ich kippte aufs Bett. Vor der Schlafzimmertür in der ‚realen Welt' wurde Buffy unruhig und begann zu schreien. Wenig später ging es ihr ziemlich schlecht, und wir mussten sie zum Tierarzt bringen. Wir mussten sie einschläfern. Sie starb in meinen Armen. Es war das Schwerste, das ich je zu tun hatte, aber ich konnte nicht mehr zusehen, wie sie litt.

In dieser Nacht konnte ich nicht schlafen und hörte, wie sie auf das Katzenklo tapste. Dieses Geräusch ist unverkennbar. Morgens hörte ich, wie sie sich putzte (aber das war nicht so deutlich). Insgesamt war die Erfahrung ziemlich merkwürdig und verstörend.

Bevor wir den Bereich der Begebenheiten verlassen, bei denen Tiere eine Rolle spielen, noch kurz etwas zum Thema Vögel. Sie werden traditionell mit dem Tod assoziiert, gewöhnlich als Todesboten. Mehrere uns übersandte Berichte beschrieben tatsächlich Vogelsichtungen. In zwei Fällen flog kurz nach dem Tod ein Vogel ins Haus und ließ sich scheinbar unbekümmert auf einem Möbelstück nieder, bevor er wieder hinausflog. Das ist an sich nicht ungewöhnlich; seltsam ist allerdings, dass die Vögel unaufgeregt wirkten. Normalerweise fliegt ein Vogel, der sich in ein Haus verirrt hat, desorientiert herum und prallt bei panischen Fluchtversuchen gegen ein Fenster. In unseren Fällen hatten die Beteiligten das Gefühl, dass der Besuch eng mit einem Todesfall zusammenhing. Alison Hole, eine Krankenschwester, beschrieb die Augenblicke nach dem Tod eines Patienten. Die drückende Atmosphäre im Zimmer und das Gefühl, dass nach einem Todesfall da noch „etwas" ist, das freigelassen werden muss, wird auch von mehreren anderen Schreibern erwähnt.

... [ich konnte] nur langsam durchs Zimmer gehen, denn die Atmosphäre war drückend, und der Fußboden klebrig wie Teer. Sobald ich das Fenster öffnete, ... klärte sich die Atmosphäre, und ich bemerkte vor dem Fenster einen weißen Vogel. Es ist zwar ziemlich normal, dass Vögel auf den Fenstersimsen des Krankenhauses ihre Nester bauen oder sich ausruhen, aber jetzt war es vier Uhr und Winter, draußen war es dunkel und zu früh für den Tagesanbruch, und es war keine Möwe. Ich habe nie einen anderen hellen Vogel gesehen, und ich habe auch nie ein Zimmer verlassen, ohne das Fenster zu öffnen, damit der Geist ungehindert gehen konnte.

Die folgenden drei Geschichten beschreiben ein Verhalten, das von einem normalen Vogel unter normalen Umständen sicher nicht zu erwarten wäre. Eine Krähe, eine Dohle und eine große braune Eule sind die Protagonisten dieser Geschichten.

Mein Vater war schwer krank und starb am 20. Juli 1999 in einem kleinen Krankenhaus im Dorf Rustington an einer Kardiomegalie-Erkrankung. In seiner letzten Woche blieben meine Mutter, meine Schwester und ich auch nachts in seinem Zimmer. Während dieser Zeit gingen draußen, auf dem Boden vor seinem Fenster, ständig drei große schwarze Krähen herum. Sie entfernten sich ein bisschen, kamen dann zurück, aber fast immer in Sichtweite.

Seit mein Vater sich aus dem Geschäft zurückgezogen hatte und aus London weggezogen war, gefiel es ihm, Vögel zu beobachten und über sie zu lesen, und deshalb sagten wir ihm, dass sie da waren. Leider stand das Kopfende seines Bettes direkt am Fenster, und er konnte sie nicht sehen. Als er ein paar Tage später bewusstlos wurde, bat ich die Krankenschwestern, ihn aus Respekt für seine Würde in ein Einzelzimmer zu verlegen. Wir hielten uns mit meinem Vater in diesem Zimmer auf und schliefen drei weitere Nächte dort – wir sangen ihm vor, hielten seine Hand und redeten mit ihm, obwohl er nicht bei Bewusstsein war. Während dieser Zeit erzählte ich meiner Schwester, ein paar rabiate Jungens aus einer Nachbarschule würden meinen Sohn suchen, weil sie seine alte Schule als Rivalin zu ihrer betrachteten. Ich sagte ihr, ich würde zwar denken, dass sie schließlich aufgeben und meinen Sohn nicht finden würden, denn er war jetzt am College, aber ich war trotzdem besorgt und wollte ihn beschützen. Die drei Krähen waren uns auf diese Seite des Krankenhauses gefolgt und hielten sich draußen auf dem Boden unterhalb seines Fensters auf – das ganze Gebäude war ebenerdig. So um 4 Uhr nachts starb mein Vater, und meine Mutter und meine Schwester verließen später am Morgen das Zimmer.

Ich blieb, denn ich wollte ihn nicht Fremden überlassen, und ich wollte Totenwache bei ihm halten. Ich stellte fest, dass ich seinen Körper warm halten konnte, indem ich seinen Arm drückte und in diesem Bereich Wärme erzeugte. Ich blieb ungefähr vier oder fünf Stunden dort. In dieser Zeit sah ich die Krähen nicht.

Ich wohne in Brighton, und mein Sohn, der damals sein Abitur machte, war angerufen worden und wusste, dass es schlecht um seinen Großvater stand. Zur Unterstützung und aus Respekt blieb er zu Hause, statt seinem Teilzeitjob nachzugehen. Als ich irgendwann nachmittags nach Hause kam, erzählte er mir, etwas Merkwürdiges sei passiert – ohne anzunehmen, dass es für den Tod seines Großvaters irgendwie von Bedeutung war. Er sagte, in den letzten beiden Tagen sei eine riesige schwarze Krähe im Garten hinter dem Haus aufgetaucht, habe auf dem Geländer gesessen, und unser Abessinierkater, der aus einer Kämpferzucht stammt und alles auf seinem Territorium angreift, sei nach drinnen gekommen und habe sich nicht mehr nach draußen getraut, und alle Nachbarkatzen hätten es genauso gemacht. Er sagte, die Krähe habe einfach zwei Tage lang da gesessen, und obwohl er es für ganz lustig gehalten habe, sei es auch ziemlich nervig gewesen. Und dann habe die Krähe morgens, Stunden nach dem Tod meines Vaters, versucht, durch die Katzenklappe nach drinnen zu kommen.

Ich habe noch nie gehört, dass ein Vogel dieser Größe sich derart verhalten hätte und sich gewaltsam Zugang zu einem bereits besetzten Ort verschaffen wollte. Ich hatte das Gefühl, als habe mein Vater einen Abgesandten geschickt, um auf meinen Sohn aufzupassen. Ich glaube, er hat meine Unterhaltung mit meiner Schwester gehört, denn inzwischen habe ich herausgefunden, dass das Gehör bei Bewusstlosen nicht beeinträchtigt ist.

Mein Vater war ein russisch-polnischer Jude mit starkem Beschützerinstinkt und sehr familienorientiert; zu hören, dass sein ältester Enkel in Gefahr war, hätte ihm sicher ziemlich zu schaffen gemacht, denn er beschützte immer die ganze Familie, nicht nur finanziell, sondern auch physisch. Es war, als sei er in dem Augenblick, in dem er starb, zu meinem Sohn gekommen, so, wie er eben konnte – als sei er frustriert gewesen, dass er nicht da sein konnte.

Sarah Quinnel:

Meine Mutter hatte als Kind eine Dohle, es ist also ein Vogel, den sie kennt. Wir hatten nie welche bei uns am Haus – bis zu dem Tag, an dem mein Großvater starb. Da kreuzte eine auf, spazierte durch den Garten und in die Küche – direkt an der Katze vorbei, die keine Notiz von ihr nahm (meine Katze hatte meinen Opa geliebt, und wenn er zu Besuch kam, saß sie die ganze Zeit auf seinem Schoß). Sie sah meine Mutter an, krächzte und ging dann wieder … Es ist alles ziemlich merkwürdig und nichts, über das man ohne weiteres mit anderen Leuten reden kann, denn die werden denken, dass man verrückt ist.

Olly Robinsons Eule tauchte einige Zeit nach dem Todesfall auf, mit dem sie in Zusammenhang gebracht wird, deshalb gehört diese Geschichte eher in die Kategorie der Nachtod-Kommunikation als in die der Sterbebett-Koinzidenzen. Aber weil die Eule sich so ungewöhnlich und absolut untypisch verhielt und Olivers Mutter so stark beeindruckte, konnten wir der Versuchung nicht widerstehen, die Geschichte hier wiederzugeben.

Draußen vor der Küche herrschte schrecklicher Tumult; es waren unsere Gartenvögel. Als ich nach draußen ging, um nachzusehen, was das Theater sollte, sah ich, wie die Vögel im Sturzflug eine Eule angriffen, die auf einem der unteren Äste der Eiche saß. Es war seltsam, dass sich mitten am Tag eine Eule zeigte, und obwohl die kleinen Vögel versuchten, sie zu vertreiben, saß sie einfach ruhig in dem Baum und kreischte von Zeit zu Zeit …

Als es im Verlauf des Tages wärmer wurde, öffnete ich die Terrassentüren auf der Südseite des Hauses. Als ich nach draußen in den Garten trat, gab es ein großes Flügelschlagen, und die Eule flog nach unten und landete direkt vor mir auf dem Rasen. Es war eine große, braune Eule, etwa 30 Zentimeter groß. Sie sah mich aus großen braunen Augen an und kreischte. Sie wirkte sehr zahm. Weil ich dachte, sie wäre vielleicht irgendwo ausgebüxt, rief ich die Polizei an, um herauszufinden, ob irgendjemand eine zahme Eule vermisste, aber sie wussten von nichts.

Wenn ich tagsüber nach draußen ging, kam die Eule jedes Mal vom Baum herunter und stand kreischend vor mir. Es war fast, als würde sie versuchen, mir etwas zu sagen. Die großen braunen Augen sahen so menschlich aus und erinnerten mich an meine Mutter, die auch braunhaarig gewesen und im vergangenen Sommer gestorben war. Mir gefiel der Gedanke, dass es eine diskrete Botschaft sein könnte, dass die Eule da war … Als abends mein Mann und meine Kinder nach Hause kamen, erzählte ich ihnen von der Eule, dachte aber nicht weiter an sie.

Wenn wir schlafen, ist der obere Teil unserer Schiebefenster immer geöffnet, und als wir in dieser Nacht das Licht ausmachten, gab es am Fenster eine Menge Getue und Geraschel, und die Eule kam nach unten und setzte sich auf den Fensterholm, ein Verhalten, das meinem Mann überhaupt nicht passte.

Der nächste Morgen war ein Samstag, und wir frühstückten alle ganz gemütlich in der Küche. Es war schon ziemlich warm, und ich öffnete die Küchenfenster. Und kaum hatte ich das große Fenster über der Spüle geöffnet, als es ein großes Flügelschlagen gab, und die Eule flog geradewegs in die Küche und auf den breiten Kaminsims über dem Herd. Für meine Kinder und meinen Mann schien es das Beste zu sein, nach draußen zu gehen und die Türen zu schließen, während ich in der Hoffnung, sie nach draußen zu locken, die Außentür öffnete; aber sie schien sich in der Küche ziemlich zu Hause zu fühlen. Sie flog auf die Vorhangstange auf der Seite gegenüber und beobachtete mich. Die Flügelspannweite war riesig, und es war beachtlich, dass nichts heruntergerissen oder zerbrochen wurde. Schließlich flog sie zum Fenster hinaus. Sie ließ sich auf der rückwärtigen Veranda nieder, und als wir später an diesem Morgen zum Auto gingen, kam sie sofort herunter und setzte sich auf den Topf, den ich trug. Als wir zum Tor hinausfuhren, setzte sie sich auf den Torpfosten und beobachtete uns.

Mein Mann bat mich, sie nicht mehr zu füttern, obwohl ich sie gerne in der Nähe behalten hätte. Nachts kam sie wieder an unser Fenster, und am nächsten Tag auf die Veranda, aber sie kam nicht bis vor meine Füße. Nach ein paar Tagen verschwand sie, aber von Zeit zu Zeit hörte ich in der Nähe ihr Kreischen.

Die Fähigkeit zu fliegen galt schon immer als magische Kraft, als Stoff, aus dem Träume bestehen. Vielleicht wird Vögeln deshalb seit jeher etwas Übernatürliches zugeschrieben, und vielleicht gelten sie deshalb in so vielen Mythen und Legenden als Bindeglied zwischen der Welt der Menschen und dem Übernatürlichen oder Göttlichen, verknüpft mit Geburt und Tod gleichermaßen. In manchen Kulturen glaubt man, die menschliche Seele sei in Gestalt eines Vogels auf die Erde gekommen. Und in zahlreichen Kulturen werden Vögel als Träger oder Symbole der Seele gesehen, fähig, sich nach dem Tod in den Himmel zu schwingen. Dann wieder hält man sie für Beschützer, die die Seele ins Jenseits führen. Die alten Ägypter glaubten, dass die vom Körper befreite Seele die Form eines Vogels annimmt; sie bauten sogar ihre Grabstätten mit einem Zugang zum offenen Himmel, damit diese Vögel hinein- und hinausfliegen konnten, während sie über den Körper wachten. In der jüdischen Tradition ist der „Seelenführer" eine Taube; auf syrischen Gräbern repräsentieren Adler den Lotsen, der die Seelen in den Himmel führt.

Vielleicht verweisen diese hinreißenden modernen Vogelgeschichten auf den möglichen Ursprung dieser Mythen – und vielleicht beweisen sie auch, dass die mehr sind als bloße Erfindung.

Kapitel 9

Visionen von Licht und Dunst

Versuchung durch Hochmut

In den meisten religiösen und mystischen Überlieferungen hat Licht eine besondere Bedeutung. Regelmäßig Meditierende sagen, sie würden einen Bewusstseinsbereich aus Licht betreten, dessen wichtigste Charakteristika Seligkeit, Mitgefühl und universelle Liebe sind. Licht gehört zu den Hauptmerkmalen von Nahtoderfahrungen (in unserer Studie wurde es von über 70 % der Teilnehmenden erlebt), und seine Eigenschaften werden immer positiv beschrieben: als wärmend, liebevoll, friedvoll, mitfühlend und auch verlockend, sodass die Nahtod-Erlebenden sich zu ihm hingezogen fühlen. Oft sehen sie das Licht am Ende eines Tunnels; es kommt näher und wird heller, je weiter sie in den meist dunklen Tunnel hineingehen. Viele Menschen nehmen aber auch nur das Licht wahr und keine Dunkelheit.

Ich habe ein wunderschönes Licht gesehen und bin auf es zugegangen, ich wollte in dieses Licht hineingehen, es war so friedlich, dass es mir sehr schwerfiel, zurückzukommen.

Sie sah in der Ferne ein Licht, sie wurde zu ihm hingezogen, aber sie sagte entschieden: ‚Ich bin noch nicht bereit.'

Diane Brown erzählte uns, ihr Mann Alan habe am Tag vor der Diagnose „Rückenmarksabszess und Sepsis" solche Schmerzen gehabt, dass er Gott mehrmals gebeten habe, ihn sterben zu lassen. Was er anschließend erlebte, hat alle Merkmale einer klassischen Nahtoderfahrung.

Plötzlich fing er an, die fantastischsten Farben zu sehen, schöner als alle, die er je erlebt hatte; ihm fiel auf, dass er schwebte, und die Farben änderten sich in ein blendend helles, weißes, fluffiges Licht (seine Worte). Seine Schmerzen waren weg, und dann teilten sich die Wolken und Hände winkten ihn heran. Er bewegte sich vorwärts, er wollte mit aller Macht vorankommen. Er dachte keinen Moment an mich oder an unsere Kinder, er wollte nur auf dieses Licht zugehen. Den Rest möchte ich mit seinen Worten wiedergeben: ‚Irgendein Mistkerl hat mir einen Tritt nach hinten verpasst, und ich war wieder in meinem Bett.' Er war so was von wütend.

Wenn man die Erfahrungen Sterbender mit den Nahtoderfahrungen von Menschen vergleicht, die – wie Alan Brown – überlebt haben, gibt es mehr Ähnlichkeiten als Unterschiede. Daraus kann man folgern, dass die zwei Erfahrungsreihen verwandt sind und demselben Kontinuum angehören. Einige der uns zugesandten Berichte zeigen das ganz klar. Sie schildern etwas, das man als Todesnähe-Frühsyndrom bezeichnen könnte und ein paar Tage oder sogar Wochen vor dem Tod beginnt. Auch in dieser Zeitspanne wird oft Licht gesehen. Judith Wilson, die lange in einem Altenheim arbeitete, erzählte uns: „Ich habe mehrmals miterlebt, dass Menschen ein paar Tage vor ihrem Tod von einem hellen Licht sprachen. Sie sagten immer, es sei wunderschön, und manche erklärten, sie hätten menschliche Gestalten in dem Licht sehen können. Diese Patienten sind alle friedlich gestorben."

Viele andere bemerkten das gleiche Phänomen.

… gegen Ende seines Lebens … driftete Mike oft in den Schlaf ab, und wenn er zu uns zurückkam, sagte er, er habe ein sehr helles Licht gesehen, aber für ihn sei noch nicht die Zeit zu gehen.

Ungefähr zwei Wochen vor seinem Tod erzählte mein Vater mir von verschiedenen verstorbenen Familienmitgliedern, die ihn besucht hätten, insbesondere meine Mutter und mein Bruder, die seit Jahren tot waren. Er sprach von einem hellen Licht, dann sah er sie und konnte mit ihnen reden … Ich saß gerade beim Rest der Familie, als er mich hereinrief. Ich ging in sein Zimmer, und er sagte: ‚Sieh dir dieses helle Licht an' (offenbar auf der Wand gegenüber von seinem Bett). Er starrte es an und setzte sich auf. ‚Sieh dir dieses herrliche Licht an, ist es nicht schön?' Ich konnte nichts sehen.

Besonders interessant an diesem Licht zur Todeszeit ist, dass es manchmal auch von Personen gesehen *wird,* die mit dem Sterbenden zusammen sind; es ist, als hätten sie Teil an seiner Vision. Pflegende, Angehörige und auch die Sterbenden selbst berichten oft von diesem Phänomen. Das Licht wird im Allgemeinen als hell und weiß beschrieben und geht mit starken Gefühlen von Liebe und Mitgefühl einher, die manchmal das ganze Zimmer ausfüllen. Oft heißt es, das Licht würde vom Körper des Sterbenden ausstrahlen oder ihn umgeben; gewöhnlich bleibt es den ganzen Sterbeprozess hindurch wahrnehmbar.

Plötzlich ging da ein sehr helles Licht von der Brust meines Mannes aus, und als dieses Licht sich nach oben bewegte, waren da eine herrliche Musik und Gesang, meine eigene Brust schien von grenzenloser Freude erfüllt, und es war, als würde mein Herz sich in die Höhe schwingen, um sich mit diesem Licht und dieser Musik zu verbinden. Plötzlich legte sich eine Hand auf meine Schulter, und eine Krankenschwester sagte: ‚Es tut mir so leid. Er ist gerade gegangen.' Das Licht und die Musik verschwanden. Ich fühlte mich so verlassen, weil ich zurückbleiben musste.

Licht, das sie „wie eine Decke" einhüllte, gehörte zu den Merkmalen von Dily Gannons' Erfahrung (siehe S. 92, Kapitel 4). Diana Merchant hatte in der Nacht, in der ihre Mutter starb, einen Albtraum; in ihm sah sie „eine herrliche Sternexplosion oder einen ‚Solarstrahl', rein weißes Licht, und dann schlief ich wieder tief ein." Sie glaubt, dass sie in dem „unglaublich hellen Licht" den Geist ihrer Mutter gesehen hat, der „zum Himmel aufstieg". Joan Lovatt beschrieb, was geschah, als sie die Hand ihrer sterbenden Mutter hielt:

Plötzlich wurde mir bewusst, dass ihr Vater am Fußende ihres Bettes stand. Auch meine Mutter starrte ihn an, und ihr Gesicht strahlte vor Freude. In dem Moment sah ich, dass ihr Gesicht in einem goldenen Licht zu glühen schien. Das Licht fing an, am höchsten Punkt ihres Kopfes aus ihr heraus und Richtung Decke zu strömen. Als ich wieder auf das Gesicht meiner Mutter sah, bemerkte ich, dass sie nicht mehr atmete.

Joan formulierte, dass ihr „bewusst" wurde, dass ihr Großvater am Fußende des Bettes stand – sie sagt nicht explizit, dass sie ihn „gesehen" hat. Offenbar hat sie die Erfahrung ihrer sterbenden Mutter geteilt. Auch was Jackie Burton über ihr Erlebnis beim Tod ihres Vaters schreibt, entspricht fast Wort für Wort den Schilderungen vieler Nahtod-Überlebender. Sie glaubt, dass ihre Augen geschlossen waren; auch in diesem Fall scheinen also zwei Menschen, ein lebender und ein sterbender, die gleiche innere, subjektive Erfahrung geteilt zu haben.

Papa starb Anfang der 1980er-Jahre. Als er seinen letzten Atemzug tat, war ich an seiner Seite und hielt seine Hand. Ich glaube, meine Augen waren geschlossen. Ich kann nur sagen, dass alles verschwand und durch ein helles, weißes Licht ersetzt wurde, das alles ausfüllte. In ihm war absoluter Friede. Kein Schmerz, kein Gedanke, keine Zeit. Es könnte Sekunden oder Minuten angehalten haben. Ich weiß es nicht.

Auch der folgende Bericht gibt die enorme emotionale Bedeutung solcher Augenblicke für die Angehörigen wieder.

Meine Mutter starb vor 15 Jahren. Ein paar Stunden vor ihrem Tod habe ich etwas wirklich Unbeschreibliches erlebt. Ich sah überall im Zimmer herrliche Lichtkreise und spürte solchen Frieden, dass ich es nicht vergessen kann. Ich rieb mir ein paarmal die Augen, weil ich dachte, ich würde mir etwas einbilden, aber die Kreise waren immer noch da. Klar, man könnte einwenden, ich wäre übermüdet gewesen, denn ich hatte keinen Schlaf bekommen, aber ich fühlte solchen Frieden; es war, als würde das Zimmer in einem warmen Orangeton leuchten. Meine Mutter starb ein paar Stunden später. Ich werde diese Erfahrung nie vergessen.

Andrew Gordon erinnert sich an den Traum, den er als Sechs- oder Siebenjähriger in der Nacht vor dem Tod seiner Großmutter hatte. Ein Kind seines Alters hat wahrscheinlich weder eine klare Vorstellung vom Tod, noch wird es Licht von Vornherein mit dem Tod assoziieren. Interessanterweise entspricht der Traum trotzdem ziemlich exakt dem aus Nahtoderfahrungen bekannten Schema, dass Sterbende sich dem Licht nähern. Es ist, als hätte Andrew die Erfahrung seiner Großmutter geteilt.

Ich war damals erst sechs oder sieben. Im Schlaf träumte ich, meine Oma würde sich nach oben in ein helles Licht bewegen. Sie sprach mich an, aber ich erinnere mich nicht, was sie sagte. Trotzdem werde ich mich immer an diesen Augenblick erinnern – sie schwebte einfach nach oben und winkte mir zu. Es hat mich stark berührt, und ich erinnere mich, dass es mich nicht überraschte, als Mama mir am nächsten Morgen sagte, Oma sei gestorben. Ich werde mich immer an diese Nacht erinnern – obwohl meine Oma gestorben war, wird es mich immer trösten, ihr strahlendes Gesicht gesehen zu haben, das an einen sichereren Ort gebracht wurde.

Die Mutter von Dr. Sue Brown kam Ende Oktober 1979 mit einer Hirnblutung in ein Krankenhaus in Liverpool. Dr. Brown war damals Doktorandin an der Universität von Swansea, und erst nach ein paar Tagen kontaktierte ihre Tante sie, um ihr zu sagen, ihre Mutter sei im Krankenhaus und es gehe ihr nicht besonders gut. In der verzweifelten Hoffnung, rechtzeitig einzutreffen, fuhr Dr. Brown sofort nach Liverpool; sie ärgerte sich, nicht früher verständigt worden zu sein. Am nächsten Tag ging sie ins Krankenhaus:

Meine Mutter war wach und redete ... Meine Tante und mein Onkel waren auch da, deshalb hatte ich keine Gelegenheit zu einem persönlicheren Gespräch. Aber ich erinnere mich ganz deutlich, dass sie etwas sehr Merkwürdiges sagte, das mich aus der Fassung brachte – mein Vater habe sie besucht. Er war seit fünf Jahren tot, deshalb dachte ich, wegen ihres Zustandes sei sie verwirrt ... Bevor wir am Ende der Besuchszeit gingen, fragte meine Mutter, ob sie mich am nächsten Tag allein sehen könnte.

Ich sollte dazu sagen, dass ich keine gute Beziehung zu meiner Mutter hatte. Ich wurde ständig kritisiert und schien nichts richtig machen zu können, auch wenn ich wusste, dass sie auf meine akademischen Leistungen stolz war ... Ich war ein Einzelkind gewesen und hatte eine miserable Kindheit gehabt. Trotzdem wollte ich ein bisschen Zeit mit meiner Mutter verbringen und hatte deshalb meine Tante gebeten, mich am nächsten Tag eine Zeitlang mit meiner Mutter allein zu lassen.

Als ich an diesem Abend aus dem Krankenhaus zurückkam, war ich erschöpft und müde. Trotzdem ging ich im Gästezimmer meiner Tante recht spät zu Bett – ich glaube, es war nach Mitternacht, denn ich war natürlich besorgt und gestresst. Ich schlief, aber um 4 Uhr wurde ich plötzlich wach, und zwar sofort hellwach. Im Zimmer war es hell (obwohl kein elektrisches Licht brannte, und es war November, das heißt, draußen war es um diese Uhrzeit dunkel). Ich spürte eine innere Wärme und sagte mir (nehme ich an), der Tod sei in Ordnung und nichts, vor dem man sich fürchten müsse. Das Zimmer wurde wieder dunkel, und ein paar Minuten später klingelte das Telefon. Es war das Krankenhaus, das den nächsten Angehörigen sprechen wollte. Sie sagten, sie müssten mir leider mitteilen, dass meine Mutter früher in der Nacht ins Koma gefallen und vor ein paar Minuten gestorben war. Ich erinnere mich deutlich, dass ich sagte: ‚Ja – ich weiß. Vielen Dank.' Ich legte den Hörer auf, und nachdem ich es meiner Tante gesagt hatte, ging ich wieder ins Bett und schlief.

Hinterher dachte ich, es wäre Zufall gewesen, dass ich nach ein paar Stunden Schlaf (und erschöpft) ziemlich genau zu der Zeit aufgewacht war, zu der sie gestorben war, oder es hätte an meiner Unruhe und meinem Stress gelegen. Aber ich konnte mir nie erklären, warum das Zimmer so voller Licht gewesen zu sein schien – außer natürlich, dass ich in den Momenten zwischen Tiefschlaf und Wachsein irgendeine Halluzination gehabt hatte. Das Erlebnis hat mir geholfen. Ich bin mir sicher, dass ich seinetwegen viel besser mit den Beerdigungsvorbereitungen und so weiter klargekommen bin, obwohl ich bei Verwandten war, denen ich nicht besonders nahestand. Meine Hauptsorge war gewesen, dass meine Mutter allein im Krankenhaus sicher ziemliche Angst gehabt hätte, und mein Erlebnis half mir zu denken, dass es für sie nicht ganz so schrecklich gewesen war.

Ich bin nicht religiös, ich halte mich für nichts anderes als ein weiteres Mitglied einer der Arten, die auf der Erde leben. Aber ich bin offen für die Möglichkeiten, die in den Dingen stecken, die wir noch nicht ganz verstehen. Wenn also irgendeine spezielle Kommunikation möglich ist und etwas in der Art stattgefunden hat, könnte sie daran gelegen haben, dass in der Beziehung zwischen mir und meiner Mutter etwas noch nicht abgeschlossen war.

Sue merkt an, dass sie beim plötzlichen Tod ihres Vaters 1974 kein solches Erlebnis hatte, obwohl sie ihm sehr viel nähergestanden hatte als ihrer Mutter. Keins der uns beschriebenen Erlebnisse scheint zu beweisen, dass sie von den Lebenden initiiert wurden; vielmehr drängt sich bei vielen – und auch bei diesem – der Eindruck auf, dass der Sterbende sie steuert. Sues Mutter hatte ganz offenbar das Gefühl, vor ihrem Tod unter vier Augen mit ihre Tochter reden zu müssen, und auch Sue spürte, dass zwischen ihnen beiden noch etwas nicht erledigt war, das ihre Mutter vielleicht auflösen wollte. Sues Reaktion – das Gefühl von Wärme und Ruhe, die Tatsache, dass sie anschließend sofort wieder einschlief, und ihr Eindruck, das Erlebnis habe ihr geholfen, mit dem Tod der Mutter zurechtzukommen – deuten stark darauf hin, dass die Beziehung der beiden zu einem guten Ende gekommen war. Die von uns befragten Pflegenden betonten mehrheitlich, wie wichtig eine Versöhnung vor dem Tod war; manche erwähnten auch, im Zimmer des Sterbenden seien Frieden und Liebe spürbar gewesen, wenn diese stattgefunden hatte.

Anfang Oktober 1982 hatte Neil Handley einen prämonitorischen Traum, in dem sein Vater (der damals 76 war und keine gesundheitlichen Probleme hatte) ihm sagte, „er habe genug und würde Ende des Monats gehen“. Neil hielt den Traum für seltsam, verschwendete weiter aber keinen Gedanken an ihn. Und dann passierte am letzten Oktobertag Folgendes:

Mitten in der Nacht wurde ich wach und hörte Mama schreien, dass es Papa sehr schlecht gehe, also rief ich den Notarzt an. Papa hatte einen schweren Schlaganfall gehabt und starb am folgenden Abend. Ich war zu Hause und schlief, als er im Krankenhaus starb. Ich spürte einen elektrischen Schlag und sah ein Seil reißen; das weckte mich, und ich stellte fest, dass mein Schlafzimmer von etwas erhellt wurde, das ich nur als ein elektrisch blaues Licht beschreiben kann. Kaum eine Minute, nachdem ich aufgewacht war und das gesehen hatte, läutete das Telefon, und eine Krankenschwester sagte mir, mein Vater sei gerade gestorben.

Man könnte Neils Erlebnis so interpretieren, dass er aus einem Angsttraum aufwachte, in dem es um seinen Vater ging, und dass er in diesem Traum den elektrischen Schlag spürte und das Seil reißen sah. Dann könnte er in einen benommenen, hypnopompen Zustand geraten sein, in dem er von einem blauen Licht im Zimmer halluzinierte; er selbst beschreibt sich jedoch als hellwach, und deshalb ist diese Erklärung unwahrscheinlich. Wegen der exakten zeitlichen Übereinstimmung mit dem Telefonanruf lässt sich allerdings kaum behaupten, sein Erlebnis habe keinen Zusammenhang mit dem Tod seines Vaters. Deshalb ist es sehr viel plausibler, so wie Neil anzunehmen, dass er in diesem Augenblick irgendwie mit seinem sterbenden Vater verbunden war.

Frau A. Bell, ein Einzelkind, „liebte ihren Vater mehr, als Worte sagen können". Als er vor 20 Jahren an Krebs starb, erlebte sie Folgendes:

Wir verbrachten zehn schreckliche Tage mit ihm im Krankenhaus von Southampton. An seinem Todestag waren wir tagsüber die ganze Zeit über bei ihm. So um 17 oder 18 Uhr verließen mein Mann und ich ihn, um nach Hause zu unseren kleinen Kindern in Surrey zu fahren. Meine Mutter blieb bei ihm. Auf dem Nachhauseweg spürte ich, wie dieses blaue Licht zu mir kam, als wolle er sich verabschieden. Es war ein Ruck, ein Gefühl – ich kann es nicht beschreiben, in dem Moment verstand ich es nicht –, aber als wir zu Hause ankamen, wurde mir gesagt, dass er in diesem Augenblick gestorben war. Ich werde es nie vergessen – er ist eindeutig zu mir gekommen, um mir alles Gute zu wünschen und mir zu sagen, dass er unterwegs war. Mama war bei ihm, ich aber nicht, und deshalb ist er zu mir gekommen.

Von „Ali" stammt der folgende, wunderbar beobachtete und detaillierte Bericht über den Tod ihrer geliebten Großtante. Man muss sich fragen, ob nicht mehr Menschen solche Phänomene wahrnehmen und also beobachten würden, wenn sie besser über sie Bescheid wüssten. Es ist ein psychologisches Grundprinzip, dass wir vor allem das sehen, was wir zu sehen erwarten oder auf das wir unsere Aufmerksamkeit richten.

Da war etwas, das ich nur als weißes Licht oder weiße Form oben um ihren Kopf und das Gesicht herum beschreiben kann. In diesem sehr hellen Licht wirkte ihr Gesicht sehr strahlend. Ich war unfähig, mich ihr weiter zu nähern. Ich bin mir nicht sicher – war ich körperlich nicht dazu in der Lage oder war es, weil ich vielleicht wusste, dass dieser Augenblick so besonders, wichtig und heilig war, dass es falsch von mir wäre, ihn zu stören. Irgendetwas tief in meinem Inneren sagte mir, dass dies der Augenblick war, in dem sie sich von dieser Welt ‚verabschiedete'. Ich wusste, dass ich wahrscheinlich Zeugin des ‚Moments' war, in dem ihr Geist, oder ihre Seele, ihr inneres Wesen, ihren Körper verließ!

Ich war vorher noch nie beim Tod eines Menschen dabei gewesen und wusste nicht, was ich zu erwarten hätte oder auf was ich vorbereitet sein sollte. Aber als es so weit war, ergab sich alles von selbst … Ich weiß nicht, wie lange die Vision dauerte; wahrscheinlich nur Sekunden, aber es war so überwältigend, dass ich glaube, ich habe die ganze Zeit über den Atem angehalten, um diesen Augenblick nicht zu unterbrechen! Ihre Haare schienen vom Kopf wegzustreben, als würde die Kraft oder der Druck sie nach oben heben oder wehen, zum höchsten Punkt ihres Kopfes hin. Das Licht beziehungsweise die Form um ihren Kopf und ihr Gesicht herum verblassten allmählich, und was blieb, kann ich nur als ‚absolute Stille' beschreiben. Ich trat ruhig an ihre Seite, küsste sie und wünschte ihr eine gute Reise. Ich wusste, sie war nicht mehr hier, das Zimmer fühlte sich leer an. Obwohl es auch vor ihrem Tod viele Male leer gewesen war, war jetzt eindeutig irgendetwas ‚anders' … als ob die Essenz, die Energie, die vorher da gewesen waren, sich auch verabschiedet hätten. Ich vermute, genau das passiert beim Tod!

Ali schildert auch, wie schmerzlich und frustrierend es war, wenn Menschen, mit denen sie über ihr Erlebnis zu sprechen versuchte, ihre Erfahrung ablehnten und anzweifelten, was sie mit ihren Augen und Ohren und ihrer Intuition wahrgenommen hatte; auch von dieser Reaktion wurde uns oft berichtet.

Ich konnte nicht über das sprechen, was in der Nacht, in der meine Großtante Odette starb, geschehen war, oder besser: wovon ich Zeuge geworden war … Ich wollte darüber sprechen, aber in meiner Welt sind nicht viele Menschen bereit oder willens, zuzuhören … Ein Familienmitglied reagierte mit: ‚Das stimmt doch nicht, so etwas passiert nicht' … Ich konnte es nur ganz schwer akzeptieren, dass meine Erfahrung rundweg geleugnet wurde.

Alis Bericht veranschaulicht, dass nur wenige Menschen die Merkmale des Sterbevorgangs kennen und verstehen, und wie anders das wäre, wenn diese Phänomene allgemein anerkannt würden.

Die Seele verlässt den Körper?

Die Vorstellung, dass manchmal Umrisse, Formen oder dunstartige Gebilde zu sehen sind, die den Körper beim Tod verlassen, begegnete mir zum ersten Mal bei einer Konferenz in Neuseeland. Ich lernte dort einen Allgemeinarzt kennen, der mir die folgende Geschichte erzählte. Er spielte gerade Golf, als ein anderer Spieler auf dem Platz einen Herzinfarkt hatte. Der Arzt ging hin, um zu sehen, ob er helfen konnte. Als er näherkam, sah er etwas, das er als eine weiße Form beschrieb, die nach oben zu steigen und sich von dem Körper zu trennen schien. Er sagte mir, er habe viele Menschen sterben sehen, aber dies sei das erste Mal gewesen, dass er etwas in dieser Art erlebte.

Die Wahrnehmung von etwas, das um den Todeszeitpunkt herum den Körper verlässt oder in seiner Nähe gesehen wird, ist ein kaum diskutiertes Phänomen. Professionelle Pflegekräfte und vor allem Angehörige von Sterbenden berichten jedoch oft von ihm – gewöhnlich allerdings nur, wenn man sie direkt danach fragt. Die Darstellungen sind sehr unterschiedlich, aber zentral für die Erfahrung ist eine Form oder ein Gebilde, das den Körper verlässt, gewöhnlich ausgehend vom Mund, dem Brustkorb oder dem Kopf; uns wurde allerdings auch berichtet, dass etwas durch die Füße entweicht. (Die Vorstellung, dass etwas den Körper über den Kopf verlässt, wird oft in der buddhistischen Literatur beschrieben; auch Menschen, die außerkörperliche Erfahrungen haben, sagen häufig, sie würden den Körper durch den höchsten Punkt des Kopfes verlassen und wieder betreten – das Scheitel- oder Kronenchakra). Viele Menschen, die das „Gebilde" sehen, interpretieren es als die „Seele" oder den „Geist", die den Körper endgültig verlassen.

Wolken, Rauch und Dunst

Das, was gesehen wurde, hat man uns abwechselnd als „Rauch", „grauen Dunst", „weißen Dunst" oder „sehr zarte weiße Form" beschrieben; sie schwebte vorüber und verschwand dann. Manchmal bleibt sie eine Zeitlang über dem Körper, bevor sie sich nach oben hebt und durch die Decke verschwindet. In vielen Fällen wird sie mit Liebe, Licht, Mitgefühl und Reinheit assoziiert, gelegentlich auch mit himmlischen Klängen. Nicht alle Anwesenden sehen die Vision, ihr Auftreten ist flüchtig und anfällig für Störungen – wenn jemand das Zimmer betritt oder spricht, verschwindet sie oft.

Menschen, die ein solches Erlebnis haben, fühlen sich oft enorm getröstet, vor allem wenn sie es mit Liebe und

Licht assoziieren. Das Gefühl kann noch Tage nach dem Tod anhalten; die Erfahrung selbst bleibt über viele Jahre ein Trost. Worte können das Gesehene oft nur unzureichend beschreiben, wie Gill Fernleys Bericht über den Tod ihres Vaters zeigt:

Als er starb, erhob sich etwas, das ich nur sehr schwer beschreiben kann, weil es so unerwartet war und ich noch nie etwas Derartiges gesehen hatte, über seinen Körper und verließ ihn am Kopf. Es glich einzelnen zarten Wellen oder Schleiern von Rauch (Rauch ist nicht das richtige Wort, aber ich habe sonst keinen Vergleich) und verschwand dann. Ich war die Einzige, die es sah. Hinterher war ich ganz ruhig, es war für mich ein großer Trost gewesen. Ich glaube nicht, dass wir uns besonders nahestanden, denn meine Schwester und ich waren sehr früh ins Internat geschickt worden. Ich glaube nicht an Gott. Aber was das Leben nach dem Tod betrifft, weiß ich jetzt wirklich nicht mehr, was ich denken soll.

Wie in fast allen Berichten, die wir erhalten haben, wird auch hier klar gesagt, dass das Geschehen nicht erwartet wurde. Fast ausnahmslos sind die Menschen von ihm überrascht, und die wenigsten können es auf Anhieb erklären. Auch Gill hatte keine religiöse Überzeugung, die entsprechende Erwartungen hätte wecken können; interessant ist auch, dass sie sich ähnlich wie Sue Brown (siehe S. 207) ihrem Vater nicht besonders nahe fühlte.

Die folgenden beiden Berichte sind ungewöhnlich, weil das wolkenähnliche Gebilde nicht beim Verlassen des Körpers gesehen wird, sondern in einer gewissen Entfernung von ihm, was eher auf eine Sterbebett-Koinzidenz schließen lässt.

Mein Mann und ich hatten seine 83-jährige Großmutter besucht, die im Sterben lag. Als wir gingen, standen wir am Tor und unterhielten uns mit meinem Schwiegervater und seiner Schwes-

ter. Während des Gesprächs sah ich, dass sich so etwas wie eine graue Wolke von der Rückseite des Hauses (wo ihr Zimmer war) wegbewegte und aufwärts in den Himmel schwebte. Ich beobachtete es ein paar Sekunden und war drauf und dran, meinem Schwiegervater zu sagen: ‚Bitte geh doch mal rein und schau nach Oma', aber leider tat ich es nicht und erwähnte niemandem gegenüber, was ich gesehen hatte. Als mein Mann und ich zu Hause ankamen, rief mein Schwiegervater an und sagte, als sie wieder ins Haus gegangen waren, hätten sie festgestellt, dass Oma tot war. Es war eine klare, wolkenlose Märznacht, und bei keinem der Häuser stieg Rauch aus dem Kamin.

Auch im nächsten Erlebnis ist die Vater-Tochter-Beziehung nicht besonders eng. Jean beauftragte ihre Schwester, uns zu schildern, was Jean 1966 in der Nacht erlebte, in der ihr Vater starb.

Unser Vater lag nach einem Herzinfarkt mehrere Tage schwer krank im Krankenhaus, bevor das Folgende passierte. Jean [seine Tochter] war zu Hause und strickte, als sie plötzlich das Gefühl hatte, dass jemand im Zimmer war. Deshalb hörte sie auf zu stricken und blickte auf. Was sie sah, beschrieb sie als einen großen Ball aus Rauch. Der Ball glich einer Wolke und schwebte etwa 60 Zentimeter über dem Boden. Diese Wolke kam von der gegenüberliegenden Seite des Zimmers auf sie zu und kam vor ihr zu einem Halt. Jean drehte sich um und sah auf die Uhr; es war genau 23 Uhr. Sie drehte sich in ihre ursprüngliche Position zurück und hatte dabei das Gefühl, dass die Wolke auf sie wartete, als wäre die Uhrzeit wichtig. Die Wolke setzte dann ihren Weg quer durchs Zimmer fort und verschwand. Später in dieser Nacht bekam Jean Besuch von einer Verwandten, die ihr mitteilte, dass unser Vater um 23 Uhr gestorben war, also zu der Uhrzeit, zu der sie gesehen hatte, wie die Wolke durchs Zimmer glitt.

Unser Vater hatte fünf Kinder, und am strengsten war er zu Jean gewesen, die zu seinen Lebzeiten sehr gut zu ihm gewesen war; sie hat sich oft gefragt, ob er gekommen war, um sich zu verabschieden. Ich habe mich gefragt, ob er sie besucht hat, weil er sein Verhalten ihr gegenüber bereute und ihm am Schluss bewusst geworden war, wie falsch er gelegen hatte, und weil er Gewissensbisse hatte.

Wie viele andere Sterbebett-Koinzidenzen legt auch dieser Bericht nahe, dass der Sterbende die Erfahrung steuert und der Besuch möglicherweise seinen Wunsch nach Versöhnung spiegelt, oder zumindest nach der Auflösung von Spannungen oder Konflikten mit den Menschen, die er zurücklässt.

Obwohl bei Lebensende-Erfahrungen gewöhnlich eine starke emotionale Bindung zwischen dem Beobachter der Phänomene und dem Sterbenden besteht, haben wir von verschiedenen Fällen gehört, in denen sie nicht bestand. Wie der Arzt in Neuseeland, der mich mit dem Phänomen bekannt machte, hatte die Verfasserin des folgenden Berichts keine persönliche Beziehung zu dem Sterbenden. Gill sagt, bei ihrer Arbeit als Schwester im Krankenhaus habe sie immer nachvollziehen können, dass ein Sterbender eine unsichtbare Person im Zimmer ansah oder mit ihr sprach. Aber als sie am South Cleveland Hospital arbeitete, hatte sie ein merkwürdiges Erlebnis, das sie nicht ganz verstand:

Ich machte damals Nachtschichten. Wir hatten einen Patienten in einer Nebenstation: Seine Prognose war nicht gut, aber von einem unmittelbar bevorstehenden Tod wurde nicht ausgegangen. Er hatte zwei Angehörige, die beschlossen hatten, über Nacht dazubleiben, falls sein Zustand sich verschlechtern sollte. Sie zogen sich in ein Übernachtungszimmer zurück, das für Angehörige reserviert war. Ungefähr um 3 Uhr unterhielt ich mich mit der anderen diensttuenden Schwester im Schwesternzimmer. Dort sorgte eine einzige Gelenklampe für Helligkeit. Ich

sah einen weißen Dunst am Ende des Raums. Er war da, und dann war er weg. Ich dachte sofort an ein Feuer, vielleicht aus der Küche, die ein wenig den Flur hinunter lag. Ich ging zum einen Ende der Station, meine Kollegin zum anderen. Sie überprüfte die Nebenräume und kam dann hastig zu mir; sie sagte mir, der fragliche Patient sei gestorben, offenbar gerade erst.
Wir riefen schnell die Nachtschwester für die Angehörigenbegleitung an, damit sie sofort die schlafenden Verwandten weckte. Während wir auf sie warteten, kamen weitere Angehörige des Verstorbenen an. Sie erzählten uns, sie seien plötzlich zu Hause aufgewacht und hätten den Drang verspürt, ins Krankenhaus zu kommen, weil sie das Gefühl hatten, dass etwas nicht in Ordnung war.

In diesem Fall wurde der „Dunst“ in ziemlicher Entfernung vom Körper gesehen. Gill sagt, sie selbst habe ihn erst mit dem Tod des Patienten in Verbindung gebracht, als ihre Kollegin meinte, sie habe vielleicht seinen Geist gesehen. Sicher ist nur, dass sie den „weißen Dunst“ gesehen hat und dieser offenbar gleichzeitig mit dem Tod des Patienten erschien.

Einen „Hitzeschleier“ sehen

Manchmal erinnert das, was gesehen wird, an eine Luftspiegelung oder an den Hitzeschleier, der an einem heißen Tag über einer Straße liegt. Anne Lidell beschreibt, was sie unmittelbar nach dem Tod ihrer besten Freundin sah: „Gayle kam herein und sagte uns, Annick sei gestorben, und wir saßen ruhig an ihrem Bett ... Mit dem, was ich dann sah, hatte ich überhaupt nicht gerechnet. Über Annicks Körper bewegte sich die Luft – so ähnlich wie bei einem Hitzeschleier, den Sie über einer Straße sehen, aber der hier bewegte sich in langsamen Wirbeln.“

Andere Schreiber haben ganz Ähnliches berichtet. Hier schildert Penny Bilcliffe, was sie beim Tod ihrer Schwester sah:

Ich bin kein bisschen durchgeknallt, eher sehr bodenständig, und obwohl ich während meiner Arbeit als Krankenschwester (in letzter Zeit in einem Hospiz) ziemlich viele Todesfälle miterlebt habe, war ich vorher noch nie Zeuge irgendwelcher Erscheinungen; eigentlich habe ich davor sogar Angst. Damals war das das Allerletzte, an das ich dachte. Ich stand direkt neben ihrem Kopf, sah ihn von der Seite, und mehr oder weniger als sie aufhörte zu atmen (schwierig präzise zu sein), sah ich ein Irrlicht erscheinen, das sich schnell bewegte und ihren Körper über den rechten Mundwinkel verließ. Ich war so schockiert und der Anblick war so gigantisch, dass es mir den Atem verschlug. Es wirkte wie ein flüssiger oder gasförmiger Diamant, makellos, funkelnd und rein, so als würden Sie von oben auf einen Strudel im klarsten Swimmingpool blicken, den Sie sich vorstellen können. Oder wie ein klarer Hitzeschleier. Es bestand aus zwei etwas dickeren Schichten, die ein schmalerer Streifen in der Mitte verband. Es bewegte sich schnell nach oben und war verschwunden.

Tja, das ist die Kurzfassung von dem, was ich gesehen habe. Ich könnte noch mehr erzählen, über die Wirkung, die es auf mein Leben hatte, die emotionalen Aspekte, den Trost und die Ruhe, die es mir gegeben hat. Das beweist natürlich nicht zwangsläufig, dass es ein Dasein nach dem Tod des Körpers gibt, denn ich kann nicht wissen, was mit meiner Schwester danach passiert ist. Vielleicht war es einfach ein Teil des Sterbevorgangs.

Die „sanfte Brise“

Mehrere Personen haben von einer „sanften Brise“ oder einem „Luftstrom“ zur Zeit des Todes berichtet; er wird im Allgemeinen entweder als etwas interpretiert, das ins

Zimmer hineinkommt, oder als die „Essenz" des Toten, die sich endgültig von ihm trennt.

Cathy Holmes saß mit ihrem Bruder am Bett ihrer Mutter, als diese starb:

Dann spürte ich, wie die Luft um mich herum vibrierte, ich spürte körperlich, wie der Wind über mein Gesicht und meine Arme strich. Es war, als wäre plötzlich ein Ventilator eingeschaltet worden, also schaute ich mich um und zur Decke hoch, um das zu überprüfen. Da war kein Ventilator zu sehen. Unmittelbar nach dieser Wahrnehmung starb meine Mutter. Als ich das Erlebnis meinem Pastor beschrieb, meinte er, das seien die Engel gewesen, die meine Mutter abholen kamen. Mein Pastor glaubt fest an die Kraft der Engel.

Ich weiß, dass ich körperlich etwas spürte, auch wenn um mich herum nichts war, das diesen Luftzug auf mein Gesicht hätte auslösen können. Ich erinnere mich, dass ich mir mehrmals mit der Hand übers Gesicht fuhr, weil es sich so anfühlte, als würde sich dort etwas bewegen. Ich bin offen für das, was mein Pastor gesagt hat, und glaube auch selbst an Engel. Ich weiß, dass ich wegen dieser Erfahrung meinen Frieden mit dem Tod meiner Mutter machen konnte, denn ich glaube, es könnte so gewesen sein, wie mein Pastor sagte; oder vielleicht war es auch der Geist meiner Mutter, der ihren irdischen Körper verließ.

John Pennington machte eine ähnliche Erfahrung, als sein 91-jähriger Vater im Oktober 2006 starb. Dies ist einer der wenigen Fälle, in denen mehrere Anwesende das Phänomen gleichzeitig beobachteten. John, seine Schwester und sein Sohn spürten denselben Luftzug ins Zimmer wehen.

Meine Schwester Margaret saß direkt neben dem Fenster und mein Sohn auf der anderen Seite. Plötzlich schloss Papa zum letzten Mal die Augen und den Mund, und dann öffneten sie sich langsam wieder, sein Gesicht entspannte sich, und dann bewegte es sich nie mehr. Genau als das geschah, stieß Margaret einen kurzen Überraschungsschrei aus: Die Vorhänge blähten sich plötzlich ins Zimmer hinein, und ein Luftzug kam herein. Auch mein Sohn sah es und spürte ihn, und keiner von uns konnte ihn erklären. Das Fenster war ein bisschen geöffnet, und obwohl es draußen nicht völlig windstill war und ein kleines Lüftchen wehte, hatten sich die halb zugezogenen Vorhänge den ganzen Vormittag über nicht bewegt.

Meine Frau ist überzeugt, dass jemand, hoffentlich meine Mutter, ihn in diesem Augenblick abholte. Ich bin von Natur aus skeptisch, und mir ist klar, dass Menschen in solchen Zeiten Trost suchen, aber ich kann es nicht erklären. Es scheint einfach ein zu großer Zufall zu sein, und deshalb glaube ich auch, dass so etwas passiert ist. Es fällt schwer, etwas anderes zu denken.

David Watson sagt, er sei immer sehr skeptisch gewesen, wenn behauptet wurde, ein Phänomen sei übernatürlich. Aber als sein Vater starb, erlebte er etwas, das er nicht erklären konnte und an das er sich bis heute erinnert. Sein Vater hatte den ersten von mehreren verheerenden Schlaganfällen, als David 11 war, und starb, als David 15 oder 16 war.

An dem Abend, an dem er starb, war ich in meinem Schlafzimmer. Es befand sich neben dem Zimmer, in dem mein Vater lag. Wir wussten, dass er schwer krank war, und rechneten damit, dass er bald sterben würde – innerhalb von Tagen oder vielleicht auch Wochen. Irgendwann bemerkte ich einen sehr hohen Ton – er war fast zu hoch, um ihn wirklich zu hören, es war eher ein Druckgefühl auf dem Trommelfell. Er hörte nicht auf und wurde intensiver. Aus unerklärlichen Gründen fühlte ich mich gezwungen, ins Zimmer meines Vaters zu gehen, und stellte fest, dass der Ton dort noch intensiver war. Gleichzeitig bemerkte ich etwas, das ich als lebende „Präsenz" beschreiben würde; im ganzen Zimmer schien ein übermächtiger Druck zu herrschen, wie vor einem kräftigen Gewitter. Genau in diesem Moment bemerkte ich, dass mein Vater sehr schlecht Luft bekam, und ein paar Augenblicke später starb er. An dem Punkt hörten dann auch die ungewöhnlichen Empfindungen auf, und im Zimmer wurde es wieder ruhig. Der ganze Vorfall dauerte etwa fünf Minuten, vielleicht weniger.

Ich wusste zwar, dass mein Vater bald sterben würde. Aber was mich immer noch beschäftigt, ist dieser überwältigende Drang von mir, fast genau in dem Augenblick in sein Zimmer zu gehen, in dem er starb. Mein Gefühl, dass in dem Zimmer eine ‚Präsenz‘ war, kann ich nicht besser ausdrücken, nur dass es sehr stark war, mir aber keine Angst machte.

Das Gefühl, dass in einem Zimmer noch „etwas“ bleibt, nachdem jemand gestorben ist, wird oft erwähnt; die angesprochenen Phänomene – der Luftzug, das Druckgefühl – werden häufig auch noch ein paar Stunden nach dem Tod wahrgenommen. Oft haben Anwesende das Gefühl, nach einem Todesfall das Fenster öffnen zu müssen, so als müssten sie dieses „Etwas“ gehen lassen.

Nachdem die Bestatter den Körper meines Mannes hinausgetragen hatten, tranken meine Schwägerin und ich in der Küche eine Tasse Tee. Plötzlich spürten wir beide für ein paar Sekunden diesen Luftzug um uns herum und zwischen uns. Später gingen wir um die Ecke zum Haus seiner Mutter, die angeboten hatte, für uns ein Frühstück zu machen, und plötzlich sagte meine Schwägerin: ‚Ich kann diesen Luftzug wieder spüren. Er ist hier drin.‘ Das war sehr merkwürdig, und wir alle spürten ihn.

Berichte wie diese legen nahe, dass der gesamte Sterbevorgang mehr umfasst als nur den Augenblick, in dem jemand den letzten Atemzug tut. Was Maria und Keith Lee erlebten, ereignete sich mehrere Stunden nach dem offiziellen Tod ihres Sohnes; ihre Beschreibung eines

„flirrenden Dunstschleiers“ und eines „sanften Luftzugs“ gleicht allerdings so sehr den vorherigen Berichten, dass es sich auch in diesem Fall um den Abschiedsbesuch ihres Sohnes gehandelt haben dürfte. David, der jüngste Sohn von Maria und Keith, starb im September 2002 nach einem Motorradcrash. Er war ins Krankenhaus gebracht worden, wo lebenserhaltende Maßnahmen durchgeführt wurden; die Eltern kamen gerade rechtzeitig, um ihn zu sehen, mit ihm zu sprechen und sich von ihm zu verabschieden. Er starb noch am Nachmittag. Maria und ihr Mann fühlten sich an diesem Abend außerstande, ins Bett zu gehen; sie wussten, dass sie sowieso nicht schlafen würden. Also blieben sie mehr oder weniger dösend im Wohnzimmer, Maria in ihrem üblichen Sessel, und Keith lag auf dem Sofa – auf dem zufällig David einen großen Teil seiner Zeit verbracht hatte. Und dann geschah Folgendes:

Aus einem sehr leichten Halbschlaf wurde ich von der Empfindung geweckt, dass ein sanfter Luftzug über meine Wange strich. Ich drehte den Kopf zur Seite, um zu sehen, ob Keith wach war – er schlief –, und bemerkte einen flirrenden Dunstschleier (so ähnlich wie das, was Sie an einem heißen Sommertag über einer Straße sehen können), der über seinem Kopf schwebte, sich allmählich Richtung Decke hob und verschwand. Ich hatte vorher noch nie Zugluft in dem Zimmer bemerkt oder die Art von Luftzug erlebt, die ich an diesem Abend in diesem Zimmer spürte, obwohl ich versuchte, seine Ursache zu finden. Ich glaube von ganzem Herzen, dass David gekommen ist, um Lebewohl zu sagen, und dass das, was ich gesehen habe, sein ‚Geist‘ war, und das, was ich gespürt habe, sein letzter Kuss war. Wenn es stimmt, dass wir unsere Lieben sehen, bevor wir sterben, dann, glaube ich, sollten wir den Tod nicht fürchten, sondern uns auf ihn freuen.

Der Tod als subjektive Erfahrung

Diese Bilder – der Rauch, das Flirren, das Licht – werden von Außenstehenden gesehen, aber könnten sie nicht auch so interpretiert werden, dass sie das Erleben des Sterbenden spiegeln? Im Westen wird das Sterben als rein körperlicher Vorgang betrachtet; es wurde gar nicht versucht, das subjektive geistige Erleben des Sterbenden zu ermitteln. Die Tibeter hingegen, deren Kultur die subjektive Erforschung des geistigen Erlebens zulässt, auch bei anderen Personen, beschreiben detailliert die langsame Auflösung des Bewusstseins im Verlauf des Sterbeprozesses.

Was kommt dabei heraus, wenn wir die hier geschilderten Lebensende-Erfahrungen mit den Sterbephasen vergleichen, die der Dalai Lama beschreibt? Das Sterben ist schließlich eine universelle menschliche Erfahrung; deshalb erscheint es plausibel, sich bei seiner Betrachtung nicht nur auf einen rein westlichen oder christlichen Rahmen zu beschränken.

Der Dalai Lama beschreibt die verschiedenen Phasen des Sterbens beziehungsweise der Auflösung des Bewusstseins wie folgt: In der ersten Phase wird der Sterbende schwach und kraftlos; es fällt ihm schwer, die Augen zu öffnen. In seinem inneren Erleben nimmt er eine bläuliche Erscheinung wahr, wie eine Fata Morgana. „Es ist wie eine Erscheinung von Wasser, wenn im Sommer das Sonnenlicht auf die Wüste brennt."

Bei der zweiten Auflösung ist dem Sterbenden nicht mehr bewusst, ob er Angenehmes oder Schmerz oder jene Gefühle empfindet, die mit mentaler Bewusstheit einhergehen. Das geistige Erleben entspricht „dem Heraufdämmern einer Erscheinung, die ‚wie Rauch' genannt wird und blauen Rauchwolken gleicht. Sie gleicht dem Rauch, der inmitten einer Masse von Rauch aus einem Kamin quillt."

Bei der dritten Auflösung erinnert der Sterbende sich nicht mehr an die Namen seiner Eltern; er verliert die Fähigkeit zur Nahrungsaufnahme und atmet nicht mehr gleichmäßig, sondern stoßweise. Im inneren Erleben glaubt er, so etwas „wie Leuchtkäfer zu sehen, oder brennende rote Funken in Rauchwolken über einem Kamin, oder die roten Funken im Ruß am Boden einer Pfanne, mit der Getreide getrocknet wird."

Mit der vierten Auflösung werden Bewegungen unmöglich. Der Verstand versteht die Bedeutung irdischer Aktivitäten nicht mehr, der Atem fließt nicht mehr ein und aus. Der Körper ist nicht mehr in der Lage, Empfindungen wahrzunehmen. Das innere Erleben gleicht „einer brennenden Butterlampe. Es ist wie die zischende Spitze einer Butterlampenflamme kurz vor dem Erlöschen." Die Fähigkeit, das Bewusstsein aufrechtzuerhalten, ist stark eingeschränkt.

Mit der fünften Auflösung zerfällt das Bewusstsein weiter; im inneren Erleben dämmern extreme Klarheit, Leere und ein weißliches Licht herauf. „Wie ein Nachthimmel, den im Herbst das Mondlicht durchdringt, wenn der Himmel frei ist von Verschmutzungen."

Mit der sechsten Auflösung setzt der Zusammenbruch der Energieströme im Körper sich fort. Im inneren Erleben zieht eine rote oder orangefarbene Erscheinung herauf; sie ist leer, aber sehr viel klarer als zuvor. „Wie ein Herbsthimmel, der frei von Verschmutzungen ist und den das Sonnenlicht erfüllt."

Mit der siebten – der vorletzten Auflösung – nähert der Prozess sich der Vollendung. Das innere Erleben ist eine „leere schwarze Erscheinung, wie ein Herbsthimmel ohne Verschmutzung, den die dichte Finsternis der beginnenden Nacht erfüllt." Manchmal wird dies als extreme Lebendigkeit beschrieben. Der Zustand wird manchmal „die große

Leere" genannt: Er ist frei von Geist. Jetzt kommt es angeblich auch (zum ersten Mal beim Sterbeprozess) zum Verlust des Bewusstseins.

Nach kurzer Bewusstlosigkeit wachen wir mit der achten Auflösung ins klare Licht des Todes und die „absolute Leere" auf. Das ist der eigentliche Tod, und der „natürliche Wahrheitskörper" entsteht. Es heißt, dass die meisten normalen Menschen drei Tage in diesem klaren Licht bleiben. Der tibetischen Auffassung zufolge ist dies eine ganz besondere Zeitspanne, denn in ihr besteht die Chance, die spirituelle Entwicklung zu vollenden und den Kreislauf von Tod und Wiedergeburt zu beenden.

Der Dalai Lama empfiehlt, dass wir uns schon vor unserem Tod mit diesen Phasen beschäftigen, damit wir sie verinnerlichen und sie für uns bei unserem Sterben zu wiedererkennbaren Wegmarken werden. Das Heraufdämmern des klaren Lichts bietet die Gelegenheit zur Weiterentwicklung der Seele; deshalb sollten „wir" (unsere Seele) wissen, wann diese Phase erreicht ist.

Die Parallelen zwischen den von uns zusammengetragenen Berichten und den Formulierungen des Dalai Lama sind unverkennbar: Das Licht, der Fata-Morgana-artige Hitzeschleier, der Dunst und der Rauch passen sehr gut in dieses Bezugssystem. Mehrere der von uns Befragten haben auch etwas Ähnliches wie die Leuchtkäfer oder die roten Funken der tibetischen Symbolik beschrieben. Als Linda Lynchs Bruder an Krebs starb, sahen sie und seine Frau „merkwürdige winzige Funken aus hellem Licht, die vom Körper meines Bruders ausgingen. Nicht viele, nur zwei oder drei, ganz kurz. Ich habe das keinem der Anwesenden gegenüber erwähnt. Aber die Frau meines Bruders hat dasselbe bemerkt und erwähnte es, deshalb sagte ich ihr, ich hätte sie auch gesehen."

Auch andere Befragte beschrieben Phänomene, die in die tibetische Bildsprache passen: „ein gelbes/orangefarbenes ‚funkelndes' Licht, das etwa eine halbe Stunde in meinen Körper hineinkam. Das war in der Nacht, in der mein Mann starb."

Ich konnte winzige Lichter wie kleine Schlitze sehen, die kamen und gingen; dann spürte ich, wie an meinem Hinterkopf ein Glücksgefühl begann und langsam zur Stirn wanderte; da war ein helles Licht, es wurde immer heller, bis es so hell war, dass ich nicht mehr hinsehen konnte … Margaret war in diesen Augenblicken von uns gegangen.

Der tibetischen Lehre zufolge geht ein Mensch nach dem oben beschriebenen klaren Licht in den Bardo des Todes ein, wo er auf verschiedene Gestalten trifft. Könnten sie das Pendant zu den Personen sein, die bei Sterbebettvisionen erscheinen?

Beschreiben also alle, die uns von ihren Erfahrungen berichtet haben, Elemente eines universellen Vorgangs – des Sterbens –, die im Westen aber nie erforscht oder anerkannt wurden? Menschen können nicht „beweisen", dass sie diese Erfahrungen hatten, genauso wenig wie Sie beweisen können, dass ein besonders schöner Sonnenuntergang oder ein spezielles Musikstück Sie tief berührt haben. Wir wissen nicht, warum manche Menschen solche Erfahrungen haben und andere nicht. Und natürlich haben wir keine bessere Erklärung für sie als der Dalai Lama. Aber wir sind in einer starken Position, denn wir können sie studieren. Mit unserer Wissenschaft können wir sie sammeln, ordnen und herausfinden, ob sie einem Muster folgen. Dann können wir sehen, welche Bedeutung sie für uns haben. Genau so arbeitet Wissenschaft, genau so macht sie Fortschritte, genau so verstehen wir Dinge besser. Und genau so entwickelt sich unsere westliche Kultur weiter.

Viele dieser Merkmale finden sich auch bei Nahtoderfahrungen; das legt nahe, dass all diese Phänomene in dieselbe Richtung weisen. Jetzt schon steht fest, dass der Umfang und die Tiefe ihrer Bedeutung für die Menschen, die sie erleben, über die Phänomene an sich hinausgehen. Sie als bloße Fantasie oder Einbildung abzutun, hieße, ins finstere Mittelalter zurückzukehren und einen ganzen Bereich menschlichen Erlebens zu ignorieren – obwohl er uns, wenn wir aufmerksam sind, am Ende etwas Grundlegendes über Leben und Tod erzählen könnte, das wir sonst vielleicht nie erfahren würden.

Kapitel 10

Die Suche nach der Seele

Trost durch Demut

Der letzte Akt ist immer blutig, wie schön die Komödie in allem Übrigen auch sei. Man wirft Erde auf Ihr Haupt, und damit aus für immer. (Blaise Pascal, 1670)

Es gibt etwas jenseits des Grabes; der Tod beendet nicht alles, und der bleiche Geist entweicht dem Scheiterhaufen, den er überwunden hat. (Sextus Propertius, ca. 30 v. Chr.)

Wäre es möglich, dass die spirituellen Erfahrungen Sterbender beweisen, dass der „bleiche Geist“ dem Scheiterhaufen tatsächlich entkommt und den Tod des materiellen Körpers überlebt? Und selbst wenn sie es nicht beweisen – folgt daraus, dass sie die sehr viel trostlosere Meinung Pascals stützen?

In fast allen Religionen und Kulturen glaubt man, dass irgendein Aspekt der menschlichen Existenz nach dem Tod weiterlebt. Seit Menschen bewusst ist, dass sie sterben werden, haben sie darüber nachgedacht, ob sie den Tod überleben, und sich gefragt, was nach ihm geschieht.

Das, was wir „Seele“ nennen, hat allerdings im Lauf der Geschichte nicht immer dasselbe bedeutet wie heute; der Sinngehalt des Begriffs und der Idee dahinter haben sich verändert. Die meisten Jäger-und-Sammler-Gruppen besaßen eine sehr vage Vorstellung von der menschlichen Seele. Die australischen Aborigines trennen nicht zwischen Heiligem und Weltlichem, Mensch und Natur. Die Menschen eines Clans oder einer Region hatten als mythischen Ahnen ein Totem in Gestalt einheimischer Tiere oder Pflanzen. An diesem Totem orientierte sich ihr Leben. Sie glaubten, die menschliche Seele bestehe aus mehreren Teilen, die sich zwei großen Kategorien zuordnen lassen: Die erste ist dem westlichen Ich vergleichbar – eine selbsterschaffene autonome Instanz, die den Körper begleitet und die Identität einer Person ausmacht. Die zweite kommt aus der „Traumzeit“ und/oder von Gott. Sie manifestiert sich an den überlieferten Totemplätzen der Ahnen in der Umgebung, und ihre Kraft beseelt die Menschen in den verschiedenen Phasen ihres Lebens. Beim Tod hält sich die Ego-Seele zunächst als gefährlicher Geist in der Nähe des Körpers und der Habe des Verstorbenen auf, aber schließlich endet ihre Existenz. Die Ahnen-Seele indes ist ewig. Sie kehrt in die Umgebung und an den konkreten Ort mit seinen rituellen Requisiten zurück, die mit den jeweiligen Totemwesen und/oder Gott assoziiert werden.

Die mit dem Tod zusammenhängenden Rituale sollen sicherstellen, dass der Geist die Geisterwelt ungefährdet erreicht und nicht zurückkehrt, um die Lebenden zu quälen. Der Glaube an ein Fortdauern des Lebens in anderer Form ist also allgegenwärtig; der Tod ist demzufolge nur ein Übergang. Die Qualität des zu Ende gegangenen Lebens hat keinen Einfluss auf das Wohlergehen im Jenseits.

Die Ureinwohner Nordamerikas, die Stammesgruppen der Athabasken in Alaska und Nordwest-Kanada – die Vorfahren der Navajos und Apachen – glaubten überwiegend ebenfalls an eine mehrteilige Seele; der gute Teil geht beim Tod in die andere Welt über, während der böse eine Zeitlang in der Nähe des Körpers bleibt und dazu neigt zurückzukommen, um den Lebenden zu schaden. Wie die meisten Jäger-und-Sammler-Gruppen hatten sie relativ vage Vorstellungen vom Jenseits[1]. Zu ihnen gehörte unter anderem der Glaube, dass die Seele des Verstorbenen in einem Kanu aus Stein ins Totenreich gebracht wird. Wenn der Verstorbene ein schlechter Mensch gewesen war, sank das Kanu; er stand bis zum Hals im Wasser, konnte sich nicht von der Stelle bewegen und erreichte die letzte

Ruhestätte der Seele nie.[2] Einige Gruppen hielten auch eine Reinkarnation für möglich – als Tier, mit einem anderen Geschlecht oder in einem anderen Clan –, vor allem, wenn jemand jung starb.

Auch die Navajo glauben an eine zweigeteilte Seele. Der eine Teil wird mit dem Atem oder dem Wind assoziiert, der andere mit einer schattenhaften Wesenheit, die eine Zeitlang in der Nähe des Körpers bleibt und für die Lebenden zur Gefahr werden kann. Hier muss man sich fragen, ob die Vorstellung von einer „schattenhaften Wesenheit" entstanden ist, weil damals – genauso wie heute – gelegentlich die zuvor beschriebenen wolkenartigen, rauchähnlichen Phänomene berichtet wurden. Die Vorstellungen vom Jenseits und dem, was nach dem Tod mit der menschlichen Seele geschieht, sind uneinheitlich. Einer Auffassung zufolge gibt es ein Jenseits, in dem einige Elemente der persönlichen Identität behalten werden, und eine Gottheit der Unterwelt. Einer anderen Meinung zufolge gibt es kein Jenseits; vielmehr ist die Seele Teil der ursprünglichen Lebenskraft und der schöpferischen Macht des Kosmos; unsterblich wird der Einzelne nur durch seine Nachkommen.[3] Beim Tod wird die Seele von der Persönlichkeit „reingewaschen" und kehrt in einen undifferenzierten Seelen-Pool zurück. Die Auffassung von der Unterwelt ist bei den Navajo besonders düster: Eine viertägige Reise führt an einen chaotischen, gefährlichen Ort unter der Erdoberfläche, an dem die Seelen der Toten wohnen; verstorbene Angehörige führen den Toten dorthin.[4] Die trostlose Reise spiegelt zum einen die negative Einstellung der Navajos zum Tod und allem, was mit ihm zusammenhängt – am liebsten würden sie ihn ausblenden; zum anderen finden sich interessante Anklänge an die zuvor geschilderten Sterbebettvisionen.

Die griechische Vorstellung von der Seele

Die modernen westlichen Vorstellungen von der Seele haben ihren Ursprung in der frühgriechischen Philosophie. Dort galt die Seele als etwas, das speziell dem Menschen eigen ist. Die homerischen Epen verwenden das Wort „Seele" auf zwei unterschiedliche, aber wahrscheinlich verbundene Arten: Erstens als etwas, das ein Mensch in der Schlacht riskiert und beim Tod verliert; zweitens als die Entität, die den Körper beim Tod verlässt und als Schatten oder Abbild des Toten in die Unterwelt reist, ins Jenseits. Auch hier können wir spekulieren, ob die Vorstellung von einer Seele, die „den Körper verlässt", und der Begriff „Schatten" auf der Sichtung von substanzlosen, mit den Körpern von Sterbenden und Toten assoziierten Gebilden und Formen beruhen.

Obwohl das Vorhandensein einer Seele einen lebenden von einem toten Menschen unterschied, wurde sie nicht mit den Gedanken oder Taten dieser Person in Verbindung gebracht – der Begriff war nicht mit moralischen Vorstellungen unterlegt. Im 5. und 6. Jahrhundert v. Chr. erweiterte sich der Seelenbegriff unter dem Einfluss von Platon und Aristoteles und umfasste nun alles Lebende, Pflanzen genauso wie Tiere; die Seele machte den Unterschied zwischen Belebtem und Unbelebtem aus. Thales von Milet sprach angeblich Magneten eine Seele zu, weil sie Eisen bewegen können; weil nur etwas Lebendes eine Bewegung initiieren kann, müssen Magnete lebendig sein und demzufolge eine Seele haben.[5]

Nach und nach bekam die Seele immer mehr Attribute – Ende des 5. Jahrhunderts v. Chr. etwa sollten Menschen viel und gut essen, damit „ihre Seele zufrieden" war („Seelennahrung" gibt es ja auch heute noch). Starke Emotionen und insbesondere Mut gingen auf ihr Konto, sodass sie schließlich als Ursprung oder Träger moralischer Eigenschaften galt. In philosophischer Hinsicht hatte die Trennung von Körper und Seele begonnen.

Die Assoziation der „Seele" mit einer nach dem Tod fortdauernden Existenz tauchte um 500 v. Chr. mit den Spekulationen des Pythagoras auf. Aber es war Sokrates, der als Erster suggerierte, die Seele sei unsterblich, und die körperlosen Seelen würden sich eines denkenden, einsichtsvollen Lebens erfreuen. Die sokratischen Dialoge Platons unterscheiden zwischen Dingen, die wahrnehmbar und Auflösung und Zerstörung unterworfen sind, und Dingen, die nicht wahrnehmbar, aber verstehbar – durch Denken erfassbar – und unvergänglich sind. Die Seele ist am ehesten dem einsichtsvollen Sein verwandt, der Körper am ehesten dem wahrnehmbaren und vergänglichen Sein. Weil das Leben seinem Wesen nach vom Vorhandensein einer Seele abhängt, muss sie selbst totlos, also unsterblich sein. Aristoteles definierte die Seele als die „Essenz" eines Wesens, bestritt aber ihre eigenständige Existenz. Ihm zufolge war sie eine Aktivität des Körpers und also nicht in der Lage, ohne ihn zu bestehen oder tätig zu sein. Also konnte sie nicht unsterblich sein. Aristoteles glaubte jedoch, dass der Intellekt, den er als Teil der Seele begriff, unsterblich und vom Körper verschieden war.

Mit dem Christentum entwickelten sich neue Vorstellungen über die Seele. Im jüdisch-christlichen Denken ist die Seele ein Aspekt Gottes, der in jedem von uns vorhanden ist – schließlich sind wir „nach seinem Bilde" geschaffen. Der Tod und das Leben danach hatten im christlichen Glauben immer zentrale Bedeutung. Der Körper ist die Hülle für die Seele und teilt ihr das Wissen über die Gedanken und Taten mit, die er hier auf Erden ausführt. Die Seele ist folglich Teil des irdischen Menschenlebens, aber nach dem Tod trennt sie sich vom Körper und geht weiter. Der christlichen Theologie zufolge besitzen nur

Menschen unsterbliche Seelen; Tiere sind rein materielle, nicht mit Geist und Seele ausgestattete Wesen. Das wurde zu einem Problem, als die Evolutionstheorie aufkam, denn sie geht von einer kontinuierlichen Entwicklung etwa vom Affen zum Menschen aus. Das Problem wurde eher unbefriedigend durch die Annahme gelöst, Gott habe in einem bestimmten, nicht definierten Augenblick der Hominiden-Entwicklung eingegriffen und den Menschen eine Seele eingehaucht. Christliche Fundamentalisten, die dem Kreationismus anhängen, haben das Problem für sich beseitigt, indem sie sämtliche Fakten über die Evolution generell leugnen. Die traditionelle christliche Lehre besagt, dass die individuelle Seele nur im jetzigen, aktuellen Leben existiert und also ein einziges Mal die Chance hat, ihr Heil zu finden. Nach diesem Leben wird sie für alle Ewigkeit dem Himmel oder der Hölle übergeben; in der katholischen Tradition muss sie, je nach dem Lebenswandel ihres Besitzers, vor dem Dasein im Himmel eine Zeitlang im Fegefeuer verbringen. Für Christen war es also extrem wichtig, wie ihr letztendlicher Bestimmungsort aussah.

Nach der Reformation verlor die Hölle im kulturellen Diskurs an Gewicht. Und möglicherweise haben die Schrecken des Ersten Weltkriegs ihr endgültig den Todeskuss gegeben.[6] Denn kein Armeepfarrer hätte es gewagt, die Möglichkeit in Betracht zu ziehen, dass der tapfere Bursche, den er gerade begrub, in ihr enden könnte. Und ohne die allgegenwärtige Bedrohung durch die Schrecken der Hölle verlor das Bemühen, die himmlische Seligkeit zu erlangen, ein wenig von seiner Dringlichkeit. Für viele christliche Konfessionen ist heute das Leben wichtiger als der Tod; im Vordergrund steht die Arbeit für die Lebenden und die Gesellschaft. Eine 1991 in 17 christlichen Ländern durchgeführte sozialwissenschaftliche Umfrage befasste sich mit dem Glauben an das Jenseits.[7] Spitzenreiter waren die USA, wo 55 % an ein Jenseits glauben; Schlusslicht war

Ostdeutschland mit 6,1 %. Großbritannien lag mit 23,8 % an 11. Stelle. Für die meisten Menschen im Westen, auch für diejenigen, die an ein Jenseits glauben, hat die Verbundenheit mit ihren Mitmenschen Vorrang vor der Verbundenheit mit Gott. Heute, im 21. Jahrhundert, ist „Seele" kein fest umrissener Begriff mehr, denn jede religiöse Gruppierung – man könnte fast sagen jeder Mensch – hat eine eigene Vorstellung von der Seele, und fast alle sind unterschiedlich.

Östliche Vorstellungen von der Seele

Es ist interessant, die christliche Vorstellung von der Seele – die nur dem Menschen eigen ist – mit der entsprechenden buddhistischen Vorstellung zu vergleichen. Der Evolutionsgedanke ist für Buddhisten kein Problem, weil sie glauben, dass Menschen und Tiere eine empfindungsfähige Seele besitzen. Sie überlebt den Tod und geht in einer tieferen Bewusstseinsebene auf, dem "sehr subtilen Bewusstsein", das keinen Anfang und kein Ende hat. Weil alle Lebensformen empfindungsfähig sind und also eine Seele haben, müssen sie moralischen Geboten folgen. Da Wiedergeburt und Weiterentwicklung Teil des Gedankengebäudes sind und es möglich ist, als Tier wiedergeboren zu werden und die menschliche Form zu verlieren, hat die gewohnheitsmäßige Fürsorge für Tiere eine starke eigennützige Komponente. Der tibetische Buddhismus behauptet, dass die Seele sich beim Tod vom Körper löst und 47 Tage eine körperlose Existenz hat, bevor sie wiedergeboren wird. Die Qualität der nächsten Inkarnation hängt davon ab, wie man sich im vorherigen Leben verhalten hat. Damit verbunden ist die Vorstellung von „alten Seelen", die zahlreiche Inkarnationen hinter sich haben; dies zeigt, wie schwierig es ist, dem Kreislauf der Wiedergeburten zu entkommen. Allerdings gibt es einen Augenblick während des Sterbeprozesses – wir kommen auf ihn zurück –, in dem es möglich ist, ins universelle Bewusstsein auszubrechen. Niemand sollte sterben, ohne zumindest ansatzweise zu wissen, wie er sich aus dem Kreislauf der Wiedergeburten befreien kann.[8]

Der Koran sagt sehr wenig über die Seele; allerdings greift der Islam in vieler Hinsicht die christliche Überlieferung auf. Muslime glauben, dass das Leben eine Prüfung darstellt und der Tod nicht das Ende, sondern ein Anfang ist. Der folgende Vers der zweiten Koransure wird jedes Mal rezitiert, wenn ein Muslim vom Tod eines anderen Menschen erfährt: „Wir gehören Allah, und zu Ihm kehren wir zurück." (arabisch: Inna lillahi wa inna ilayhi raji'un" (Sure 2, Vers 156). Aussagekräftig ist auch der folgende Vers aus Sure 3: „Jede Seele wird den Tod kosten, und euch wird euer Lohn am Tag der Auferstehung vollständig gegeben; und wer da vom Feuer ferngehalten und ins Paradies geführt wird, der soll glücklich sein. Und das irdische Leben ist nichts als ein trügerischer Nießbrauch."[9] Unmittelbar vor dem Tod kommt der Todesengel und fragt: „Wer ist dein Gott, wer ist dein Prophet, und hast du die obligatorischen Gebete ausgeführt?" Wenn der Sterbende tugendhaft gelebt hat, wird seine Seele den Körper friedlich verlassen; wenn er ein schlechter Mensch war, ist dies für ihn eine sehr schwierige Zeit. Die Seele bleibt in einer vorhöllenartigen Zwischenphase, die Al-Barzakh genannt wird. Erst am Tag der Auferstehung entscheidet Gott, wer in den Himmel und wer in die Hölle kommt. Tugendhafte Seelen haben während der Zwischenphase ihren Frieden und können sogar als Geister ihre lebenden Angehörigen besuchen. Die verdorbenen Seelen hingegen werden bestraft; ihnen ergeht es bis zum Tag der Rechenschaftsablegung ziemlich übel.

Im Hinduismus existieren viele unterschiedliche Vorstellungen über den Zweck und das Schicksal der Seele.

Von ihrer frühesten Geschichte an haben Hindus geglaubt, dass die Seele den Körper überlebt und nach dem Tod zu einem Ort der Freude oder an einen Ort der Qualen geht. Später entstand die Idee von der Reinkarnation, bei der die Seele (nachdem sie den Tod überlebt hat) in einem ununterbrochenen Kreislauf von Reinkarnationen in der materiellen Welt wiedergeboren wird, bis sie die „Erleuchtung" erreicht hat. In der vedischen Philosophie, der Hauptströmung des hinduistischen Denkens, ist die Seele ewig und unzerstörbar und kann in allen lebenden Formen existieren, in Menschen, Tieren, Pflanzen und sogar Göttern. Alle Seelen sind gleichwertig, egal welche Lebensform sie bewohnen. Die ungefähre Entsprechung zur Seele wird als Atman bezeichnet, und dieser Teil Brahmas (Gottes) ist in jedem von uns.[10] Atman ist unpersönlich, universell, die zugrundeliegende Realität. Die verkörperte Seele wird „Jiva" genannt.

Im rabbinischen Judentum existieren verschiedene Definitionen der Seele. Dem Zohar zufolge, einem klassischen Werk der jüdischen Mystik, besteht die Seele aus drei Elementen. „Nefesch" ist der Teil, der bei Menschen lebendig und vital ist. Er tritt beim ersten Atemzug in den Körper ein und ist der Teil der Seele, der sterben kann. „Ru'ach", die mittlere Seele beziehungsweise der Geist, und „Neschama" die höhere Seele, überdauern die Zeit und hängen von den Taten und Überzeugungen des Individuums ab. Durch Neschama unterscheiden sich Menschen von allen anderen Lebensformen; Neschama ermöglicht es, dass wir uns unserer eigenen Existenz und der Gegenwart Gottes bewusst sind. Beim Tod kehrt Neschama zu ihrem Ursprung zurück.

Vor allem zwei Kulturen haben ein besonderes Interesse am Sterbevorgang gezeigt und in Aufzeichnungen festgehalten. Das Ägyptische Totenbuch und die Texte auf altägyptischen Sarkophagen gaben detaillierte Anweisungen für die Reise der Seele ins nächste Leben. Das Ägyptische

Totenbuch greift die „Pyramidentexte" auf – Bestattungstexte, von denen sich viele auf die Hieroglyphen-Inschriften auf den Innenwänden der Grabkammern einiger Pyramiden zurückverfolgen lassen. Diese „Pyramidentexte" sind zwischen 2350 und 2175 v. Chr. entstanden und nicht nur die ältesten schriftlichen Aufzeichnungen der gesamten Menschheitsgeschichte, sondern knüpfen auch an noch ältere Quellen an. Das Totenbuch zeigt den „unumstößlichen Glauben der Ägypter an die Auferstehung und die Unsterblichkeit der Seele."[11]

In der Tradition des tibetischen Buddhismus führen die Mönche die Seele des Sterbenden durch den Tod zu seiner nächsten Inkarnation. Das Tibetische Totenbuch, das im 8. Jahrhundert zum ersten Mal seine schriftliche Form erhielt, nimmt Elemente einer weit älteren mündlichen Tradition auf und ist so etwas wie eine „Landkarte"; es beschreibt die Reise des körperlosen Individuums vom Augenblick des Todes durch die nachtodlichen Zustände – eine Reise, die einigen Aspekten der Nahtoderfahrung erstaunlich ähnlich ist.

Die wissenschaftliche Jagd nach der Seele

All diese verschiedenen Ansichten über die „Seele" konvergieren in dem Punkt, dass etwas – ein Aspekt unseres Bewusstseins – sich über die Grenzen unseres Körpers hinaus ausdehnen und ihn vielleicht überleben kann. Gibt es Beweise für die Existenz dieser facettenreichen, kulturübergreifenden Entität? Was als Beweis zählt, hängt davon ab, wie Sie „Beweis" definieren. Einerseits sind da die mystischen Phänomene, die in allen spirituellen Traditionen von ernsthaft Praktizierenden berichtet werden. Diese Erfahrungen können nicht einfach, wenn überhaupt, mit wissenschaftlichen Methoden gemessen oder getestet werden, denn die traditionelle westliche Wissenschaft entdeckt erst jetzt Möglichkeiten, um subjektive Angaben zu messen. Auf der anderen Seite stehen beobachtbare wissenschaftliche Phänomene – also das Rückgrat des empirischen Experimentierens –, die ein Fortbestehen des Bewusstseins außerhalb des physischen Körpers bis jetzt nur angedeutet haben (siehe Kapitel 11).

Die Schwierigkeiten beim Vermengen von objektiven und subjektiven Konzepten zeigen sich beispielhaft an den Versuchen, die Seele zu vermessen. 1921 konzipierte der Arzt Duncan MacDougal ein optimistisches Experiment, mit dem er die Existenz – und sogar das Gewicht – der Seele nachweisen wollte: Er maß, wie das Gewicht eines Menschen sich unmittelbar nach dem Tod veränderte. Er beobachtete sechs Todesfälle und berichtete, die Personen hätten unmittelbar nach dem Tod zwischen 11 und 43 Gramm weniger gewogen als unmittelbar davor. Den Durchschnitt von 21 Gramm betrachtete er als das materielle Gewicht der Seele. Nachfolgende Experimente konnten seine Ergebnisse nicht wiederholen.

Andere Vorschläge, die Seele mit physikalischen Mitteln aufzuspüren, waren etwas weniger exzentrisch. Dr. Gerard G. Nahum wollte den Körper mit einer Phalanx elektromagnetischer Radiatoren umgeben, um die abgestrahlte elektromagnetische Energie aufzufangen. Er meinte, die in einer bewussten Entität verkörperte Seele könne nicht einfach verschwinden; sie müsse sich entweder in unserer Raum-Zeit in etwas anderes verwandeln oder ihr irdisches Dasein transzendieren und sich mit ihrer gesamten Energie woandershin bewegen. Allerdings kommen nach dem Tod viele energetische Prozesse zum Erliegen; es gibt einen molekularen Strom geladener Teilchen, die zwangsläufig elektromagnetische Energie abstrahlen. Es ist unklar, wie die Seelen-Energie von anderen Energiequellen unterschieden werden sollte. Soweit wir wissen, ist der Gedanke nicht weiterverfolgt worden.

Außerkörperliche Erfahrungen und die Seele

Eine faszinierende Hypothese lautet, dass die außerkörperliche Erfahrung für das Konzept der Seele verantwortlich und zudem ein offensichtliches Indiz für ihre Existenz sein könnte. Der ganze Seelenbegriff könnte sich durch außerkörperliche Erfahrungen entwickelt haben; sie sind relativ häufig und können spontan auftreten oder durch starke Emotionen wie etwa Angst ausgelöst werden. Der Philosoph Thomas Metzinger von der Johannes-Gutenberg-Universität in Mainz meint, dass die Frühmenschen wahrscheinlich solche Erfahrungen hatten; für sie wäre es nur natürlich gewesen, sie als Beweis dafür zu interpretieren, dass ein Aspekt von ihnen sich von ihrem physischen Körper trennen und ein von ihm unabhängiges Bewusstsein besitzen kann.

Eine Reise nach Anderswo

Lassen sich aus diesen unterschiedlichen Ansichten über die menschliche Seele Gemeinsamkeiten herausdestillieren? Nun, da ist erstens die Vorstellung, dass der Mensch kein eindimensionales Geschöpf ist, sondern eine spirituelle und eine physische Seite hat. Zweitens die Vorstellung, dass der spirituelle Teil sich im Lauf des Lebens ändert und die Taten seines Besitzers mit sich trägt. Zentral ist auch der Gedanke einer Kontinuität – der Tod ist nicht einfach ein Verlöschen, ein Ende, vielmehr geschieht bei ihm *etwas*. Und schließlich scheint der letztendliche Zweck des nichtkörperlichen Aspekts eine Reise zu sein. Der Gedanke, dass auf den Tod eine Reise folgt, ist sehr alt. Die Identität des Reisenden und die Art des Ziels variieren, aber wie wir gesehen haben, ist die Vorstellung fast überall auf der Welt verbreitet. Das Ziel der Reise hängt vom Bezugssystem des Reisenden ab, das aus einer Kombination von Kultur, Religion und persönlicher Überzeugung besteht. In jedem Fall aber ist es eine Reise nach Anderswo.

Die meisten Menschen spüren intuitiv, dass die Welt einen Sinn hat. Ein rein mechanistischer, deterministischer Blick auf die Welt, der sie nur aus der überholten, begrenzten Sicht der Wissenschaft des 19. Jahrhunderts betrachtet, lässt persönliche transzendente Werte noch nicht einmal als Möglichkeit zu. Wir brauchen eine umfassendere Sichtweise, die auch die instinktive Überzeugung mit einschließt, dass wir wichtig und Teil eines größeren Ganzen sind, dass wir für unsere Taten verantwortlich sind und diese an irgendeinem Punkt in der Zukunft für uns oder das Universum Folgen haben werden.

Obwohl die Vorstellung von einer Seele aus materialistischer, wissenschaftlicher Sicht kaum Sinn ergibt, existiert eine starke Bewegung hin zu einer Wieder-Vergeistigung des Kosmos; im Rahmen dieser Ideen kommt auch der Seelenbegriff wieder zu seinem Recht (siehe Kapitel 11). Für uns ist allerdings wichtiger, dass er für Menschen, die die hier geschilderten Erfahrungen machen oder bezeugen können, in emotionaler Hinsicht absolut einen Sinn ergibt. Die Tochter einer Frau, deren Mutter nach einem schweren Schlaganfall im Krankenhaus war, konnte sich nicht erklären, warum die Mutter ständig erwähnte, von ihrer Mutter und ihren Schwestern besucht zu werden – Personen, die alle tot waren. Die Tochter sagt:

Ich war mir nicht sicher, ob sie wegen ihrer Krankheit verwirrt war und deshalb diese Personen sah, aber sie wirkte geistig klar. Es kam mir damals alles ziemlich merkwürdig vor, und ich erwähnte es im Gespräch mit dem Krankenhausgeistlichen, als er Mama an ihren letzten Tagen besuchte. Er sagte, solche Dinge seien sehr häufig, und er würde ihnen ständig begegnen. Er meinte, wir sollten uns den Übergang vom Leben in den Tod als eine halb durchlässige Membran vorstellen, durch die der Geist eine Zeitlang hin und her wandern kann, bevor er sich endgültig entfernt. Was er sagte, leuchtete mir völlig ein und war für mich ein großer Trost.

Der Glaube an eine spirituelle, transzendente Welt scheint Teil des Menschseins zu sein. Die ultimative Strategie, um sich mit der Tatsache eines endlichen Lebens abzufinden und den Gedanken an den Tod erträglicher zu machen, besteht tatsächlich in der Vorstellung, dass etwas den Körper überlebt, beziehungsweise dass die Existenz nach dem vergänglichen irdischen Dasein weitergeht. In jeder Kultur, in jeder ethnischen Gruppe, von der Vorgeschichte bis heute, finden sich Belege, dass etwas – ob wir es nun Seele, Bewusstsein oder Essenz nennen – den Tod des Körpers überlebt.

Die praktikabelste Methode bei der Suche nach der Seele könnte darin bestehen, nach empirischen und materiellen Beweisen Ausschau zu halten und zum Beispiel zu prüfen, ob es Aspekte des Bewusstseins gibt, die unabhängig vom Gehirn funktionieren könnten. Nahtoderfahrungen während der angenommenen völligen Bewusstlosigkeit bei einem Herzstillstand bieten diese Untersuchungsmöglichkeit. Diese Erfahrungen legen nämlich nahe, dass bei einem vorübergehenden Hirntod Bewusstsein möglich sein kann. Die Beschaffenheit und die wissenschaftliche Auffassung vom Bewusstsein und seiner Beziehung zum Gehirn, wie wir sie in den Kapiteln 11 und 12 erörtern, sind zentral für unsere Interpretation dieses ganzen Bereichs.

Letztendlich wären wir ohne die Seele rein mechanische Wesen, Gefäße für die kurze Flamme des Lebens, verantwortlich nur unserer Biologie und unserer Kultur. Näher als über die Aussagen von Sterbenden oder den Zeugen ihrer „Seelensichtungen“ werden wir wohl nicht an einen

Beweis herankommen, dass wir mehr sind als automatische Roboter. Persönliche Erfahrungen sind keine objektiven wissenschaftlichen Beweise, aber sie deuten einen Weg an, den Tod zu verstehen. Deshalb halten die meisten von uns an dem Glauben an den „bleichen Geist" fest und begrüßen jede auch noch so flüchtige Sichtung, die diese Überzeugung verstärkt.

Kapitel 11

Die letzte Grenze: Das ungelöste Problem des Bewusstseins

Versuchung durch zeitliche Güter

Die erste wichtige Lektion beim Erkunden dieser unbekannten Wissensfelder [besteht darin], nie die Zweifel großer Männer oder ihre Anschuldigungen des Betrugs oder der Dummheit als gewichtig zu akzeptieren, wenn sie zur wiederholten Beobachtung der Fakten durch andere, anerkanntermaßen vernünftige und aufrichtige Männer im Widerspruch stehen. (A. R. Wallace)

Einer der größten Stolpersteine für die Neurowissenschaft ist die Frage nach dem Bewusstsein. Wir kennen den *Mechanismus,* wie Stimuli aus der Außenwelt über das Nervengewebe ihren Weg ins Gehirn nehmen; aber wir wissen nicht, wie daraus ein subjektives Weltbild entsteht. Zwei große philosophische Schulen versuchen im Westen derzeit, die Hirnfunktion zu erklären und der Beschaffenheit des Bewusstseins auf die Spur zu kommen. Natürlich gibt es zahlreiche angegliederte Positionen, aber der Einfachheit halber bleiben wir bei diesen beiden Hauptgruppen.

Für das eine Extrem ist die Neurophilosophie von Daniel Dennett charakteristisch. Er behauptet, Bewusstsein und subjektives Erleben seien lediglich Funktionen neuronaler Netze (Gruppen miteinander verbundener Nervenzellen). Um das persönliche Erleben und erweiterte Bewusstseinszustände zu erklären, brauche es nichts als ein detailliertes Wissen über die neuronalen Netze. Dennett leitet diese sehr unvollständige und verarmte Philosophie von seiner Auffassung ab, nur das sichtbare Handeln sei die wissenschaftliche Basis für Daten, und Wissenschaft dürfe das persönliche subjektive Erleben – „eine Peepshow in den Verstand von jemand anderem“[1] – nicht berücksichtigen. Ein Echo dieser Ansicht findet sich in einem neueren Artikel im *Scientific American,* in dem Christof Koch und Susan Greenfield, zwei führende Vertreter dieser reduktionistischen Auffassung vom Bewusstsein, erläutern, wie unterschiedliche neuronale Netzwerke durch unterschiedliche Erfahrungen stimuliert werden.[2] Sie bemerken ganz richtig, dass Neurowissenschaftler „noch nicht genug über das innere Funktionieren des Gehirns wissen, um genau erklären zu können, wie aus der elektrischen und chemischen Aktivität von Neuronen Bewusstsein entsteht." Sie fügen hinzu: „Daher besteht der große erste Schritt darin, die besten neuronalen Korrelate des Bewusstseins zu bestimmen." Die Überschrift ihres Artikels kündigt plakativ an, das Bewusstsein erklären zu wollen, aber dann beschäftigen die Autoren sich leider nur mit den Korrelaten des Bewusstseins, die dieses eben nicht erklären – und es wahrscheinlich auch nie erklären werden.

Das andere Extrem bildet die Philosophie von Thomas Nagel. Er behauptet, es sei nie möglich, vom objektiven Standpunkt eines Dritten aus zu wissen, wie eine Erfahrung aus erster Hand ist. Nagel meint, auch wenn wir auf der neurophysiologischen Ebene die Funktionsweise eines Fledermausgehirns noch so gut verstünden, würden wir nie wissen, wie es ist, eine Fledermaus zu *sein.*[3] Diese Auffassung legt nahe, dass die Erklärung des subjektiven Erlebens ein neues Prinzip erfordert, das über neuronale Netzwerke hinausgeht.

J. R. Searle[4] vertritt eine mittlere Position. Er hält das subjektive Erleben für eine Eigenschaft neuronaler Netzwerke, ist aber nicht wie Dennett der Meinung, um das Bewusstsein zu erklären, reiche es derzeit aus, die Funktionsweise dieser neuronalen Netzwerke komplett zu verstehen. Er sieht das Bewusstsein einzig als Hirnfunktion; so wie „Nassheit" aus einer Kombination von Sauerstoff und Wasserstoff entsteht, die Wasser ergeben, entsteht Bewusstsein aus neuronalen Netzwerken. Im Mittelpunkt seiner Auffassung stehen Gehirne, nicht Menschen, denn er meint, dass unser Gehirn die Welt, die wir wahrnehmen, für uns konstruiert. Wenn Sie sich den Zeh anstoßen, spüren Sie den Schmerz nicht im Fuß, sondern im Gehirn.

Traurigkeit ist eine Hirnfunktion. Wie geht es Ihnen heute? Mein Gehirn ist sehr traurig, danke der Nachfrage. Searle meint, wir brauchten einen Newton der Neurophysiologie und ein ganz neues Prinzip – ein emergentes Prinzip des Bewusstseins. Ein umfassender Überblick über aktuelle Hypothesen zu Gehirn und Bewusstsein findet sich in *The Blackwell Companion to Consciousness.*[5] Wenn Sie sich für Neurowissenschaften interessieren, bietet *Die philosophischen Grundlagen der Neurowissenschaften* eine sehr klare Darstellung; das Buch analysiert die materialistische Herangehensweise an das Bewusstsein und weist auf viele Fehler in den Kernhypothesen der führenden Vertreter des Felds hin.[6] Spannend ist, dass die Frage nach dem Bewusstsein in der Neurowissenschaft jetzt definitiv auf der Agenda steht und versuchsweise Theorien vorgebracht und diskutiert werden.

Zu den fundamentalsten Erkenntnissen des ausgehenden 20. Jahrhunderts gehört, dass Wissenschaft kulturell bedingt ist. Thomas Kuhn hat in seinem einflussreichen Buch *Die Struktur wissenschaftlicher Revolutionen*[7] den Begriff des „Paradigmenwechsels" eingeführt und allgemein bekannt gemacht. Er sagt: „Ein Paradigma ist das, was den Mitgliedern einer wissenschaftlichen Gemeinschaft, und nur ihnen, gemeinsam ist."[8] Ein Hindernis für den wissenschaftlichen Fortschritt war das Versagen einer Kerntruppe herausragender Wissenschaftler, ihr Paradigma zu ändern: Sie wollten um jeden Preis an ihrer einfachen, mechanistischen, newtonschen Wissenschaft festhalten. Diese Form der Wissenschaft war und ist bei der Untersuchung und Quantifizierung der uns umgebenden objektiven Welt extrem erfolgreich. Aber für die Untersuchung des subjektiven, bewussten Erlebens ist sie zu begrenzt. Die westliche Wissenschaft kann nur die physikalischen Aspekte eines Phänomens erforschen – mit einem „Blick von nirgendwo", wie Thomas Nagel es nannte. Wenn man, und darauf hat Max Velman hingewiesen[9], kurz nachdenkt, erkennt man, dass im Grunde alle Phänomene psychische Entitäten sind. „Objektive" und „subjektive" Qualitäten unterscheiden sich durch die Art, wie sie nachgewiesen werden. Objektive Qualitäten werden überprüft, indem man Menschen fragt, ob ihre psychischen Konzepte sich decken, zum Beispiel: *Sehen* wir alle die gleichen Indikator-Messwerte, wenn wir das gleiche Experiment machen? Subjektive Qualitäten werden auch überprüft, indem herausgefunden wird, ob wir unter den gleichen Umständen im gleichen psychischen Zustand sind, nur dass es in diesem Fall keine Indikator-Messwerte gibt: Wir müssen uns auf das verlassen, was andere beschreiben.

„Wissenschaftlicher Fundamentalismus" – der Glaube, dass es zur Erklärung der Welt ausreicht, ihre materiellen Eigenschaften zu kennen – schränkt die westliche Wissenschaft enorm ein, wenn sie Hypothesen über die Natur des Bewusstseins aufstellt. Dies gilt besonders für die Bio- und Psychowissenschaften und ihre Untersuchung der Hirnfunktion, die nach allgemeiner Übereinkunft Bewusstseinszustände spiegelt. Die Abneigung weiterzugehen ist allerdings nicht neu. Wissenschaft war immer so, denn Wissenschaftler neigen dazu, unbeirrt an akzeptierten Positionen festzuhalten. Schon 1875 demonstrierte Alfred Russel Wallace, einer der maßgeblichen Evolutionsdenker des 19. Jahrhunderts und damals der führende Experte für die geografische Verteilung von Tierarten, wie einschränkend diese Ansicht ist.[10] Wallace war ein Universalgelehrter und arbeitete auch an sozialwissenschaftlichen Themen und einer Reform der Arbeit. Die restriktive Haltung war ihm bei seiner eigenen Arbeit begegnet, was ihn bestens für den Hinweis qualifizierte, keine neue Wahrheit werde akzeptiert, ohne in Frage gestellt zu werden.

Als Benjamin Franklin der Royal Society das Konzept des Blitzableiters unterbreitete, wurde er als Träumer verlacht, und seine Abhandlung wurde nicht zur Veröffentlichung im Wissenschaftsjournal dieser Gelehrtengesellschaft zugelassen. Als Thomas Young seine großartigen Beweise für die Wellennatur des Lichts (eine der größten Entdeckungen der Quantenmechanik) vorbrachte, wurde sie von den damals populären Wissenschaftsautoren ebenfalls als absurd verhöhnt. *The Edinburgh Review* (1803) kommentierte die Theorie so: „... enthält mehr Fantastereien, Fehler, unbegründete Hypothesen, überflüssige Hirngespinste aus dem fruchtbaren, nichtsdestotrotz nutzbringenden Hirn ... von Dr. Young." Die gleiche Zeitung rief die Öffentlichkeit dazu auf, Thomas Gray in eine Zwangsjacke zu stecken, weil er behauptete, Schienenbahnen seien praxistauglich. Sir Humphrey Davy machte sich über die Vorstellung lustig, es könne eine Gasbeleuchtung für London geben. Als Stevenson vorschlug, auf der Schienenbahn zwischen Liverpool und Manchester Lokomotiven einzusetzen, sagten gebildete Leute, diese könnten unmöglich auch nur 12 Meilen – also etwa 20 Kilometer – pro Stunde zurücklegen. Die französische Akademie der Wissenschaften verspottete den bedeutenden Astronomen François Arago, als er das Thema eines elektrischen Telegrafen bloß erörtern wollte.

Diese Abneigung, den wissenschaftlichen Wandel zu akzeptieren, hat eine lange Geschichte. Sogar Kopernikus erwähnte, die Pythagoräische Schule im alten Griechenland habe ihre brillanten, aber mühsam gewonnenen Fortschritte in Mathematik und Geometrie nur einem inneren Zirkel aus Freunden und Vertrauten mitgeteilt. Im Vorwort zu *De Revolutionibus* sagte er voraus, gewisse Leute würden ihn von der Bühne pfeifen, sobald sie von seiner These hören würden.[11]

Die Wissenschaft kann also nicht länger als oberster Richter über die Funktionsweise der Welt betrachtet werden, denn Wissenschaftler sind in ihre lokale Kultur eingebettet, und das bestimmt, wie sie Wissenschaft verstehen und was dies bedeutet. Es gibt nicht nur eine Sicht auf die Welt, sondern viele, und vielleicht brauchen wir, um sie zu erklären, nicht nur eine Wissenschaft, sondern viele. Ein „Paradigmenwechsel" wird nötig sein, um eine andere Art von Wissenschaft zu etablieren – eine Wissenschaft, die die subjektive Evidenz untersuchen und vollumfänglich berücksichtigen könnte und die Art von Fragen stellen würde, die gestellt werden müssen, wenn wir das Bewusstsein verstehen wollen. Diese Art der Wissenschaft nimmt eine weitgehend östliche Perspektive ein und wurde zur Erforschung der verschiedenen psychischen Verfassungen, zu denen das Bewusstsein gehört, sehr wirkungsvoll eingesetzt. Im buddhistischen Denken etwa werden die psychischen Effekte meditativer Zustände bestimmt, und Gruppen werden miteinander verglichen, um darzustellen, wie das Bewusstsein sich mit zunehmender Praxis verändert. Es besteht dort ein profundes Verständnis für transzendente Zustände und die Wege, die zu ihnen führen.

Allerdings wird die Tendenz zum rigiden Denken von einer begrenzten intellektuellen Basis aus inzwischen auch im Westen ausgehöhlt. Es ist interessant zu sehen, wie weit dies in der Physik, die immer als eine der reinsten Wissenschaften galt, bereits fortgeschritten ist. Eine Gruppe weltweit führender Physiker hat 2006 ein Buch zu der Frage publiziert, ob wir in einem einzigen Universum oder in einem Multiversum leben[12]; das Thema wurde auch bei der Royal Society in London präsentiert. Multiversen sind ein theoretisches Konstrukt – das einzige Indiz für sie ist, dass sie mathematisch möglich sind. Obwohl die Physiker sich bei dem Thema uneins sind, macht seine Erörterung deutlich, dass es bei ihnen nicht so tabu ist wie etwa die Telepathie, die es bei konventionellen reduktionistischen Wissenschaftlern noch nicht einmal auf die Diskussionsagenda schafft. Dabei gibt es zuhauf subjektive, anekdotische Hinweise auf Telepathie und inzwischen sogar einiges an objektiven, wissenschaftlichen Befunden; wir werden in diesem Kapitel auf sie zurückkommen. Es gibt Theorien, die Telepathie erklären können – etwa dass der Geist ein Feld ist –, aber es sind nur Theorien (für die es indes wesentlich mehr anekdotische Indizien gibt als für Multiversen). Trotzdem ist das Thema bei vielen Biowissenschaftlern tabu; einige weigern sich, das Thema überhaupt zu diskutieren; ihre Begründung: Das sei alles Unsinn und eine Erörterung deshalb nicht notwendig. Ein Beleg, der einem etablierten Weltbild widerspricht, zählt offenbar nicht als Beleg und kann demzufolge ignoriert werden.

Wallace machte eine weitere Beobachtung, an die wir denken sollten, wenn wir uns mit der beweisbaren Grundlage neuer Ideen beschäftigen. „Die erste wichtige Lektion beim Erkunden dieser unbekannten Wissensfelder [besteht darin], nie die Zweifel großer Männer oder ihre Anschuldigungen des Betrugs oder der Dummheit als gewichtig zu akzeptieren, wenn sie zur wiederholten Beobachtung der Fakten durch andere, anerkanntermaßen vernünftige und aufrichtige Männer im Widerspruch stehen."

Was Wallace da sagt, ist für das Studium von Lebensende- oder Nahtod-Erfahrungen sehr wichtig. Alle Schlussfolgerungen, die wir ziehen, werden auf den Beobachtungen „vernünftiger und aufrichtiger" Männer und Frauen beruhen, und wir müssen ihnen das Gewicht beimessen, das sie verdienen.

Aktuelle Auffassungen über das Bewusstsein

Der wissenschaftliche Mainstream folgt aktuell der Ansicht von Dennett, dass psychische Prozesse ausschließlich im Gehirn erzeugt werden und auf das Gehirn und den Organismus begrenzt sind. Seit einiger Zeit beruht unsere Auffassung vom Bewusstsein weitgehend auf der Anwendung bildgebender Verfahren (funktionelle Magnetresonanztomographie und Positronen-Emissions-Tomographie), die die Durchblutung im Gehirn bei unterschiedlichen Denkprozessen und Emotionen visuell darstellen. Es wurden sehr unterschiedliche mentale Zustände untersucht: Schlaf und Traum, Schuldgefühle, Planen und Erinnern, konkrete innere und äußere Handlungen, die Einschätzung von Empfindungen und die Entstehung von Ideen sind nur einige von ihnen. Es gibt sogar Daten über veränderte mystische Bewusstseinszustände, auch bei speziellen Gruppen, etwa meditierenden Mönchen, Karmeliternonnen und Betenden.

Diese Daten stützen die Ansicht, dass die reduktionistische Wissenschaft irgendwann einige der dem Bewusstsein zugrunde liegen Hirnmechanismen zumindest teilweise wird erklären können. Allerdings ist zweifelhaft, ob sie je direkt zeigen wird, was Bewusstsein (subjektives Erleben) tatsächlich ist. Auf keinen Fall wird sie eine Ausdehnung des Bewusstseins über das Gehirn hinaus akzeptieren; wenn man Bewusstsein ausschließlich für das mechanische Funktionieren neuronaler Netzwerke hält, muss es lokal sein. Ein Aufsatz, der 2005 der Royal Society vorgelegt wurde, schlug vor, von der reduktionistischen Position einen Schritt zurückzutreten.[13] Die Autoren argumentierten, die reduktionistische mechanistische Wissenschaft, die die Kausalität im Gehirn ausschließlich durch die Bewegung kleiner newtonscher Teilchen (Atome etc.) bestimmt sieht, sei jetzt seit mehr als 75 Jahren überholt. Sie sei durch die Anwendung quantenmechanischer Theorien über die Hirnfunktion abgelöst worden. Diese folgen der Mathematik John von Neumanns, der meinte, bei der Beschäftigung mit einem quantenmechanischen System müsse sowohl die Welt der Materie als auch die Welt des Bewusstseins berücksichtigt werden. Der Aufsatz legt dar, dass das Gehirn ein quantenmechanisches System ist, und dies nicht nur, weil die Neurotransmitter-Schnittstellen für Quanteneffekte empfänglich sind; der von-neumannsche Blick auf die Welt erstreckt sich auch von der Ebene individueller Neurotransmitter-Moleküle auf das ganze Gehirn und die mentalen Prozesse, die in ihm stattfinden. Die Autoren des Aufsatzes zeigen ganz klar, dass mentale Prozesse und der mentale (soziale) Kontext, in den das Gehirn eingebettet ist, eigenständige Verursacher sind, so wie die von-neumannsche Theorie postuliert. Das Gehirn umfasst zwei Domänen, die beide kausal organisiert sind: Von Neumanns Prozess 1 (die Atome und Moleküle, um die die newtonsche Wissenschaft sich kümmert), und Prozess 2 (die bewussten Prozesse, zum Beispiel Gedanken, Gefühle, Überzeugungen etc., die das quantenmechanische System betreffen und eigenständig kausativ sind). So nimmt das Bewusstsein auf einen Schlag seinen Platz in allen Theorien ein, die postulieren, wie das Gehirn funktioniert. Noch spannender ist, dass die Bedeutungsmatrix, in welche die Person eingebettet ist – Kultur, familiäre Beziehungen und so weiter –, die Hirnfunktion jetzt weit über das Gehirn hinaus ausdehnt.

Schwartz *et al.* zeigen die kausative Wirkung auf bewusste Prozesse sehr einfach und elegant. Sie weisen darauf hin, dass ein Placebo nur aus kohlensaurem Kalk (Calciumcarbonat) bestehen kann und bei oraler Einnahme inaktiv ist. Wenn nun Parkinson-Patienten gesagt wird, es sei ein starker Wirkstoff gegen Parkinson und würde ihre Gehfähigkeit verbessern, stellen die Patienten tatsächlich fest, dass ihre Parkinson-Symptome schwächer werden, wenn sie die Calciumcarbonat-Pille nehmen, und sie sich besser bewegen können. Aber noch wichtiger ist, dass die Hirnareale aktiviert werden, die mit den Bewegungsabläufen verbunden sind (die Basalganglien). Diese Aktivierung hat nichts mit den Wirkungen des Calciumcarbonats zu tun (dem newtonschen kausativen System auf der Molekularebene), sondern mit der bewussten bzw. mentalen Einstellung des Patienten (nicht-lokal im Gehirn); sie verleiht dem Calciumcarbonat seine Wirksamkeit gegen Parkinson. Unter diesen Umständen sind beide Domänen kausal, wie von Neumann postulierte: die neurochemische bei der verbesserten Gehfähigkeit (Prozess 1), und die Bewusstseinsänderung durch die Suggestion, es handele sich um ein wirksames neues Medikament (Prozess 2).

Eine weitere interessante Theorie, die das Bewusstsein mit der Hirnfunktion verknüpft, stammt von Amit Goswami[14]; sie wird allerdings von der Mainstream-Wissenschaft nicht akzeptiert. Goswami behauptet, Bewusstsein sei eine Grundkomponente des Universums und existiere so wie Energie. Sein Hauptbeitrag betrifft die Beschaffenheit des Beobachters: Er behauptet, es gebe nur einen einzigen Beobachter, nämlich ein universelles, ungeteiltes Bewusstsein. Diese Ansicht entspricht den fundamentalen Qualitäten des Universums, die von Menschen mit umfassenden transzendenten Erfahrungen im Allgemeinen beschrieben werden; sie sagen, das Universum sei eine Einheit und Bewusstsein liege allen Phänomenen zugrunde.

Die quantenmechanischen Theorien von Chris Clarke und Mike Lockwood sowie die Quantengravitationstheorien von Roger Penrose und Stuart Hameroff[15] sind ebenfalls Erklärungsmöglichkeiten; ihre Erörterung geht allerdings über den Rahmen dieses Buches hinaus. Quantenmechanische Effekte deuten darauf hin, dass das Universum in hohem Maße vernetzt ist und dass Teilchen auf Entfernung miteinander interagieren (Einstein-Podolsky-Rosen-Paradoxon). Von Bedeutung ist dies, weil Elementarteilchen sich verschränken können und in diesen verschränkten Zuständen über riesige Entfernungen miteinander verbunden sind. Die These lautet nun, dass nicht nur kleine Teilchen im Atom- oder Molekülbereich sich verschränken können, sondern auch große Teilchenkonglomerate wie etwa Menschen; so wird eine Verbindung zwischen ihnen möglich. Die Vernetzung von „Bewusstseinen" aufgrund dieser nicht-lokalen Verbundenheit wird so theoretisch möglich. Dean Radin hat ausführlich über diesen Vorschlag geschrieben und Beweise aus wissenschaftlichen Studien zitiert, die ihn unterstützen.[16]

Belege für den vernetzten Geist

In den vergangenen 50 Jahren sind zahlreiche Experimente durchgeführt worden, die darauf hindeuten, dass der Geist nicht auf das Gehirn begrenzt ist und dass es möglich ist, den Einfluss eines Geistes auf einen anderen Geist (Telepathie) sowie den Einfluss des Geistes auf die Materie (Psychokinese) nachzuweisen. Einen umfassenden Überblick über dieses Thema bietet *The Conscious Universe*[17]; das Buch enthält zahlreiche Hinweise auf Studien und untersucht einige der Meta-Analysen, die solche Effekte belegt haben.

Fortschritte beim Neuroimaging, den bildgebenden Verfahren des zentralen Nervensystems, haben es ermöglicht, sehr komplexe mentale Zustände zu untersuchen – ein gutes Beispiel dafür, wie mit den newtonschen Prinzipien der reduktionistischen Wissenschaft nicht-newtonsche Prinzipien erforscht werden können, etwa der Geist jenseits des Gehirns. Die funktionelle Magnetresonanztomographie (fMRT) ist eine dieser Methoden. Mit ihr lassen sich die Durchblutung (die Funktion) und die Hirnstruktur darstellen; auf diese Weise zeigen sich die verschiedenen Hirnareale, die an komplexen Erfahrungen oder Denkaufgaben beteiligt sind. Die Bilder können allerdings nur die Hirnkorrelate der Erfahrung zeigen, sie sind keine Erklärung für diese Zustände; trotzdem tragen sie zu einem gewissen Verständnis für die beteiligten neuronalen Prozesse bei.

Sehen wir uns die folgende Studie an. In einer Kohorte von 16 Schamanen in Hawaii sollte jeder einen Freund bestimmen, zu dem ein enger emotionaler Kontakt bestand und den er aus der Ferne heilen zu können glaubte. Für das Experiment befand sich der Freund in einem fMRT-Gerät; der schamanische Heiler befand sich in einiger Entfernung. Ein fMRT-Gerät misst Veränderungen des Sauerstoffgehalts im Blut und also die Durchblutung im Gehirn. Nach einem festgelegten Zufallszeitplan verbrachten die Schamanen Zeit mit „Heilen" oder mit „Nicht-Heilen". Die Zielpersonen wussten zu keinem Zeitpunkt, ob sie gerade „geheilt" wurden oder nicht. Nach dem Experiment wurde die Hirnaktivität der Zielpersonen untersucht und der Unterschied zwischen Heilungs- und Nicht-Heilungszeit ermittelt. Bei der ganzen Gruppe zeigten sich sehr deutliche und hoch signifikante Veränderungen der Durchblutung während der Heilungszeiten; diese Veränderungen fanden am ehesten in dem Hirnareal statt, in dem die Emotionen verortet werden (vorderer cingulärer Cortex, orbitofrontaler Cortex etc.). Das Experiment hat gezeigt, dass „Heilungsenergien", die eine Person auf eine andere Person richtet, mit der sie emotional verbunden (quantenmechanisch gesprochen „verschränkt") ist, die Aktivität der Hirnstruktur der anderen Person tatsächlich verändern können. Dies ist bemerkenswert und kann nur mit der Vermutung erklärt werden, dass der Geist und also das Gehirn der Versuchsteilnehmer miteinander verbunden ist; dies untermauert die Idee eines nicht-lokalen Geistes.[18]

Telepathische Meditationsstudie

Mit dieser Studie sollte ermittelt werden, ob Bewusstsein (Geist) als Feld existiert. Eine Gruppe von 1500 Meditierenden meditierte zu einer im Voraus festgelegten Zeit zusammen. Bei drei Meditierenden in drei verschiedenen, über

1600 Kilometer voneinander entfernten Räumen wurden die elektrischen Gehirnwellen (EEG) gemessen. Manchmal meditierten die Meditierenden zur gleichen Zeit wie die entfernten Meditierenden, manchmal zu einer anderen Zeit. Die elektrische Gehirnaktivität während dieser beiden Zustände wurde verglichen, und es wurde gezeigt, dass ein Maß für die Hirnfunktion – die Kohärenz – signifikant zunahm, wenn die entfernt Meditierenden meditierten; dies gibt der Hypothese, dass der Geist als Feld agieren kann, weiteren Rückhalt.[19]

Telefon-Telepathie

Auch die Telepathie wurde untersucht, diesmal mit eher innovativen experimentellen Paradigmen und außerhalb des Labors. Rupert Sheldrake rekrutierte die Teilnehmer für seine Studie zur Telefon-Telepathie – die wahrscheinlich vielen von uns bekannte Fähigkeit zu wissen, wer anruft, wenn das Telefon klingelt –, indem er in lokalen Zeitungen und bei einer Online-Jobbörse eine Anzeige schaltete, in der es hieß: „Wissen Sie, wer anruft, bevor Sie ans Telefon gehen? Gute Bezahlung für Spaß und einfache Experimente als Teil eines parapsychologischen Forschungsprojekts."

Die Teilnehmer an einer ersten Versuchsreihe wurden gebeten, vier Freunde zu benennen, von denen sie annahmen, sie würden sie telepathisch als potenzielle Anrufer erkennen können. Wenn das Telefon klingelte, mussten sie raten, wer anrief, bevor der Anrufer sprach. Weil die meisten Menschen nicht in der Lage waren, vier solcher Personen zu benennen, stellten die Versuchsleiter in einer zweiten Versuchsreihe zwei der Anrufer, die also den Teilnehmern unbekannt waren; so konnten die Versuchsleiter auch vergleichen, ob die Trefferquote bei den bekannten Anrufern anders ausfiel als bei den unbekannten Anrufern.

Dem Zufallsprinzip zufolge hätte die Trefferquote bei 25 Prozent liegen müssen. Bei insgesamt 571 Versuchen mit 63 Teilnehmern betrug die Gesamttrefferquote 40 Prozent, mit 95-prozentigen Konfidenzgrenzen zwischen 36 und 45 Prozent (das heißt die Trefferquote lag meist zwischen 36 und 45 Prozent). Dieses Ergebnis war statistisch hoch signifikant ($p = 4 \times 10^{-16}$). Die Ergebnisse blieben ähnlich positiv, egal ob die Anrufe zu zufällig ausgewählten Zeiten oder zu festen Zeiten stattfanden, die der Angerufene vorher kannte. Bei 37 Teilnehmern waren die Trefferquoten bei bekannten und unbekannten Anrufern auffallend unterschiedlich. Bei bekannten Anrufern waren 53 Prozent der Vermutungen richtig ($n = 190$; $p = 1 \times 10^{-16}$). Bei unbekannten Anrufern waren nur 25 Prozent der Vermutungen richtig, was genau der Zufallswahrscheinlichkeit entspricht. Dieser Unterschied zwischen den Antworten bei bekannten und bei unbekannten Anrufern war hoch signifikant ($p = 3 \times 10^{-7}$). Untersucht wurde auch, ob die Entfernung zwischen Anrufer und Teilnehmer eine Rolle spielte. Bei Anrufern aus Übersee, die mindestens 1600 Kilometer entfernt waren, betrug die Erfolgsquote 65 Prozent ($n = 43$; $p = 3 \times 10^{-8}$); bei Anrufern aus Großbritannien war die Erfolgsquote geringer (35 Prozent). Die Anrufer aus Übersee waren in den meisten Fällen Personen, mit denen die Teilnehmer eine enge Beziehung hatten. Offenbar war für die Feststellung des telepathischen Erfolgs die emotionale Nähe wichtiger als die physische Nähe.[20]

Die Studie wurde von anderen Versuchsleitern wiederholt, die im Allgemeinen ebenfalls zu positiven Ergebnissen kamen.

Die Experimente zeigen klar eine Vernetzung. Diese Studien und verschiedene andere, einschließlich solche zu Heilung und Gebet (über die Benor[21] ausführlich berichtet), sind ein exzellentes Argument dafür, den Geist als ein

Feld zu betrachten, das nicht auf ein Gehirn beschränkt ist, sowie für die direkte Übertragbarkeit bewusster Erfahrungen von Mensch zu Mensch, wahrscheinlich als eine Funktion des mentalen Feldes.

Denken wir aber auch daran, dass jede Theorie, die den nicht-lokalen Geist zu erklären versucht, die derzeitige Neurowissenschaft nicht ersetzt; diese bleibt eine wertvolle Basis, auf der das Bewusstsein durch das Gehirn und im Gehirn agiert. Wenn wir Theorien für die Integration des bewussten Erlebens in Hirnzustände haben, können wir, wenn ein Sterbender von seinem Blick in eine andere Realität berichtet, seine mentale Verfassung adäquat zu seiner Beschreibung dieser alternativen Realität in Beziehung setzen. Ohne eine solche Theorie zur Vernetzung des Geistes glaube ich nicht, dass wir eine befriedigende Erklärung für die Sterbebett-Koinzidenzen finden werden, die so viele „vernünftige und aufrichtige" Menschen beschrieben haben. Noch wichtiger ist, dass durch eine solche Theorie das gesamte Spektrum des subjektiven Erlebens zu einem legitimen Teil unserer Wissenschaft vom Bewusstsein werden kann und die spirituelle Natur des Menschen besser verständlich wird.

Transzendentale Philosophie

Wenn, wie sich aus wissenschaftlichen Studien und Einzelfallberichten ergibt, emotional eng verbundene Menschen auf irgendeine Weise durch ein Feld verbunden sind, könnte, wie spirituelle Meister vorgeschlagen haben, Liebe die Struktur sein, die Menschen miteinander verbindet. Die Entwicklung erweiterter Bewusstseinszustände stützt diese Ansicht. Die Beschäftigung mit der Transzendenz ist auch deshalb sinnvoll, weil die umfassende Sicht, die man in diesem Zustand hat, in vieler Hinsicht derjenigen gleicht, von der Sterbende berichten.

Das Konzept der individuellen Entwicklung, das einem breiteren Publikum zuerst durch Aldous Huxley und sein Buch *Die ewige Philosophie*[22] bekannt wurde, erhielt in den 1960er-Jahren im Westen weiteren Auftrieb, als die Beatles sich die Transzendentale Meditation von Maharishi Mahesh Yogi zu eigen machten; in der Folge wurden im Westen explosionsartig viele ähnliche östliche Philosophien populär. Allerdings machte die östliche Terminologie mit ihren verhüllenden Formulierungen die Konzepte für den westlichen Verstand nicht leicht zugänglich. In den vergangenen 50 Jahren hat eine Reihe von Autoren die persönliche Entwicklung bis hin zur Transzendenz in Begriffen beschrieben, die der westlichen Vorstellungswelt angepasst sind und die wir also verstehen können. Ich werde diese Autoren als transzendentale Philosophen bezeichnen; jeder einzelne von ihnen hatte eine transzendente Erfahrung (Erleuchtung), die in der buddhistischen Philosophie so klar beschrieben wird. Diese Autoren erläutern nicht nur ausgezeichnet das Wesen des transzendenten Zustandes; sie benutzen auch westliche Konzepte, um das Wesen der höchsten Realität auszudrücken, und beschreiben den Weg (und die auf ihm erforderliche harte Arbeit), um sie zu erreichen.

Diese neuen Ideen müssen von der Wissenschaft untersucht werden, wenn wir die Palette der Wahrnehmungszustände besser verstehen wollen, die dem menschlichen Geist möglich sind. Bis vor Kurzem war es nicht möglich, die natürliche, spontane Transzendenz unter Laborbedingungen neurophysiologisch zu untersuchen, weil solche Zustände bei ungeübten Personen im Allgemeinen sehr kurz anhalten – von ein paar Stunden bis zu ein oder zwei Tagen. Zudem wurde immer angenommen, Menschen mit Erfahrungen dieser Art seien Ausnahmewesen und nur in Höhlen im Himalaya anzutreffen. Inzwischen gibt es diverse originär westliche Mystiker zu studieren.

Wenn Sie sich nicht für das östliche Konzept der „Erleuchtung" interessieren, werden Sie den Rest dieses Abschnitts vielleicht überspringen wollen. Für alle, die mehr wissen wollen, habe ich vier dieser modernen transzendentalen Philosophen aus einer sehr viel größeren Gruppe ausgesucht, die bis auf das Ende des 19. Jahrhunderts zurückgeht. Einer der klarsten Berichte über die Funktionsweise des gewöhnlichen Ego-Verstandes und den Grund, aus dem er uns nie zur Pforte jener Transzendenz führen wird, die im Zen-Buddhismus unermüdlich betont wurde, stammt von Wei Wu Wei; bei diesem Pseudonym handelt es sich um den Iren Terence Gray (1895–1986). Wei Wu Wei ist ein taoistischer Begriff, der sich als „Handeln als Nicht-Handeln" übersetzen lässt. Sein Buch *Das offenbare Geheimnis*[22] ist eine Einführung in diese (für den Westen) neuen Ideen. Wei Wu Wei weist darauf hin, dass der bloße Vorgang des Erkennens durch den gewöhnlichen Verstand die Welt in Subjekt und Objekt spaltet. Vor dem Erkennen ist die Welt eine Einheit. Nach dem Erkennen gibt es Subjekte und Objekte, die nie unabhängig voneinander existiert haben. Obwohl es also zweckmäßig ist, an einem sonnigen Tag nach draußen zu sehen und einen idyllischen Berghang als von Ihnen (dem Wahrnehmenden) verschieden zu sehen, haben Sie damit schon das Wesen der betrachteten Realität missverstanden, denn es gibt kein „Sie" (das Subjekt), das sich irgendetwas ansieht. Das bedeutet nicht, dass es keine Wahrnehmung gibt, denn die gibt es natürlich, aber es gibt keinen echten Wahrnehmungsprozess, der die Aufspaltung in Subjekt und Objekt erlaubt. Die Subjekt/Objekt-Aufteilung bildet die Grundlage der psychischen Prozesse, die unsere Ego-Struktur aufrechterhalten, jenes „Ich", das wir so vehement als das wahre Ich verteidigen, das Wei Wu Wei zufolge aber eine Fiktion ist. Genauso harsch geht er mit dem Zeitbegriff um; er betont, dass es aus der Sicht der wahren Erkenntnis nur die Gegenwart gibt. Sobald das falsche Ego etwas erkennt, kommen verschiedene Hirnprozesse ins Spiel, und bis die Wahrnehmung formuliert ist, ist sie schon Vergangenheit. In diesem Sinne gibt es keine Gegenwart, nur flüchtige Erinnerungen an die Vergangenheit, die mit der Zeit vergehen. Im Hinblick auf die Zukunft erklärt er, schon eine kurze Selbstprüfung führe zu der Erkenntnis, dass die Zukunft nur in der Einbildung existiert und wir sie deshalb ausblenden können. Aus der Sicht der Transzendenz ist die Welt also eine Einheit, die mit echter Wahrnehmung aus der Leere entsteht. Dies ist eine andere Art, die Welt zu verstehen, und erfordert deshalb eine andere Wissenschaft.

Eine elegante Beschreibung der Unmöglichkeit, die transzendente Sichtweise mit Hilfe der Subjekt/Objekt-Aufteilung des Ego-Verstandes zu erreichen, stammt von dem amerikanischen Philosophen Merrell-Wolff, der jahrelang an seiner transzendenten Erfahrung arbeitete.[24] Er war Mathematiker und glaubte, es gebe ein mathematisches Yoga der Transzendenz. Das Folgende ist nur eine Allegorie, aber es gibt einen Eindruck für das, was er meint. Merrell-Wolff weist darauf hin, dass es mathematische Funktionen gibt, die die Unmöglichkeit demonstrieren, auf diesem Weg jemals einen bestimmten Punkt zu erreichen. Als Beispiel nennt er die unendliche Reihe $1 + \frac{1}{2} + \frac{1}{4} + \frac{1}{8} + \frac{1}{16}$ etc., die aufaddiert nie 2 ergeben wird. Er zeigt damit, dass der gewöhnliche Verstand aufgrund seiner – durch die Aufspaltung in Subjekt und Objekt – falschen und destruktiven Erkenntnis der Realität nie zum Universellen vorzudringen vermag. Das falsche Ego hat keinen Zugang zur wahren Realität, und deshalb muss ein anderer Zugang gefunden werden. Und dieser Zugang erfordert lange Phasen mentaler Klarheit, die dadurch erreicht wird, dass man lernt, ausschließlich in der Gegenwart zu sein. Merrell-Wolff beschreibt auch wunderbar, wie es ist, im universellen Bewusstsein zentriert zu sein und die befristete und begrenzte Punktquelle zu sehen, die der Ego-Verstand ist, und so die massive Beschränktheit unserer gewöhnlichen Wahrnehmung zu erleben. Einer seiner fundamentalen Beiträge besteht in dem Hinweis, dass Wissenschaft eine äußerst spirituelle Disziplin ist und eine Möglichkeit darstellt, sich dem Transzendenten durch das endlose Erkunden der Phänomenologie zu nähern, die auf der Grundform aufbaut. Dies gleich dem schöpferischen Zustand, den Goethe beschrieb, als er sich in das Wesen der Formen in der Pflanzenwelt vertiefte und schließlich zu der Erkenntnis kam: „Alles ist Blatt".

Jedem, der sich mit diesen neuen Philosophen eingehender beschäftigen möchte, empfehle ich auch Eckhart Tolle; er beleuchtet die Kraft des gegenwärtigen Augenblicks und die Wahrnehmungstransformation, die beim immer tieferen Eintauchen in das Jetzt stattfindet. Sein Buch *Jetzt! – Die Kraft der Gegenwart*[25] ist ein guter Startpunkt. Der Franzose Alain Forget schließlich beschreibt vier Techniken, die bei gewissenhafter und regelmäßiger Anwendung die Wahrnehmung klären und schließlich zum Tod des Ego-Verstandes und zur Transzendenz führen.[28] Mit all diesen neuen Informationen kann der „wahre" Wissenschaftler jetzt lernen, den eigenen Verstand so zu verfeinern, dass er die grandiose Weite dieses schöpferischen Universums erfahren, seine Einheit wahrnehmen und die alles erfüllende Kraft der Liebe erleben kann.

Sterben und seine Beziehung zum Bewusstsein

Die Evidenz transzendenter mystischer Erfahrungen legt nahe, dass Bewusstsein eine Einheit und der Rohstoff unseres Universums ist. Allerdings scheint die Erörterung des Bewusstseins aus transzendenter Sicht kaum eine Beziehung zu dem zu haben, was wir hier und jetzt erleben. Deshalb möchten wir es noch einmal einfacher formulieren: Eine mögliche Theorie lautet, dass das Bewusstsein universell und ein Feld ist, über das wir alle miteinander vernetzt sind. Hirnprozesse klinken sich in das Bewusstsein auf eine Art und Weise ein, die von der Wissenschaft noch genau beschrieben werden muss. Wir können nun diese Theorie auf den Sterbeprozess anwenden. Da sind zum einen die Sterbebettvisionen, die in den wenigen letzten Lebenstagen auftreten, wenn der psychische Sog von der Außenwelt weg und hin zur Innenwelt des sterbenden Selbst führt. Die Besuche toter Angehöriger hinterlassen einen starken Eindruck; es findet ein freudiges Wiedersehen statt. Die Toten „sagen", sie kämen mit der Absicht, den Sterbenden abzuholen oder ihm durch den Sterbeprozess hindurchzuhelfen. Manchmal sind sie sofort im Zimmer des Sterbenden, dann wieder warten sie draußen und kommen erst ganz am Ende des Lebens näher. Man kann mit ihnen verhandeln und sie bitten, den Sterbeprozess etwa einen Tag aufzuhalten. Sie sagen, sie würden den Sterbenden abholen, und die Sterbenden sagen, sie gingen auf eine Reise. Wenn die Sterbenden das Terrain beschreiben, zu dem sie gehen, ist es im Allgemeinen ein von Licht, Liebe, Freude und Mitgefühl erfüllter Bereich. Gelegentlich strömen dieses Licht und diese Liebe unmittelbar vor dem Tod in das Zimmer und umgeben den Sterbenden.

Gleichzeitig besteht seitens des Sterbenden der Drang, mit den Menschen, die er liebt, in Kontakt zu treten und sich mit ihnen zu verbinden, manchmal über Tausende von Kilometern hinweg; im Allgemeinen möchte er sich auf diese Weise verabschieden und sagen, dass es ihm gut geht. Zum Todeszeitpunkt scheinen viele verschiedene Lebensbereiche des Sterbenden miteinander verbunden zu sein. Manchmal verhalten seine Haustiere sich seltsam, oder es kann sein, dass seine Uhren stehen bleiben, Klingeln in seinem Zimmer läuten, vielleicht auch das Licht sich ein- und wieder ausschaltet. All diese Aspekte des Sterbeprozesses passen nahtlos in eine Bewusstseinstheorie, in der das Universum hochgradig vernetzt ist und Liebe und Licht das Herzstück bilden. Sie passen sehr schlecht in die aktuelle Vorstellung der Neurowissenschaft, Bewusstsein werde vom Gehirn erzeugt, bleibe lokal auf dieses Gehirn beschränkt und verschwinde vollständig, wenn wir sterben.

Meiner Ansicht nach muss eine befriedigende Erklärung des Bewusstseins Folgendes einschließen: eine detaillierte Rolle für Hirnmechanismen; eine Erklärung für das Handeln des Geistes innerhalb und außerhalb des Gehirns; eine Erklärung für das uns gemeinsame Bewusstsein, das heißt die Art und Weise, wie wir miteinander verbunden zu sein scheinen; eine Erklärung für erweiterte mentale Zustände einschließlich jener transzendenten Erfahrungen, bei denen derjenige, der sie hat, behauptet, die Struktur des Universums zu erfassen.

Im Westen gibt es sehr wenige Berichte über das subjektive Erleben von Sterbenden – einfach weil die Toten nicht zurückkehren, um es uns zu schildern; zudem wurde kein Versuch unternommen, diesen Bereich zu erforschen, denn er gilt immer noch als wissenschaftlich irrelevant. Allerdings gibt es einen wichtigen Fundus an Erfahrungen, der uns helfen kann, diese Lücke zu schließen. Ich meine die Nahtoderfahrungen, die sich während eines Herzstillstands ereignen. Näher als bei einem Herzstillstand kommen wir an den klinischen Tod nicht heran; wenn Menschen also behaupten, sie hätten während dieser Zeit, in der sie faktisch tot waren, bestimmte Erfahrungen gemacht, sollten wir zumindest die Möglichkeit in Betracht ziehen, dass das, was sie beschreiben, tatsächlich das subjektive Erleben des Sterbens ist.

Kapitel 12

Bewusstsein und Nahtoderfahrung

Trost durch Abwendung vom Irdischen

Die Wahrheit kommt nur unter Schmerzen und Schwierigkeiten in diese Welt, und jede neue Wahrheit wird mit Unwillen aufgenommen. Die Erwartung, dass die Welt eine neue oder selbst eine alte Wahrheit annimmt, ohne sie infrage zu stellen, wäre wie das Warten auf eins jener Wunder, die nie geschehen. (Aus einem Interview mit A. R. Wallace, 1913 posthum veröffentlicht)

Wie in Kapitel 9 kurz dargestellt, beschreiben andere Kulturen das innere Erleben des Sterbenden, wenn die letzten Phasen des Todes erreicht sind und die Atmung aussetzt. Im Westen wurde dies nicht versucht, und wahrscheinlich würde kein Ethikrat eine Forschung zulassen, bei der die geistig-seelische Befindlichkeit eines Sterbenden erfragt würde. Allerdings gibt es eine Gruppe von Menschen, die uns besser als die meisten anderen erzählen kann, wie es ist zu sterben. Und zwar sind das die wenigen Personen, die während eines Herzstillstands eine Nahtoderfahrung hatten, überlebten und nun aus dem Nähkästchen plaudern können. Bei einem Herzstillstand ist der Betreffende klinisch tot, und wir können vernünftigerweise annehmen, dass wir an eine zutreffendere Beschreibung dessen, wie Sterben ist, nicht herankommen werden. Wir werden diese spezielle Erfahrungskategorie als „*vorübergehende* Todeserfahrung“ (im Folgenden „VTE“ abgekürzt) bezeichnen, um sie von anderen Nahtoderfahrungen (im Folgenden „NTE“ abgekürzt) abzugrenzen. Die Unterscheidung ist sinnvoll, weil wir bei einer VTE wissen, dass jeder, der einen Herzstillstand hat, in der gleichen Bewusstlosigkeit ist und die gleichen Wiederbelebungsmaßnahmen mit ihm durchgeführt werden. Bei anderen NTE kann man sich nicht sicher sein, ob jemand wirklich bewusstlos war, und wenn ja, wie tief. Zunächst aber ein kurzer Überblick über die Hauptmerkmale von NTE, die in allen wesentlichen Aspekten denen von VTE gleichen.

Die Merkmale von Nahtoderfahrungen

Dass Menschen „sterben", weiterleben und dann von ihren Erfahrungen berichten, ist nicht neu. Es gibt schriftliche Beschreibungen ähnlicher Erfahrungen in Mythen und Legenden, die weit über 2000 Jahre alt sind. Im 16. Jahrhundert malte der niederländische Maler Hieronymus Bosch etwas, das einer Nahtoderfahrung sehr ähnlich ist: einen Tunnel mit Engeln und Licht am Ende.

Nahtoderfahrungen sind ausgiebig studiert worden, seit Dr. Raymond Moody sie durch sein Buch *Leben nach dem Tod* einer breiten Öffentlichkeit bekannt machte.[1] Die erste britische Studie wurde 1985 von Margot Grey publiziert, die selbst eine intensiv erlebte Nahtoderfahrung hatte.[2] Viele weitere Studien folgten, darunter unsere eigene.[3] Die Recherchen zu diesem Buch weckten unser Interesse am gesamten Sterbeprozess; vor allem beschäftigte uns die Frage, wie es in manchen Situationen zu diesen luziden, strukturierten und klar erinnerten Nahtoderfahrungen kommen konnte, obwohl der Betreffende nicht bei Bewusstsein war.

Nahtoderfahrungen können in den verschiedensten Situationen stattfinden, und nicht immer ist die Person wirklich dem Tod nah oder auch nur bewusstlos; manchmal geschehen sie spontan, oder als Folge eines hohen Stress-, Schmerz- oder Angstpegels, oder bei einer Narkose oder einer schweren, aber nicht tödlichen Krankheit. Keine Nahtoderfahrung gleicht der anderen, und es gibt erhebliche kulturelle Unterschiede. Innerhalb einer Kultur indes sind NTE sich verblüffend ähnlich; immer wieder tauchen gemeinsame Elemente auf, die nichts mit dem Alter oder dem Geschlecht der Person zu tun haben, und auch nicht mit ihrem Glauben – oder dessen Fehlen. In der westlichen Kultur sind dies zunächst überwältigende Gefühle von Frieden, Freude oder Seligkeit; falls körperliche Schmerzen vorhanden waren, sind sie verschwunden. Oft hat der

Betreffende das Gefühl, den Körper zu verlassen und von einem Punkt in der Nähe der Decke auf ihn herunterzuschauen. Möglicherweise betritt er einen dunklen Bereich, im Allgemeinen einen Tunnel, durch den er sich auf einen Lichtpunkt zubewegt, der größer und heller wird, je näher er an ihn herankommt. Das Licht scheint wie ein Magnet zu wirken, der ihn anzieht. An dieser Stelle kann es sein, dass er einem „Lichtwesen" begegnet – einer religiösen Gestalt, wenn er religiös ist, oder einer „Präsenz", die als Gott oder gottähnlich wahrgenommen wird. Eventuell erreicht er irgendwann eine Grenze, die als der Punkt erlebt wird, hinter dem es kein Zurück mehr gibt und den er jetzt nicht überschreiten kann. Jenseits der Grenze sieht er manchmal verstorbene Freunde oder Angehörige; sie bedeuten ihm, dass er zurückgehen muss, dass es für ihn noch nicht an der Zeit ist, sich ihnen anzuschließen; oft schimmert jenseits der Grenze ein idyllischer Garten oder eine sanfte Landschaft auf. Einige Menschen erleben eine Rückschau auf ihr Leben. Manchmal wird dies als eine Art Jüngstes Gericht wahrgenommen, bei dem die vergangenen Taten vorüberziehen; aber nur sehr selten hat man das Gefühl, von einem anderen Wesen beurteilt zu werden. Sehr viel häufiger ist die Überzeugung, dass man sein eigener Richter ist; man lässt Revue passieren, was man getan hat, aber jetzt weiß man, welche Folgen es hatte und welchen Kummer man anderen möglicherweise damit bereitet hat. Schließlich kehrt man in den Körper zurück – ziemlich schnell, als wäre ein Gummiband losgelassen worden.

Für die meisten Menschen gehört die Nahtoderfahrung zu den eindrücklichsten Erlebnissen, die sie je haben, und wird das ganze Leben hindurch deutlich erinnert. Auch wenn die Betreffenden keinen speziellen religiösen Glauben haben, kehren viele, wenn nicht die meisten, mit der Überzeugung zurück, dass der Tod nicht das Ende ist. Und praktisch alle berichten, dass sie die Angst vor dem Tod verloren haben, das Leben mehr wertschätzen und wieder einen Sinn in allem sehen. Solche Gefühle hat jedoch fast jeder, der dem Tod knapp entgangen ist, egal ob er eine Nahtoderfahrung hatte oder nicht; Nahtodüberlebende allerdings scheinen tiefer berührt worden zu sein.

Die vorübergehende Todeserfahrung

Von besonderem Interesse für jeden, der sich für das Problem des Bewusstseins interessiert, sind die vorübergehenden Todeserfahrungen bei einem Herzstillstand. Weil wir wissen, was bei einem Herzstillstand mit der Hirnaktivität passiert, können wir Rückschlüsse ziehen auf die physiologischen Prozesse, die während der Erfahrung ablaufen.

Was passiert bei einem Herzstillstand?

Die Anzeichen für einen Herzstillstand sind die gleichen wie bei einem klinischen Tod: keine Herzleistung, keine Atmung, keine Reflexe im Hirnstamm. Weil das Herz kein Blut mehr ins Gehirn pumpt, fällt der Sauerstoffgehalt, der Blutdruck sinkt auf Null, die Nervenfunktionen sind extrem beeinträchtigt, und der Patient wird bewusstlos – und das schnell, wie bei einer Ohnmacht. Die simultane Aufzeichnung der Herzfrequenz und der elektrischen Hirnaktivität zeigt, dass die Hirnstromkurve innerhalb von 11 Sekunden nach dem Herzstillstand eine Nulllinie zeigt. Der Mensch ist klinisch tot. International wird der Tod wie folgt definiert: Keine Atmung, kein Herzschlag und fehlende Hirnstammreflexe (Sie können nicht husten oder würgen): Das ist exakt der klinische Zustand nach einem Herzstillstand.

Wenn sofort eine Herz-Lungen-Reanimation beginnt, steigt der Blutdruck nicht hoch genug, um eine ausreichende Blutzufuhr zum Gehirn sicherzustellen. Bei den meisten Menschen, die einen Herzstillstand überleben, bleibt eine gewisse Schädigung des Gehirns zurück. Mehrere Studien zeigen, dass diese umso größer ist, je länger die Herz-Lungen-Wiederbelebung fortgesetzt wird. Wir sind daran gewöhnt, in TV-Dramen erfolgreich verlaufende Reanimationsmaßnahmen nach einem Herzstillstand zu sehen, aber in der Realität ist das Scheitern die Norm. Nichol *et al.*[5] haben in einer 1999 durchgeführten Studie festgestellt, dass von 1748 Herzstillstand-Patienten nur 126 überlebten, eine Quote von etwa 7 Prozent. In den meisten Einrichtungen liegt die Quote erfolgreicher Reanimationen zwischen 2 und 20 Prozent. In der Studie von Nichol *et al.* wurden 86 Überlebende befragt; bei den meisten gab es Anzeichen für eine Schädigung des Gehirns. Wenn der Herzschlag wieder einsetzt, steigt der Blutdruck, und der Kreislauf normalisiert sich allmählich, aber die normale Hirnaktivität kehrt nicht sofort zurück. In der Erholungsphase, und das ist in unserem Zusammenhang wichtig, liegt ein Zustand der Verwirrtheit vor.

Die Nulllinie beim EEG, die anzeigt, dass bei einem Herzstillstand keine Hirnaktivität vorliegt, und das sehr häufige Vorkommen einer anschließenden Hirnschädigung lassen den Rückschluss zu, dass die Bewusstlosigkeit bei einem Herzstillstand total ist. Einige skeptische Materialisten behaupten, dass in diesem Zustand immer noch eine Hirnaktivität vorliegt; die Daten aus Studien an Tieren und Menschen sprechen allerdings dagegen. Das Gehirn ist während des Stillstands nicht aktiv und funktioniert erst wieder, wenn der Herzschlag erneut einsetzt. Bis dahin ist jedes Hirnsystem, das für uns die Welt zusammensetzt, außer Betrieb. Das Gehirn kann keine Bilder erzeugen, und deshalb müsste es unmöglich sein, dass es klar strukturierte, luzide und erzählbare Erfahrungen macht; und falls es solche Erfahrungen doch machen sollte, dürfte es sich nicht an sie erinnern, denn das Gedächtnis funktioniert ja genauso wenig. Von der Theorie her ist es also unmöglich, dass irgendjemand irgendetwas erlebt oder erinnert, das in diesem Zustand mit ihm geschehen ist. Und wenn während der allmählichen Rückkehr zum Bewusstsein eine Erfahrung gemacht würde, müsste sie wirr sein und nicht die klare, strukturierte Geschichte, die für vorübergehende Todeserfahrungen charakteristisch ist.

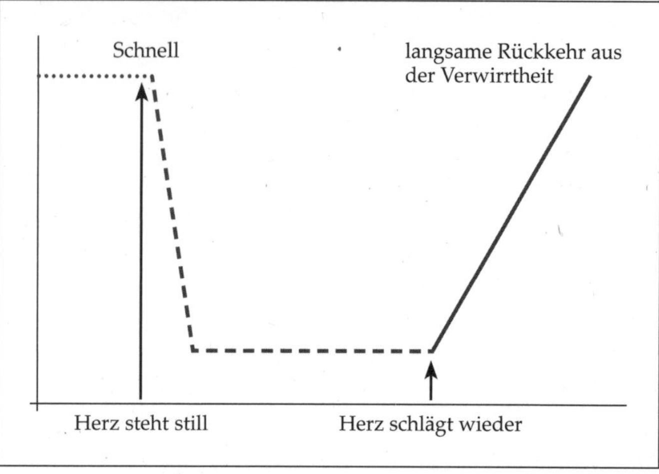

Diese Abbildung zeigt die Veränderung des Bewusstseins bei einem Herzstillstand und beim erneuten Einsetzen des Herzschlags. Das Bewusstsein geht innerhalb von Sekunden nach dem Herzstillstand verloren, wie bei einer Ohnmacht, und kommt, wenn das Herz wieder schlägt, unter Umständen erst nach Stunden oder Tagen zurück.

Wissenschaftlich gesehen kann eine vorübergehende Todeserfahrung zu keinem Zeitpunkt während des Herzstillstands stattfinden. Menschen, die eine vorübergehende Todeserfahrung haben, sagen aber, sie würden genau das tun, was vom Zeitpunkt her problematisch ist. Weil aber rund 10 Prozent der Patienten von einer vorübergehenden Todeserfahrung nach einem Herzstillstand berichten, wollen wir uns die Daten genauer ansehen.

Ein Problem ist die Schwierigkeit, den exakten Zeitpunkt einer VTE während eines Herzstillstands zu beurteilen. Die meisten Studien waren retrospektiv, das heißt, man hat Menschen nach ihren Erfahrungen gefragt und sich anschließend die Krankenakte angesehen. Eine der ersten Studien dieser Art war 1982 die Untersuchung von Michael Sabom.[6] Sie schloss Patienten ein, die unter verschiedenen Umständen eine Nahtoderfahrung hatten: nach einem schweren Schädel-Hirn-Trauma, einem stoffwechselbedingten Koma, systemischen Erkrankungen etc., aber auch Patienten im Krankenhaus oder außerhalb eines Krankenhauses. Manche Patienten behaupteten, während ihrer Bewusstlosigkeit ihren eigenen Wiederbelebungsmaßnahmen zugesehen zu haben; Sabom glich ihre Schilderungen mit den Krankenakten ab und stellte fest, dass es Hinweise darauf gab, dass die Todeserfahrung tatsächlich während der Bewusstlosigkeit stattgefunden hatte.

Anfang der 2000er-Jahre wurden mehrere prospektive Studien veröffentlicht; bei ihnen befand der Patient sich in ärztlicher Obhut, sodass Art und Zeitpunkt der medizinischen Behandlungen bekannt waren. Dr. Sam Parnia und ich führten die erste prospektive Studie mit Herzstillstand-Patienten durch, die in der kardiologischen Intensivstation des Southampton Hospitals reanimiert wurden.[7] Diese Studie wird in Sam Parnias Buch *What Happens When We Die* beschrieben.[8] Wir hatten eine kardiologische Intensivstation zum einen deshalb gewählt, weil wir genau wissen, was bei einem Herzstillstand passiert; zum anderen erhalten alle Patienten die gleiche Medikation und es werden die gleichen Wiederbelebungsmaßnahmen durchgeführt. Zudem konnten wir die Patienten befragen, sobald es ihnen gut genug ging. Wir wollten wissen, wie viele von ihnen eine vorübergehende Todeserfahrung hatten, und wenn das der Fall war, ob sie der traditionellen Nahtoderfahrung glich. Wir wollten möglichst auch den genauen Zeitpunkt der Erfahrung herausfinden – fand sie vor oder während der Bewusstlosigkeit statt, während oder nach der Erholungsphase?

Von den 63 Herzstillstand-Überlebenden, die Dr. Parnia befragte, hatten 89 Prozent keine Erinnerungen während des Stillstands; etwa 10 Prozent berichteten von vorübergehenden Todeserfahrungen während ihrer Bewusstlosigkeit. Wie erwartet glichen sie weitgehend den in der Literatur bereits berichteten Nahtoderfahrungen. Wir stellten auch fest, dass die VTE nicht auf Medikamente, Elektrolyte, Blutgase, religiöse Überzeugungen oder andere kulturelle Faktoren zurückzuführen waren; all diese Faktoren waren die gleichen wie in der Gruppe, die keine Echttod-Erfahrung gehabt hatte. Insgesamt war es ein interessanter Befund, und wir versuchen jetzt, ihm mit einer breiter angelegten Studie nachzugehen.

Wissenschaftlichkeit verlangt, dass Beobachtungen wiederholbar sind; andere Forschende haben die Studie wiederholt und sind zu ähnlichen Resultaten gekommen. Eine niederländische Gruppe hat eine große Studie mit 344 Herzstillstand-Überlebenden durchgeführt; sie wurde in einer der renommiertesten medizinischen Fachzeitschriften veröffentlicht, der *Lancet*.[9] 41 Überlebende (etwa 12 Prozent) berichteten von vorübergehenden Todeserfahrungen. Deren Auftreten wurde nicht durch die Dauer der Bewusstlosigkeit, die Dauer des Herzstillstands oder Medikamente beeinflusst. Die Studie ergab aber auch, dass in der Gruppe jener Überlebenden, die kurz nach der Erfahrung starb, mehr vorübergehende Todeserfahrungen berichtet wurden; es scheint also, dass jemand mit umso größerer Wahrscheinlichkeit eine vorübergehende Todeserfahrung hat, je näher er dem Tod ist.

Andere prospektive Herzstillstand-VTE-Studien haben ähnliche Ergebnisse gezeitigt. Schwaninger *et al.*[10] fanden in ihrer US-Studie einen höheren VTE-Anteil von 23 Prozent. Bei Greyson[11] waren es 10 Prozent. In der Studie von Dr. Penny Sartori in einer Intensivtherapiestation lag der Anteil bei etwa 25 Prozent.[12] Klar ist also, dass Todeserfahrungen in Verbindung mit einem Herzstillstand auftreten; ihr Inhalt gleicht dem, was in der NTE-Literatur berichtet wird.[13]

Diese Studien sind für Laien genauso interessant wie für Wissenschaftler, weil bis jetzt niemand endgültige wissenschaftliche Antworten auf das fundamentalste Problem der vorübergehenden Todeserfahrung geben konnte: Wann genau findet sie statt? In unserer Studie hatten die Patienten selbst das Gefühl, sie hätten ihre Erfahrungen während der Bewusstlosigkeit gemacht; das ist wichtig, weil wir, wie oben erörtert, überhaupt nicht wissen, wie jemand ein klares Bewusstsein haben kann, während er klinisch tot ist (EEG-Nulllinie). Die Beantwortung dieser Frage ist entscheidend, denn sie würde eins der größten Probleme der Neurowissenschaften lösen: Ist das Bewusstsein ausschließlich ein Produkt der Hirnfunktion, und ist es auf das Gehirn beschränkt? Wir hoffen, dass die VTE-Forschung dazu beitragen kann, die „Bewusstseinslücke" in den Neurowissenschaften zu schließen. Aus wissenschaftlicher Sicht können VTE nicht während einer Bewusstlosigkeit stattfinden, und doch gibt es irritierende Hinweise darauf, dass sie genau dann vorzukommen scheinen.

Die außerkörperliche Erfahrung

Etwa einem Drittel der vorübergehenden Todeserfahrungen geht eine außerkörperliche Erfahrung voraus (im Folgenden „AKE" abgekürzt). Der Betroffene sagt, er würde seinen Körper verlassen, sich zur Zimmerdecke bewegen und seiner Wiederbelebung zusehen. Fallberichte weisen darauf hin, dass die AKE und also die VTE während der Bewusstlosigkeit stattfinden. Einigen Fallberichten zufolge kann zur AKE die präzise Wahrnehmung dessen gehören, was während der Reanimation geschehen ist. Sabom[14] hat festgestellt, dass einige Teilnehmer seiner Studien ihren eigenen Reanimationsverlauf zutreffend beschrieben haben; dies legt nahe, dass ihre VTE stattfand, als ihr Gehirn „heruntergefahren" war. Darauf deutet auch der Fall von Pamela Reynolds hin, den der BBC-Dokumentarfilm *The Day I Died* beschreibt. Kenneth Ring[15] hat Fälle von NTE bei Blinden vorgestellt, die behaupten, das von ihm so genannte „geistiges Sehen" zu haben, und die den Reanimationsraum „sehen", wenn sie außerhalb ihres Körpers sind. Sind AKE im Verlauf von VTE also wirklich wahr – das heißt sind die Wahrnehmungen nachweisbar richtig? Sind sie tatsächlich nur von einer Warte aus möglich, die sich außerhalb des physischen Körpers befindet? Falls ja, müsste es zum ersten Mal möglich sein zu untersuchen, wann genau im Reanimationsverlauf die VTE stattfindet.

Ein sehr überzeugender Nachweis für diese Möglichkeit wurde von Dr. Penny Sartori vorgelegt, die eine Gruppe von Herzstillstand-Überlebenden in einer kardiologischen Intensivstation untersuchte. Mehrere Teilnehmer an ihrer Studie sagten, sie hätten ihren Körper verlassen und ihren eigenen Wiederbelebungsvorgang beobachtet. Dr. Sartori verglich diese Berichte mit den Darstellungen einer anderen Patientengruppe, die während ihrer Reanimation keine VTE hatte, aber beschreiben sollte, was ihrer Meinung nach geschehen war. Normalerweise wird behauptet, jeder habe im Fernsehen so viele Wiederbelebungen gesehen, dass der Ablauf allgemein bekannt ist. Tatsächlich konnte Dr. Sartori überzeugend zeigen, dass die Patienten, die behaupteten, ihre eigene Wiederbelebung gesehen zu haben, diese sehr viel zutreffender beschrieben als diejenigen, die nur vermuten konnten, was geschehen war, und signifikanten Irrtümern erlagen.[16]

Dr. Sam Parnia hofft, eine ähnliche Studie an etwa 40 Krankenhäusern durchzuführen [Anm. d. Redaktion: Die Studie ist inzwischen abgeschlossen und deren Ergebnisse wurden 2014 veröffentlicht.[17]]. Unter der Annahme, dass in jedem Krankenhaus pro Jahr 200 Herzstillstände mit 50 Überlebenden vorkommen, von denen 10 Prozent eine VTE hatten, ergeben sich fünf außerkörperliche Erfahrungen pro Krankenhaus. 20 Krankenhäuser sollten demzufolge eine Zielgruppe von 100 VTE ergeben. Von diesen müsste statistisch gesehen mindestens ein Drittel eine AKE haben. Die Berichte der Patienten über ihre Wiederbelebung wurden wissenschaftlich begleitet; außerdem waren in den kardiologischen Stationen über den Betten Bildtafeln so angebracht, dass im Zimmer stehende Personen die abgebildeten Bilder nicht sehen konnten; diese waren nur für einen oben an der Zimmerdecke schwebenden Betrachter sichtbar, also jemanden, der eine echte außerkörperliche Erfahrung hatte. Dies wäre ein Beweis dafür, dass die VTE tatsächlich während der Bewusstlosigkeit stattgefunden hatte. Wir wissen nicht, ob das funktionieren wird – den bisherigen Anzeichen zufolge sind Personen, die eine außerkörperliche Erfahrung haben, im Allgemeinen so erpicht darauf zu sehen, wie sie bewusstlos unter sich liegen, dass sie auch die faszinierendsten Bilder ignorieren, die verlockend in ihrem Gesichtsfeld platziert sind. Aber eine solche Versuchsanordnung ist die einzige Möglichkeit, um unwiderlegbar, objektiv und wissenschaftlich zu beweisen, dass diese Personen während ihres Herzstillstands tatsächlich ihren Körper verlassen haben. Andernfalls sind wir wieder auf Fallberichte zurückgeworfen.

Es ist sicher nicht logisch, die Visionen am Lebensende und vorübergehende Todeserfahrungen als isolierte, gänzlich unverbundene Ereignisse zu sehen. Sinnvoller ist es, sie als Teil eines Kontinuums zu betrachten oder als unterschiedliche Aspekte des gleichen Ereignisses – des Sterbeprozesses. Die Gemeinsamkeiten sind leicht zu erkennen. Beide ermöglichen einen flüchtigen Blick in einen transzendenten, von Liebe und Licht erfüllten Bereich, und beide scheinen die Angst vor dem Tod zu nehmen. Die Anwesenheit verstorbener Angehöriger ist in beiden Erfahrungen häufig und scheint einen Zweck zu haben – bei den Lebensende-Erfahrungen begleiten sie den Sterbenden auf seiner Reise, bei den VTE schicken sie den Überlebenden mit der Botschaft zurück, dass seine Zeit noch nicht gekommen ist.

Aber es gibt auch deutliche Unterschiede. Erstens ist die Wahrnehmung, sich außerhalb des eigenen Körpers zu befinden, in keiner der uns berichteten Lebensende-Visionen angesprochen worden, obwohl sie wahrscheinlich bei einem Drittel der VTE vorkommt. Und niemand hat als Teil einer Lebensende-Vision eine Tunnel-Erfahrung beschrieben. Obwohl der Sterbende manchmal in der Lage zu sein scheint, sich in einen transzendenten Bereich hinein und wieder aus ihm heraus zu bewegen, ist dies offenbar eher eine Bewegung in Richtung auf ihn hin und keine echte Reise – es ist nur das Gefühl, mit Leichtigkeit hin und her wechseln zu können. Vielleicht macht das mentale Erleben des Sterbenden die Tunnel-Erfahrung weniger wahrscheinlich. Der Sterbende verbringt oft einige Zeit an der Grenze des Bewusstseins und könnte an einem bestimmten Punkt wissen, dass der Tod nah ist; er ist in eine psychologische Matrix eingebettet, die Kontinuität verspricht, in eine Reise nach Anderswo, bei der der Abschied länger ausfallen kann. Bei der vorübergehenden Todeserfahrung sind die

Bewegung in die Erfahrung hinein – eventuell durch einen Tunnel – und wieder aus ihr heraus – gewöhnlich beschrieben als ein „Zurückschnellen in den Körper" – überaus präzise, abrupte Ereignisse. Sie haben einen klaren Anfang und ein klares Ende. Bei der Lebensende-Erfahrung jedoch geht die Reise nur in eine Richtung, angeleitet und unterstützt von denen, die der Sterbende geliebt hat.

Die Berichte, die wir haben, können uns die mentalen Prozesse des Sterbenden nur teilweise zeigen und führen uns zum Augenblick des Todes. Die Berichte von Menschen, die von einer vorübergehenden Todeserfahrung zurückkommen, sind präziser und geben uns paradoxerweise einen viel klareren Einblick in das mentale Erleben des Sterbenden zu Beginn seiner Reise. Trotz dieser Unterschiede erhärtet die in allen Schilderungen zutage tretende frappierende Ähnlichkeit des transzendenten Bereichs den Gedanken, dass es nur eine einzige transzendente Realität gibt, zu der Sterbende gehen, auch wenn der Zugang zu ihr verschieden sein mag.

Kapitel 13

Einen guten Tod sterben

Die Todesstunde:
Das glückliche Ende

Nicht der Glaube, sondern die Struktur des Lebens, das Sie gelebt haben, erlaubt Ihnen, sich den Armen des Todes zu überlassen. (Marie de Hennezel)

Die Pest, der „Schwarze Tod", war eine der verheerendsten Seuchen der Menschheitsgeschichte. Sie begann wahrscheinlich in Asien und forderte bis etwa 1350 weltweit um die 75 Millionen Opfer, davon allein in Europa rund 20 Millionen – insgesamt starben ein bis zwei Drittel der Bevölkerung. Dieser Rückgang hatte unter anderem zur Folge, dass es nicht genug Priester gab, um den Sterbenden Trost zu spenden und die letzten Rituale zu vollziehen. Dies wiederum führte um 1415 und 1450 zur Veröffentlichung von zwei verwandten Texten mit dem Titel *Ars Moriendi* („Die Kunst des Sterbens"). Das Werk erläuterte im Sinne der christlichen Lehren des Spätmittelalters die Regeln und Modalitäten für einen guten Tod und ein „gutes Sterben"; die Fassung von 1450 war mit zahlreichen Holzschnitten illustriert. Der Text war sehr populär, wurde in die meisten Sprachen Westeuropas übersetzt und begründete dort eine literarische Gattung, die eine beispielhafte Anleitung für den Tod und das Sterben gab. Der Text beinhaltete auch Empfehlungen an Freunde und Angehörige über das Verhalten am Sterbebett sowie die Versicherung, dass man den Tod nicht fürchten müsse.

Heute brauchen wir eine *Ars Moriendi* für das 21. Jahrhundert. Der medizinische Fortschritt hat uns zwar die Macht gegeben, das Leben zu verlängern, uns aber nicht gelehrt, wie wir sterben sollen. Unsere Angst vor dem Tod und unsere Liebe zum Leben bedeuten, dass wir uns im Allgemeinen weder auf den Tod noch auf das Sterben vorbereiten. Obwohl wir alle sterben werden, ist kaum jemand darauf eingestellt, „gut zu sterben", und bereitet sich entsprechend vor.

Die Esoterik-Literatur und die christlichen Kirchen vertreten überwiegend die Ansicht, wir sollten in jedem Augenblick für den Tod gerüstet sein, weil wir nicht wissen, wann er kommen wird. Der Heilige besitzt nichts und hängt an nichts; jeden Tag rollt er seine Schlafdecke zusammen und räumt sein Kochgeschirr weg, bringt alles in Ordnung und ist für seinen Tod an diesem Tag bereit. Die meisten Menschen meinen jedoch, wenn es so weit ist, würden sie schon mit der Situation klarkommen; Tatsache ist aber, dass sie dann keine andere Möglichkeit mehr haben. Ist es nicht seltsam, dass wir uns zwar intensiv auf die Hochzeit, die Elternschaft und den Ruhestand vorbereiten, aber davor zurückschrecken, uns auf den Tod vorzubereiten oder auch nur ernsthaft über ihn nachzudenken, solange wir gesund sind? Wir machen kein Testament oder aktualisieren es nicht, wenn die Familienverhältnisse sich ändern; wir entrümpeln nicht den Dachboden, in dem die Erinnerungsstücke unseres Lebens sich stapeln. Wir versuchen nicht, angespannte oder abgebrochene Beziehungen in Ordnung zu bringen, damit diejenigen, die wir zurücklassen, nicht zusätzlich durch Wut oder Schuldgefühle belastet werden. Wir wissen, dass wir das alles tun sollten; aber wir unterlassen die praktischen Schritte, was zumindest teilweise an unserer Abneigung liegt, der Möglichkeit unserer Auslöschung ins Auge zu sehen.

Der Tod heute

Das 20. Jahrhundert war das erste, in dem der Tod für die meisten Menschen im Westen kein normaler, alltäglicher Vorgang mehr war, der zu Hause stattfand. Früher starben die Menschen nicht nur jünger, sondern im Allgemeinen auch zu Hause im Kreis ihrer Familie. Der Tod gehörte zu den Erfahrungen eines jeden und wurde vielleicht deshalb weniger gefürchtet. Weil ein Todesfall so normal war, zögerte man nicht, über ihn zu sprechen, was schon an sich eine tröstliche Erfahrung ist. Viele, wenn nicht die meisten Kinder mussten sich mit dem Tod von Geschwistern abfinden – im Jahr 1863 lag die Kindersterblichkeit in England bei fast 7 Prozent (verglichen mit 0,7 Prozent im Jahr 2002). Der Hausarzt war eng in den Sterbeprozess eingebunden und saß mit der Familie am Bett, weil er kaum etwas anderes tun konnte. Ohne Antibiotika und mit nur wenigen schmerzstillenden Arzneien bestand seine Rolle genauso in der Unterstützung der Familie wie darin, es dem Patienten so angenehm wie möglich zu machen. Es gab keine Ruckzuck-Lösungen, nur den natürlichen Verlauf der Krankheit mit dem Tod als allzu vertrautem Ende.

Heute, im 21. Jahrhundert, unternehmen wir zwar mehr als je zuvor, um dem Tod vorzubeugen, ihn zu vermeiden oder zumindest hinauszuzögern; gleichzeitig marginalisieren wir ihn. Einerseits geben Ärzte sich die größte Mühe, das Leben zu verlängern, sodass Kranke ihre letzten Tage oder Stunden oft auf der Intensivstation verbringen: in einer sterilen Atmosphäre mit dem Röcheln des Beatmungsgeräts, den geschäftigen Abläufen auf der Station, dem Piepsen des Herzmonitors und Schläuchen in fast jeder Körperöffnung. Still wird es nur, wenn die mechanischen Maßnahmen zur Lebenserhaltung enden und der Herzmonitor eine Nulllinie zeigt. Melvin Morse[1] meint, wir brauchen mehr Menschen und weniger Maschinen am Sterbebett; das sollten wir im Hinterkopf behalten – solange wir uns noch entscheiden können. Die Hightech-Medizin am Sterbebett kümmert sich manchmal mehr um den Wohlfühlfaktor der Angehörigen und des medizinischen Personals – die beide sicher sein möchten, dass sie alles Menschenmögliche getan haben –, als um den Frieden und das Wohlbefinden des Sterbenden.

Im vergangenen Jahr ist mein Vater an Magenkrebs gestorben. Er war sieben Wochen im Krankenhaus; als seine Nichte ihn besuchte, war er auf der Intensivstation. Sie erzählte mir etwas Seltsames: Er habe ihr gesagt, ihr Vater und der Rest der Familie seien draußen und würden auf ihn warten, aber sie (und dabei habe er auf die Ärzte und Krankenschwestern in der Nähe gezeigt) würden sie noch nicht hereinlassen. Zu dem Zeitpunkt war er mit Monitoren, Tropfinfusionen, Drainagen etc. verkabelt, und das Krankenhauspersonal bemühte sich sehr, ihn am Leben zu erhalten. Etwa fünf Wochen später erhielt ich einen Anruf von der Station, ich solle sofort kommen. Ich beeilte mich hinzukommen und rechnete mit dem Schlimmsten, und dann sagte die Krankenschwester, sie habe mich kommen lassen, weil mein Vater gesagt hatte, er würde mit meiner Mutter reden. Die Schwester sagte: ‚Wir wissen, dass sie bald gehen werden, wenn sie die Toten sehen'.

Und dann, wenn das Leben schließlich endet, wird der Körper geradezu unanständig hastig in die Tiefkühlfächer der Leichenhalle gebracht oder, wenn der Tod zu Hause stattgefunden hat, in die „gute Stube" des Bestattungsinstituts, wo er so lebensähnlich wie möglich hergerichtet wird, damit er für die Familie ansehnlich ist. Die alte Idee, dass die Familie und Freunde sich bei einer Totenwache um den Sarg versammeln, ein letztes Lebewohl sagen und auf ihre Art und in ihrem Rhythmus ihren Verlust bewältigen, ist seit Langem vergessen, vielleicht weil wir keine Zeit mehr dafür haben (oder zu haben glauben). Der Tod ist zu einer eher privaten Angelegenheit geworden. Und damit ist etwas verlorengegangen – wie viel, ist uns wahrscheinlich gar nicht klar. In einem Interview mit Barbara Ellen im *Observer* vom 18. November 2007 hat Graham Norton beschrieben, dass er mit seiner ungeliebten Heimat Irland, der „Folterkammer seiner Jugend", Frieden schließen konnte, nachdem er den Umgang der lokalen Gemeinschaft mit dem Tod seines Vaters erlebt hatte. „Man denkt, dass man so etwas nicht mögen wird, aber wenn man den Vater verliert, ist es schön, wenn alle vorbeikommen und Kuchen oder eine Flasche Whiskey mitbringen und dir etwas Nettes über ihn sagen. Man denkt: ‚Ah ja, deshalb machen sie das – es ist wirklich eine gute Idee.'"

Der beste Ort zum Sterben

In einer idealen Welt würden die meisten Menschen wahrscheinlich am liebsten zu Hause sterben, umsorgt und in der eigenen vertrauten Umgebung. Im Allgemeinen hätten die Familien das auch am liebsten, vorausgesetzt, sie würden ausreichend unterstützt. Wenn Sie zu Hause sterben, können Sie wie bei einer Hausgeburt das Drumherum bestimmen und sich zumindest eine gewisse Unabhängigkeit und Kontrolle bewahren. Im eigenen Zuhause können Freunde und Angehörige kommen und gehen wie sie wollen, und Sie fühlen sich nicht so isoliert, wie es in einem Krankenhaus vielleicht unvermeidlich ist.

Aber diese Möglichkeit ist nicht immer realistisch. Das liegt zum Teil an einer veränderten Gesellschaft. Nicht jeder hat die passende Unterkunft oder Angehörige, die angemessen helfen können. Berufstätige Alleinerziehende und Familien, in denen beide Partner arbeiten, haben keine freien Kapazitäten, um sich zu Hause um alte Eltern zu kümmern. Ohne sehr viel familiäre Unterstützung ist die häusliche Pflege eines schwer kranken Patienten eine enorme seelische und körperliche Belastung, und manche Patienten werden sie ihren Familien gar nicht zumuten wollen. Eine lange sich hinziehende Krankheit ist für eine Pflegeperson alleine kaum zu bewältigen. Weil heute immer mehr ältere Menschen allein leben oder in ein Altenheim ziehen, rückt die Chance, zu Hause zu sterben, in immer weitere Ferne. In der Realität sterben die meisten von uns immer noch im Krankenhaus – ein Trend, der kontinuierlich anhält. In Skandinavien finden 90 Prozent der Todesfälle im Krankenhaus statt. In England und Wales waren es 1975 58 Prozent; 2001 war der Anteil auf 67 Prozent gestiegen. Nur 19 Prozent starben zu Hause.

Das britische Gesundheitsministerium[2] erklärte 2003, dass Menschen, die zu Hause sterben wollen, sowie ihre pflegenden Angehörigen Zugang zu den dazu erforderlichen staatlichen Leistungen bekommen sollten. Angehörige von Krebspatienten sollten nicht das Gefühl haben, alleine zurechtkommen zu müssen; speziell ausgebildete Krankenschwestern der Macmillan-Stiftung besuchen Menschen zu Hause, die an Krebs sterben, unterstützen die Angehörigen und bringen die Erfahrungen aus den Hospizen in die privaten vier Wände. Schmerzen gehören zu den Ängsten, die in der Zeit vor dem Tod die meisten von uns beunruhigen. Aber mit modernen Hilfsmitteln wie etwa Spritzenpumpen, mit denen sich langsam und kontinuierlich die passende Schmerzmitteldosis unter die Haut injizieren lässt, und vor allem mit modernen Medikamenten sind auch starke Schmerzen beherrschbar und sollten Menschen, die zu Hause sterben wollen, nicht von ihrem Wunsch abbringen.

Was sind die Alternativen? Krankenhäuser können die emotionalen und sozialen Bedürfnisse des Sterbenden und seiner Familie nicht immer erfüllen, egal wie gut die Mitarbeiter in medizinischer und pflegerischer Hinsicht sein mögen. Von den Assistenzärzten und dem Pflegepersonal haben viele das Gefühl, dass ihre Ausbildung sie nicht darauf vorbereitet hat, sich um Sterbende zu kümmern; sowieso sind die Mitarbeiter auf der Intensivstation oft zu beschäftigt, um sich zu einem sterbenden Patienten zu setzen und mit ihm ein Gespräch zu führen. Und auch für die Angehörigen ist es nicht immer machbar, ständig bei dem Sterbenden zu sein; sehr oft stirbt er allein. Hospize sind wahrscheinlich die beste Lösung, denn sie sind darauf eingerichtet, sich um Sterbende zu kümmern und deren Familien zu unterstützen. Allerdings sterben außer Krebspatienten nur wenige Patienten in einem Hospiz; selbst von den Krebspatienten sind es nur 16 Prozent, während 57 Prozent im Krankenhaus und 22 Prozent zu Hause sterben.

Elisabeth Kübler-Ross[3] und Cicely Saunders[4] waren Pionierinnen der Auffassung, dass Sterbende Unterstützung, gute Pflege und Wohlbefinden brauchen und nicht als Belege für das Scheitern der Medizin aufs Abstellgleis gehören. Die beiden haben dieser Meinung zu breiter Anerkennung verholfen und gezeigt, dass die Versorgung in einem Hospiz eine echte Alternative und nicht nur eine Notfalllösung für Menschen ist, die aus praktischen oder anderen Gründen nicht zu Hause sterben können. Hospizmitarbeiter sind Experten in Schmerzkontrolle; die Patienten profitieren aber nicht nur von ihrer Fachkenntnis beim Verabreichen der richtigen Medikamentendosis. Viele Hospize sind so konzipiert, dass sie die ruhige und wohltuende Atmosphäre bieten, die der Sterbende braucht; die Erfahrung hat gezeigt, dass Menschen in einer solchen Umgebung Schmerzen weniger stark empfinden und deshalb weniger Schmerzmittel brauchen. Die Mitarbeiter sind in der Versorgung von Sterbenden besonders geschult und können den Patienten durch den gesamten Sterbeprozesses begleiten, sodass niemand alleine sterben muss. Auch Geistliche der verschiedenen Religionsgemeinschaften stehen bereit, um den Sterbenden und seine Angehörigen zu besuchen und Trost zu spenden. Ein spezielles Team kümmert sich um die Hinterbliebenen; außerdem organisieren die meisten Hospize Selbsthilfegruppen für Trauernde. Hospize sind also ausgezeichnet, was die Schmerzkontrolle, die Versorgung der Patienten und die Unterstützung der Angehörigen betrifft; das spirituelle Erleben des Sterbenden indes ist ein Bereich, der weniger gut abgedeckt wird; nicht immer sind die Mitarbeiter darin geschult, Lebensende-Erfahrungen zu verstehen oder einem Patienten zu erklären, zumal sie diese Erfahrungen auch nicht untereinander besprechen.

Ein guter Tod

Was genau meinen wir mit einem „guten Tod"? Ein „guter Tod" sollte einfach bedeuten, dass jemand so gestorben ist, wie er sterben wollte. Für manche ist das zu Hause im Kreis der Familie, für andere kann es ein Hospiz mit professioneller Betreuung sein. Manche Menschen warten mit dem Sterben, bis sie alleine sind, andere scheinen am Leben festhalten zu können, bis jemand, von dem sie sich verabschieden wollen, an ihrer Seite ist. Für die meisten Menschen bedeutet ein „guter Tod" wahrscheinlich, dass ihre Seele im Frieden ist und Konflikte und Missverständnisse ausgeräumt sind. Und jeder wünscht sich wahrscheinlich, so schnell und schmerzlos wie möglich zu sterben. Für die meisten Menschen findet der ideale Tod im Schlaf statt.

Der spirituelle Ansatz in der Sterbebegleitung

Wir können heute sehr gut dafür sorgen, dass Menschen sich möglichst wohlfühlen und keine Schmerzen haben, wenn sie sterben. Nicht so gut sind wir darin, auf die spirituellen Bedürfnisse des Sterbenden einzugehen und anderen zu zeigen, wie sie dies tun können. Viele Fachkräfte des Gesundheitswesens, die sich um das Lebensende von Patienten kümmern, sind der Meinung, sie müssten den Sterbeprozess besser verstehen und besser ausgebildet und geschult darin sein, mit existenziellen Fragen verantwortungsvoll umzugehen. Eine Mitarbeiterin sagte:

„Wir nehmen sie emotional auseinander, wenn wir uns bestimmte Dinge mit ihnen ansehen, aber wir haben nicht das Fachwissen, alles wieder richtig zusammenzusetzen. Die Gefahr besteht, dass man hinterher mit einem gebrochenen Patienten dasteht. Wenn wir nicht aufpassen, können wir auch mit dem besten Willen der Welt die Dinge schlimmer machen, als sie vorher waren." Andere äußerten die Sorge, es sei schwierig, Spiritualität zu „lehren" oder Vorgehensweisen vorzuschreiben, denn es gebe kein „Rezept fürs Sterben". „Manche Leute versuchen, den Patienten dazu zu bringen, so zu sterben, wie sie es für richtig halten. Aber die Leute sterben so, wie sie es eben tun. Das werden wir nicht ändern."[5]

Sehr religiöse Menschen oder solche mit eigenen transzendenten Erfahrungen – wie den in Kapitel 3 beschriebenen Sterbebettvisionen – finden angesichts des Todes oft eigenständig ihren Frieden. Aber auch wenn jemand solche Lebensende-Phänomene nicht selbst erlebt hat, kann es ihm helfen, über sie zu sprechen.

Allerdings ist Großbritannien im 21. Jahrhundert eine weitgehend säkulare Gesellschaft mit vielen diffusen, bunt zusammengewürfelten und oft widersprüchlichen Glaubensvorstellungen. Bei einer Volksbefragung im Jahr 2001 wurden über 170 verschiedene Religionsgemeinschaften gezählt. Zwischen 1979 und 2005 hat die Zahl der Christen, die sonntags zur Kirche gehen, sich halbiert; und obwohl sich 71 Prozent der Bevölkerung zumindest auf dem Papier immer noch als „Christen" bezeichnen, fühlen 66 Prozent sich keiner Religion oder Konfession wirklich zugehörig. Nur 50 Prozent glauben vage an irgendeinen Gott, und nur 6 Prozent gehen sonntags zur Kirche. Eine Umfrage der Marktforschungsfirma Mori aus dem Jahr 2003 stellte eine ähnliche Diskrepanz zwischen Theorie und Praxis fest – 18 Prozent gaben an, sie seien praktizierende Mitglieder einer organisierten Religionsgemeinschaft; 25 Prozent dagegen beschrieben sich lediglich als *zugehörig* zu einer Weltreligion, wahrscheinlich aus Tradition oder aus sozialen Gründen.

Rund 60 Prozent bezeichnen sich als Theisten; um welchen Gott es sich handelt, wird nicht spezifiziert. Aber nur 52 Prozent glauben an den Himmel und noch weniger – 32 Prozent – an die Hölle; daraus ergibt sich, dass viele weder Muslime noch Christen sind. Etwa 12 Prozent beschreiben sich als Atheisten und 14 Prozent als Agnostiker. Und 68 Prozent glauben an die Existenz einer Seele – mehr, als an Gott glauben.

Trotzdem gibt es viele Menschen – der Mori-Umfrage zufolge sind es rund 24 Prozent –, die sich als „spirituell" beschreiben, aber keiner offiziellen Religionsgemeinschaft angehören. Diese Gruppe könnten sich von einer Definitionen von „spirituell" angesprochen fühlen, die den Begriff weiter fasst. Das kann zum einen die Definition des Dalai Lama sein, der „spirituell" mit „mitfühlenden Taten, Gedanken und Gefühlen" gleichsetzt; und zum anderen (und diese Definition scheint im Kontext dieses Buches die geeignetste zu sein) kann „spirituell" das meinen, was dem Leben eines Menschen Richtung, Sinn und Zweck gibt. Dieser Definition zufolge hat jeder spirituelle Bedürfnisse, und das war das Herzstück der Lehre von Cicely Saunders, der Begründerin der modernen Hospizbewegung.

In den pflegerischen und ärztlichen Berufen – und in der Gesellschaft insgesamt – werden „spirituell" und „religiös" im Allgemeinen für synonym gehalten; das eben Gesagte allerdings macht deutlich, dass das nicht so ist. Die Patientencharta des britischen Gesundheitsdienstes geht zum Beispiel davon aus, dass die spirituellen Bedürfnisse eines Patienten erfüllt sind, wenn ihm ein Geistlicher zur Seite stehen kann. Hospize wollen jeden Patienten als Individuum behandeln, damit er „umfassend leben kann, bis er als er selbst stirbt", und jedem Patienten helfen, so zu sterben, wie er möchte. „Wir haben kein Interesse daran, dass ein Patient oder seine Familie so denkt wie wir; wir wollen, dass seine eigenen inneren Wertvorstellungen ihm Kraft geben."[7]

Versöhnung

Zu den größten Hindernissen für einen „guten Tod" gehören ungeklärte, unabgeschlossene Beziehungen, und einer der wichtigsten, ja geradezu unabdingbaren Faktoren, die ihn erleichtern, ist die Versöhnung. Wenn wir in Frieden sterben wollen, müssen wir anderen vergeben, sie um Verzeihung bitten und auch uns selbst alle Fehler und Missverständnisse verzeihen. Und wenn Sie sich um einen Sterbenden kümmern, können Sie nichts Wertvolleres für ihn tun, als ihm die Möglichkeit zu eröffnen, abgebrochene oder gestörte Beziehungen in Ordnung zu bringen, egal wie spät es sein mag. Wenn Altlasten da sind, Zerwürfnisse in der Familie etwa oder schwierige, ungeklärte Beziehungen, sollte jeder die Gelegenheit bekommen, sie in Ordnung zu bringen, und „Es tut mir leid", „Ich verzeihe dir" oder „Ich liebe dich" zu sagen. So kann nicht nur der Sterbende in Frieden gehen; es ermöglicht auch denen, die zurückbleiben, einen Abschied im Frieden und ohne spätere Schuldgefühle. Wie wichtig das ist, zeigt der folgende Bericht von Les Wilson über ein Erlebnis, das er vor 40 Jahren hatte; damals war er 21.

Mein Vater und ich waren nie gut miteinander ausgekommen, und deshalb zog ich sechs Monate nach meinem Schulabschluss mit 16 von zu Hause aus. Ich schaffte es, Arbeit zu finden und mich im Süden Englands einzurichten, wo ich in der Transportindustrie arbeitete. In den nächsten fünf Jahren fuhr ich kein einziges Mal nach Hause und dachte überhaupt nicht an die Familie, die ich in Yorkshire zurückgelassen hatte.

Aber als ich eines Morgens wie in den vergangenen Jahren um 7 Uhr 30 auf dem Weg zur Arbeit war, bog ich an einer Stelle, an der ich immer nach links zu meiner Arbeit abgebogen war, stattdessen unvermittelt nach rechts ab und fuhr Richtung London und weiter in den Norden. Ich konnte es nicht begründen, außer dass ich den plötzlichen Drang verspürte, mein Zuhause in Yorkshire zu besuchen. Ich hatte einfach plötzlich das Bedürfnis, das zu tun.

Als ich bei meinen Eltern vor der Haustür stand, kam Mama weinend auf mich zugestürzt, umarmte mich und sagte: ‚Gott sei Dank, dass du hier bist … Wir wussten nicht, wie wir dich erreichen sollten, aber dein Vater stirbt an Krebs, und du bist der Einzige, der ihn noch nicht besucht hat.'

Ich ging nach oben und machte meinen Frieden mit meinem Vater, der sagte, jetzt, da er die gesamte Familie gesehen habe, sei er bereit zu gehen, und als mein älterer Bruder ihn am nächsten Morgen besuchen wollte, lag er tot in seinem Bett. Ich konnte dieses Phänomen nicht erklären, und seitdem beschäftigt es mich.

Viele Pflegende, die wir für unsere Studie befragten, meinten, manchmal würde der Sterbeprozess selbst Umstände herbeiführen, welche die Beilegung persönlicher Konflikte erleichtern. Sie sagen, in den zwei oder drei Tagen vor dem Tod würde in dem Zimmer eine extrem friedliche, liebevolle Stimmung entstehen, und in diesem Rahmen fänden Familien es leichter, Konflikte zu beenden und sich zu versöhnen. Nicht immer ist das möglich, aber einen Versuch ist es allemal wert. Befragte Pflegeheim-Mitarbeiter*innen, die eine Versöhnung zwischen zerstrittenen Familienmitgliedern herbeiführen konnten, hatten das Gefühl, dass nun etwas abgeschlossen war, dass der Bewohner seine Ruhe gefunden hatte. Der folgende Bericht veranschaulicht, wie sehr eine solche Versöhnung den Trauerprozess der Hinterbliebenen unterstützen kann.

Peter Beresford, seine Frau Suzy und ihre Kinder hatten immer eine schwierige Beziehung zu seiner Mutter gehabt. Sie hatte sich stets geweigert, Differenzen oder Streitigkeiten durchzusprechen, und deshalb wurden die Probleme nie geklärt. Wie er sagt, sind die gestörtesten und kompliziertesten Beziehungen nach dem Tod am schwierigsten zu heilen. Er und seine Familie erhielten die Chance zur Versöhnung durch die Freundlichkeit einer Hospiz-Schwester. Sie war in der Nacht, in der die Mutter starb, bei ihr gewesen und beschrieb ihm in einem Brief die Unterhaltung, die sie in dieser Nacht mit ihr gehabt hatte. Die Mutter hatte unbedingt über die Vergangenheit und Dinge sprechen wollen, von denen sie im Nachhinein wünschte, sie hätte sie anders gemacht. Er beschrieb die Wirkung, die das auf ihn hatte, in einem Artikel im *Guardian*.[8]

Der Brief der Krankenschwester war deshalb so wunderbar, weil es wirklich eine Stimme aus dem Grab war, eine Art Sterbebett-Beichte, bei der man weiß, dass der Bote keinen Hintergedanken hat, kein anderes Interesse, als unvoreingenommen und als Außenstehender zu helfen. Genauso wie wir wussten, dass wir nicht beurteilt wurden, wussten wir auch, dass meine Mutter nicht beurteilt wurde, und damit passierte jetzt etwas, das kaum je passiert war. Wir hörten eine authentische, herzliche Äußerung von meiner Mutter … Natürlich … kann man manche Kommentare von ihr immer noch als eigennützig interpretieren. Aber in dem, was sie sagte, lagen Wertschätzung, Anerkennung, Entschuldigung, und vor allem äußerte sie sich herzlich über Suzy … Im Lauf der Jahre konnte ich ein ehrliches Bild von meiner Mutter entwerfen und diese Person betrauern. Und das verdanke ich in hohem Maße der einfachen, gewissenhaften und großherzigen Tat der Krankenschwester.

Die Zeit des Abschieds wählen

Einige Hospiz-Betreuerinnen erzählten uns, dass Bewohner instinktiv zu wissen scheinen, dass ihr Leben sich dem Ende nähert. „Es ist fast, als hätte etwas ihnen gesagt: ‚Du hast es bald geschafft, sei ganz ruhig, es wird etwas geschehen'", sagte eine Befragte. Eine andere Krankenschwester meinte: „Ich glaube, dass Menschen, die sterben, ganz am Ende wissen, dass etwas vor sich geht."

Wenn das Ende naht, wird auch ein bis dahin unruhiger Sterbender still und liegt nur friedlich da. Manchmal kommt es zu einem unvermittelten Energieschub, sodass er in der Lage ist, zum letzten Mal mit der Familie zu sprechen. „Es gibt Fälle, in denen die Leute unmittelbar vor dem Tod ziemlich munter wirken. Es scheint ihnen besser zu gehen – manchmal so gut, dass sie sich von ihren Angehörigen verabschieden können … Es ist wirklich seltsam, es ist wie ein Extraschub Energie, den sie bekommen, kurz bevor sie gehen. Was sie sagen oder tun, ist kohärent … und dann gehen sie einfach."[9]

Ziemlich häufig scheinen Menschen ihren Tod irgendwie zu ahnen, fast als wäre es eine Entscheidung, die sie selbst treffen. Es kann sein, dass sie Menschen, die ihnen nahestehen, ganz sachlich sagen, für sie sei es jetzt an der Zeit zu gehen, und sie seien nicht mehr da, wenn die anderen sie das nächste Mal besuchen wollen. Im folgenden Bericht beschreibt Sylvia, was sie mit ihrer Freundin Gwen erlebte, die an Krebs starb. Obwohl Gwen starke Schmerzen hatte und oft deprimiert war, hatte sie Angst zu sterben und wollte nie über den Tod sprechen. In den letzten zwei Wochen ihres Lebens besuchten Sylvia und ihr Mann sie jeden Tag im Hospiz.

Obwohl Gwen über 70 war, war sie immer noch sehr eitel, was ihre Haare betraf, die pechschwarz waren. Sie kam nicht darüber hinweg, wenn sie eine einzige silberne Strähne entdeckte, und der Besuch der Friseurin an jedem Dienstag war für sie das Highlight der Woche. Am Montagabend, dem 6. Juli 1992, sprachen wir mit ihr. Sie hatte Schmerzen, war aber ziemlich munter. Ich fragte sie, ob am nächsten Morgen die Friseurin komme. Als sie ‚Nein' sagte, dachte ich, sie hätte vielleicht zu starke Schmerzen, aber sie erklärte, sie habe ‚ein paar Leute' gesehen, die versprochen hätten, sie am Dienstag auf einen Ausflug mitzunehmen. Sie wusste nicht, wo es hingehen würde, aber sie hatten versprochen, sie abzuholen.

Die Krankenschwester versicherte uns, niemand habe sie besucht, und Gwen gehe nirgendwo hin. Sie erläuterte, Gwen würde ziemlich starke Medikamente bekommen, und da sei es nicht ungewöhnlich, verwirrt zu sein. Auf uns wirkte sie überhaupt nicht verwirrt.

Am nächsten Morgen rief ich im Hospiz an, aber der Arzt informierte mich, Gwen brauche Ruhe und würde sich gegen die Medikamente wehren, wenn sie Besuch bekäme. Später an diesem Tag sollte ihre Familie kommen. Am nächsten Morgen rief ich wieder an; ich wusste schon, was ich hören würde. Und tatsächlich war Gwen am Dienstagabend, dem 7. Juli 1992, gestorben.

Gwen erwartete eindeutig, abgeholt zu werden und „irgendwohin" zu gehen. Interessant ist, dass ihr das überhaupt nicht merkwürdig vorkam – obwohl sie offenbar nicht wusste, wer „diese Leute" waren. Auch in anderen Berichten haben wir das immer wieder gelesen – selbst wenn der Sterbende nicht zu wissen scheint, wer ihn abholen wird, empfindet er die Unbekannten nicht als bedrohlich und geht gerne mit ihnen.

Eine Krankenschwester erzählte uns von dem folgenden Vorfall, der sich ereignete, als sie in einem Krankenhaus in Manchester Nachtdienst hatte. Ein älteres Paar hatte einen Autounfall gehabt. Der Mann war schwer verletzt; die Frau litt vor allem unter einem Schock und Prellungen.

Um Mitternacht ging ich in meine Pause, und als ich zurückkam, wurde mir gesagt, der Mann sei an seinen Verletzungen gestorben, aber man habe es noch nicht seiner Frau gesagt. Ich ging an ihr Bett und fragte sie, ob sie eine Tasse Tee wolle. Sie erzählte mir aufgeregt, ihr Mann habe sie soeben besucht und ihr gesagt, er würde um 4 Uhr wiederkommen, und dann würden sie zusammen nach Hause gehen. Ich dachte, es wäre immer noch der Schock, der sie beeinträchtigte. Um 3 Uhr 30 begann plötzlich ihr Blutdruck zu fallen, und die Stationsschwester schickte nach dem Arzt.

Die Frau sah immer noch aufmerksam zur Tür; sie wartete auf ihren Mann. Der Arzt sah, dass es ihr rapide schlechter ging, und tat sein Möglichstes, um sie zu retten. Sie lächelte und hielt weiter nach jemandem Ausschau, und dann ging sie schnell in die geistige Welt hinüber. Der Tod wurde um 4 Uhr festgestellt.

Es ist faszinierend, dass Sterbende ihren Todeszeitpunkt manchmal so genau kennen, obwohl in dem Moment, in dem sie ihre Geschichte erzählen, nichts darauf hinweist, dass sie so krank sind, dass sie sterben werden. Wie konnte die Frau zu einer Zeit, zu der ihr Blutdruck noch gar nicht gefallen war, wissen, dass sie exakt um 4 Uhr „gehen" würde?

Uns sind zahlreiche Geschichten über die luzide Zeitspanne unmittelbar vor dem Tod erzählt worden. Die Patienten erwachen aus dem Koma, bewegen Gliedmaßen, die – wie im folgenden Fall – gelähmt waren, oder setzen sich im Bett auf, was sie monatelang nicht getan haben; es kann sogar sein, dass sie nach einer langen, schweren Erkrankung mit Demenzsymptomen plötzlich ihre Familie wiedererkennen und ganz vernünftig mit Leuten reden, die sie abholen wollen, obwohl sie in den Tagen davor weder sprechen konnten noch jemanden erkannten. Die Zeit vor dem Tod ist eindeutig besonders. Die Frau, die uns die folgende Geschichte erzählte, war in den 48 Stunden vor dem Tod ihres Vaters an seiner Seite; er starb an Lymphdrüsenkrebs. Damals hatten die Krankenschwestern ihr gesagt, die „Leute", die ihr Vater angeblich sah, seien nichts als zurückkommende Erinnerungen. Dass auch eine andere Interpretation möglich war, empfand die Schreiberin als hilfreich und tröstlich.

In der Nacht vor seinem Tod kamen ungefähr um 3 Uhr drei Personen in sein Zimmer, die ich nicht sehen konnte. Er wurde ganz aufgeregt und bewegte sogar den Arm, den er seit über einem Jahr nicht hatte bewegen können. Ich fragte ihn, wer im Zimmer sei, und er antwortete: ‚Thomas (ein guter Freund, der verstorben war), Elizabeth (eine Tante, der er sehr nahestand) und Phyllis (meine Mutter, die ebenfalls verstorben war). Diese Personen blieben drei Stunden bei ihm, und er lachte und war sehr glücklich.

So um 6 Uhr winkte er ihnen zum Abschied zu (und warf Kusshändchen), und seine Augen folgten ihnen zur Tür hinaus. Ich fragte ihn, ob er ein bisschen schlafen wolle, und er sagte: ‚Ja.' Sofort strahlte er wieder und beobachtete, wie sie wieder in das Zimmer hereinkamen. Sie blieben eine weitere Stunde und gingen dann. Er starb um 14 Uhr 15.

Viele Hospiz- und Krankenhaus-Mitarbeiter*innen haben uns das Gleiche erzählt – auch wenn das Ende nah und unvermeidlich ist, scheinen Schwerstkranke eine gewisse Kontrolle über den Zeitpunkt ihres Todes zu haben und den letzten Atemzug tun zu können, wann sie wollen. Die Betreuenden sprachen davon, dass manche Bewohner – gegen jede Wahrscheinlichkeit – am Leben bleiben, bis ein bestimmter Angehöriger an ihrem Bett steht. Victoria Stanton besuchte ihre Großmutter an dem Tag, an dem sie starb, im Krankenhaus. Ihre Schwester war gerade aus den USA zurückgekommen und ging sofort ins Krankenhaus, wo ihre Großmutter ihr sagte: „Ich habe sie gebeten zu warten, damit ich dich sehen und mich von dir verabschieden kann." Die Familie hat nie herausgefunden, wer „sie" waren, denn die Großmutter starb an diesem Tag, ohne ihre Bemerkung erklären zu können.

Gelegentlich werden Verzögerungstaktiken angewandt. Chris Alcocks Vater zum Beispiel (Kapitel 3, S. 46) überredete die Engel, die ihn besuchten, so lange zu warten, bis sein Sohn ihm Lebewohl sagen konnte. Geoffrey Watson beschreibt eine ähnliche Erfahrung beim Tod seiner Schwiegermutter:

Meine Schwiegermutter lag im Krankenhaus; ihr Körper war schwach, aber ihr Verstand funktionierte gut. An diesem Tag, dem Tag vor Mittsommer, war das Vierbettzimmer nur mit meiner Schwiegermutter Hilda belegt; sie saß, durch Kissen abgestützt, halb aufrecht im Bett und unterhielt sich ganz vernünftig mit meiner Frau und mir. Plötzlich, und ziemlich verärgert, sagte sie: ‚Und die da sollen weggehen, ich bin noch nicht bereit für sie', und dabei wandte sie sich an den leeren Bereich vor der Wand am Fußende ihres Bettes. Ich muss sagen, ich war verwirrt, denn ich dachte, jemand vom Personal wäre unangekündigt hereingekommen, aber da war niemand, oder jedenfalls nichts, das meine Frau und ich sehen konnten. Hilda starb kurz vor dem Mittsommertag. All ihre Schwestern und ihr Mann waren in den vergangenen zwei Jahren gestorben, und wir haben uns oft gefragt, ob Hilda sie sehen konnte. Es hat uns ziemlich aus der Bahn geworfen.

Wenn ein geliebter Mensch stirbt und wir nicht bei ihm sein können, um seine Hand zu halten und ein letztes Lebewohl zu sagen, haben wir oft das Gefühl, ihn und uns enttäuscht zu haben. Hospizmitarbeiterinnen, die viele Todesfälle erlebt haben, sagen, dass viele Patienten ihren Tod zwar offenbar bis zum Abschied von einem lieben Menschen hinauszögern können, andere sich aber für ihren letzten

Atemzug einen Augenblick aussuchen, in dem sie allein sind. Denken wir also daran, dass dies ihre Entscheidung sein könnte, wie der folgende Bericht nahelegt.

Meine Tochter Eleanor war im Krankenhaus und starb an Brustkrebs, der Metastasen im Gehirn gebildet hatte. Wir waren bei ihr, als sie ins Koma fiel, und ihr Arzt sagte, sie würde bald sterben. Sie war drei Tage im Koma, aber dann, so um 4 Uhr nachts, wurde sie wach, ganz normal, und sagte zu einer anderen Tochter: ‚Mein Geist hat auf der Bettkante gesessen, und ich habe gedacht: „Soll ich jetzt gehen?“, aber dann dachte ich: „Nein, nicht jetzt.“‘ Eleanor lebte vier weitere Wochen; den einen Tag schlief sie, den anderen Tag sprach sie, immer abwechselnd. Sie redete, als hätte sie einen flüchtigen Blick auf einen anderen Ort geworfen; es war eine sehr kostbare Zeit, die uns entgangen wäre, wenn sie früher gestorben wäre, es wäre holprig und unfertig gewesen. Eleanor war sehr ruhig, sehr mit sich im Frieden, und hatte überhaupt keine Angst.

Sie fiel wieder ins Koma, und eine Macmillan-Schwester sagte, sie würde wahrscheinlich gehen, wenn wir nicht da wären. Wir konnten uns das nicht vorstellen, denn wir waren Tag und Nacht an ihrem Bett. Am Ende kamen die Krankenschwestern und sagten, sie wollten sie ein bisschen frisch machen. Wir gingen in den Aufenthaltsraum und hatten uns kaum hingesetzt, als man uns wieder rief, denn Eleanor war gestorben, als wir draußen waren. Die Macmillan-Schwestern erleben das oft, es ist, als würde der Sterbende die Reise allein beginnen wollen, wenn seine Liebsten nicht im Zimmer sind.

Allerdings müssen wir auch daran denken, dass der Tod nicht auf Abruf bereitsteht. Viele Menschen sehnen sich nach dem Tod, würden ihn begrüßen, und sind doch gezwungen, monate- oder sogar jahrelang weiterzuleben, egal wie alt, erschöpft oder krank sie sind. Der Zeitpunkt für den Abschied mag sich ein paar Stunden oder Tage hin-

und herschieben lassen, mehr aber wahrscheinlich nicht. Der folgende Bericht ist insofern ungewöhnlich, als offenbar ein längerer Aufschub gewährt wurde.

Am 10. Juni 1997 wurde meinem Vater und mir gesagt, Elsie, meine Mutter, habe nur noch Stunden oder Tage zu leben. Sie war in einer speziellen Herzabteilung, schwer krank. Sie erholte sich so weit, dass sie auf eine andere Station verlegt werden konnte.

Ungefähr zwei Wochen vor ihrem Tod begrüßte sie uns bei unserem täglichen Besuch so strahlend und glücklich, dass wir uns wunderten. Als sie uns ihre Geschichte erzählte, tat mein Vater sie mit einem Lachen ab; ich war skeptisch, fragte aber weiter nach. Die Geschichte war die:

Elsie (75 Jahre alt) war in einem Einzelzimmer am Ende eines kurzen Korridors, der zum Schwesternzimmer und zur Hauptabteilung führte. Es war in den frühen Morgenstunden (etwa 4 Uhr), und sie konnte nicht schlafen; sie war wachgeworden, weil ihre Nasensonde zur Sauerstoffversorgung sich verschoben hatte, als sie sich im Bett umgedreht hatte. Der Korridor war plötzlich von extrem hellem, weißem Licht erfüllt, und eine weißgekleidete Frau kam auf sie zu. Sie war die schönste Frau, die Elsie je gesehen hatte. Obwohl das Licht gleißend hell war, konnte Elsie die Frau ganz deutlich sehen. Die Frau kam näher und lächelte; sie sagte Elsie, sie solle mit ihr kommen. Sie brachte Elsie in einen wunderschönen Garten und erklärte, weil Elsie so lange krank gewesen und so tapfer gewesen sei, würde ihr ein bisschen mehr Zeit mit ihrer Familie zugestanden. Sie gingen zu Elsies Zimmer zurück, und die Frau ging weg.

Das ganze Wesen meiner Mutter veränderte sich. Sie ließ sich, zum ersten Mal, in ihrem Zimmer die Haare waschen, schneiden und stylen, sie aß besser und war besserer Stimmung. In diesen letzten zwei Wochen hat der größte Teil ihrer Familie Elsie besucht, und sie hatte besonders die Stunden mit ihrer Urenkelin genossen. Das Wissen, dass sie sie lange Zeit nicht sehen würde, gab ihren letzten Tagen eine Spur Traurigkeit. Sie wusste, dass sie sterben würde, wollte aber nach Hause entlassen werden. Wir organisierten das in aller Eile, und am Nachmittag des 3. Juli kam Elsie schließlich nach Hause.

Am Tag nach ihrer Rückkehr um 8 Uhr 55 morgens starb Elsie unter ziemlich traumatischen Umständen, aber ich hatte das ganz deutliche Gefühl, dass Gott in ihrem Leben die Führung übernommen hatte. Elsie war kein sehr religiöser Mensch, aber sie glaubte, dass die Frau ein Engel Gottes gewesen war, der ihr ein paar Extra-Tage mit ihren Lieben geschenkt hatte. Für sie hatte das in diesen letzten beiden Wochen enorm viel verändert.

Loslassen

Oft ist es nicht der Sterbende, sondern die Familie, die den Gedanken an den Tod nicht ertragen kann. Eine Stationsschwester erinnerte sich an einen Patienten, einen jungen Mann, der lange krank gewesen war. „Eines Tages, als seine Mutter nicht in seinem Zimmer war, sah er mich an und sagte: ‚Ist es in Ordnung, wenn ich jetzt gehe?' Ich war bei ihm, als er starb."

Sehr oft scheint der Sterbende eine „Erlaubnis" zum Sterben zu brauchen. Das veranschaulicht Linda Stewards Bericht über den Tod ihrer Großmutter:

1953 war meine Großmutter väterlicherseits wegen eines Herzleidens schwer krank. Statt bei sich zu Hause zu bleiben, beschlossen sie und mein Großvater, sich bei mir und meinen Eltern einzuquartieren. Meine Mutter kümmerte sich (mit Hilfe einer Gemeindeschwester) sehr gut um sie und machte es ihr so angenehm wie möglich. Sie berührte und streichelte sie viel, hielt ihre Hand, sorgte für ihr Wohlbefinden und unterhielt sich mit ihr, obwohl meine Großmutter zum Ende hin nicht immer bei Bewusstsein war.

Eines Tages hörte meine Mutter mit, wie meine Großmutter laut redete. Hier muss ich erklären, dass der Bruder meiner Groß-

mutter Gladstone hieß, kurz ‚Gladdy' genannt. Oma sagte ganz deutlich: ‚Ich will ja kommen, Gladdy, aber sie wollen mich nicht gehen lassen.' Meine Mutter erzählte das der Gemeindeschwester, die mittleren Alters und sehr erfahren war. ‚In dem Fall, meine Liebe, sollten wir nur das Nötigste tun, damit sie nicht das Gefühl hat, wir würden sie zurückhalten wollen. Wir sollten nur für ihre Körperpflege sorgen, und dass sie es bequem hat. Und nicht versuchen, sie bei uns zu behalten, denn sie möchte gehen.' Meine Mutter folgte dem Rat, und meine Großmutter hatte bald darauf einen leichten Tod.

Sollten Sie mit einem Sterbenden über den Tod sprechen? Lassen Sie sich von ihm das Stichwort geben, aber versuchen Sie, es ihm leicht zu machen, es auch zu äußern – und bemühen Sie sich keinesfalls krampfhaft, das Thema zu vermeiden. Der Soziologe Tony Walter[9] schreibt, dass eine gute Krankenschwester ihren „Therapeutenblick" einsetzt – die Fähigkeit, beim Besprechen des Pflegeplans den Patienten dazu zu bringen, über seine Gefühle zu sprechen, statt dass sie nur Fakten über seine Symptome und seine persönlichen Verhältnisse notiert. Die Technik besteht darin, offene Fragen zu stellen (d. h. Fragen, die sich nicht mit einem einfachen Ja oder Nein beantworten lassen, was jede Unterhaltung beendet), sodass der Patient sich ermutigt fühlt, über die Krankheit und ihre Wirkung auf sein Leben zu sprechen. Wenn der Patient will, leitet das auf ganz natürliche Weise über zu der Frage, ob er weiß, dass er bald sterben wird, und ob und wie stark ihn das belastet.

In unserer Pflegeheimstudie[11] hatten die Befragten geäußert, für die Patienten sei es oft schwierig, mit ihrer Familie über das Sterben zu sprechen, weil diese den Tod des Angehörigen nicht akzeptieren wollte und es nicht ertragen konnte, über dieses Thema zu sprechen. Die Pflegenden waren die einzigen, denen die Patienten sich anvertrauen konnten.

Die Psychologin Marie de Hennezel gehörte zum Team der ersten Palliativstation eines Pariser Krankenhauses; sie hat klug und einfühlsam über die emotionalen und spirituellen Bedürfnisse von Sterbenden geschrieben und darüber, wie man ihnen gerecht werden kann.

Die schlimmste Einsamkeit beim Sterben besteht darin, geliebten Menschen nicht sagen zu können, dass man sterben wird. Den eigenen Tod näherkommen fühlen und nicht über ihn sprechen oder anderen mitteilen können, was dieser Abschied in Ihnen auslöst, führt oft direkt in einen mentalen Zusammenbruch, in eine Art Delirium oder das Auftreten von Schmerzen, was Ihnen zumindest etwas gibt, über das Sie sprechen dürfen.

Marie de Hennezel fährt fort, dass der Sterbende im Allgemeinen um seinen Tod *weiß*. Was er braucht, ist Hilfe beim Artikulieren dieses Wissens. Der Kummer der Menschen um ihn herum erschwert es ihm jedoch, sich zu äußern – im Grunde ist der Sterbende in die Haltung gezwungen, die Überlebenden zu schützen. Sobald er in der Lage ist, „Ich werde sterben" zu sagen, wird er, wie Marie de Hennezel schreibt, „nicht zu einem Opfer des Todes, sondern zum Protagonisten seines Sterbens."[12]

Deshalb müssen die Angehörigen sich manchmal bewusst bemühen, loszulassen, und sich eingestehen, dass der Tod naht. Manchmal müssen sie dem Sterbenden sogar die Erlaubnis geben zu gehen, wenn er so etwas zu brauchen scheint. Kathleen Rosseau beschrieb, dass sie schon vor der tödlichen Krankheit ihres Vaters das Gefühl hatte, ihm sagen zu müssen, dass er sterben „durfte":

Mein Vater war stark, körperlich und seelisch. Etwa drei Jahre nach dem Tod meiner Mutter sagte er mir eines Tages aus heiterem Himmel: ‚Kathleen, ich bin so müde. Ich kann nicht mehr.' Mir wurde klar, dass er weitergemacht hatte, weil er mir hatte helfen wollen – wir hatten ein sehr enges Verhältnis zu meiner Mutter gehabt und unter dem Verlust sehr gelitten. Ich sagte ihm, ich käme jetzt zurecht, und er müsse nicht meinetwegen weitermachen. Zwei Wochen später bekam er eine Infektion im Brustkorb, von der er sich nicht erholte. Am Abend vor seinem Tod hatte ich immer wieder in seinem Zimmer nach ihm gesehen, bis er sich schließlich aufsetzte und sagte: ‚Kathleen, lass mich mal ein Weilchen allein. Geh und ruh dich aus. Ich muss ein bisschen allein sein.‘ Zwei oder drei Stunden später ging ich wieder in sein Zimmer, und er war tot.

Sterbende begleiten

Inzwischen sind wir so daran gewöhnt zu glauben, wir müssten uns gegenseitig vor dem Gedanken an den Tod beschützen, dass die Erkenntnis, dass wir uns stattdessen eher gegenseitig durch ihn hindurchhelfen müssen, einen kulturellen Wandel voraussetzt. Wir wissen, wie wertvoll ein Geburtshelfer ist, wenn ein Kind zur Welt kommt. Vielleicht sollten wir uns klar machen, dass ein „Sterbehelfer" eine genauso wichtige Rolle spielt und die Interaktion zwischen ihm und dem Sterbenden eine tiefgreifende Wirkung auf beide hat. Geraldine English, die sich mit anderen Personen um ihren sterbenden Vater kümmerte, kommentierte: „Ich halte es für ein Privileg, dass ich die letzten Wochen im Leben meines Vaters mit ihm verbringen konnte. Es war fast, als wären wir (ich, meine Mutter und mein Ex-Mann) so etwas wie ‚Hebammen‘ gewesen."

Wenn Sie mit einem Sterbenden zusammen sind, ist am Wichtigsten, dass Sie überhaupt da sind, und nicht, dass Sie etwas Bestimmtes tun. In praktischer Hinsicht bedeutet das: Sorgen Sie dafür, dass seine Umgebung friedlich, hell und freundlich ist; versuchen Sie nicht, komplett das Kommando zu übernehmen, alle Entscheidungen zu treffen und dem Sterbenden jeden Rest von Kontrolle über das Geschehen zu nehmen.

Denken Sie auch immer daran, dass wir möglicherweise ein sehr begrenztes und unscharfes Bild von dem haben, was der Sterbende erlebt. Auch wenn jemand scheinbar bewusstlos ist – in den Endphasen einer Krankheit ist das im Allgemeinen der Fall –, hört er vielleicht mehr, als wir uns vorstellen können; vielleicht spürt er unsere Berührung, auch wenn er nicht auf sie reagiert. Wenn wir seine Hand halten oder mit ihm sprechen, tut ihm das vielleicht mehr Gutes, als uns klar ist. Auch wenn wir das nie sicher wissen werden, kann zumindest uns selbst das Wissen trösten, dass wir versucht haben, sein Leben durch einen liebevollen Abschied abzurunden.

Denken wir aber vor allem an Folgendes: In dieser Zeit verhalten wir uns im Allgemeinen so rücksichtsvoll und achten so penibel darauf, nichts Falsches zu sagen, dass viele richtige Dinge möglicherweise ungesagt bleiben. Wenn Sie dann später erkennen, dass es eine weitere Gelegenheit, sie zu sagen, nicht geben wird, kann dieses Versäumnis Ihren Kummer noch verstärken.

Lebensende-Erfahrungen legen nahe, dass der Sterbeprozess gut begleitet wird, dass der Sterbende am Ende oft mehr wahrnimmt, als vermutet, und dass die Unterstützung der Familie in dieser Zeit enorm wertvoll ist. Die Phänomene an sich sind faszinierend, egal wie wir sie zu erklären versuchen, aber nicht jeder erlebt sie. Alles, was wir bislang über den Tod und das Sterben gelernt haben, verweist auf etwas letztendlich sehr viel Wichtigeres, denn es betrifft jeden: Die wahren Hindernisse für einen guten Tod sind die „unerledigten Angelegenheiten“, zum Beispiel familiäre Konflikte und unaufgelöste persönliche Themen wie Schuldgefühle oder Hass; und unser wirkungsvollster Beitrag zum friedlichen und „guten“ Tod geliebter Menschen besteht darin, eine Versöhnung zu unterstützen, wann immer wir können.

Marie de Hennezel[13] beschreibt eine Unterhaltung, die sie mit François Mitterand kurz vor seinem Tod hatte. Sie sprachen über die Zeit allgemein, den Lebenswillen und die Zeit, die ihm blieb. Sie wies darauf hin, dass der Lebenswille sich oft gegen die ärztliche Meinung durchsetzt, dass man dem Tod klarsichtig entgegensehen und doch bis zum Ende voller Leben sein kann. „Fangen Sie erst dann an zu sterben, wenn der Tod kommt". Sie erörterten auch die Frage, ob Gläubige dem Tod gelassener entgegensehen als Nicht-Gläubige. De Hennezel erzählte ihm von einer Frau, die ihren Tod absolut gelassen erwartete und ihr sagte: „Ich bin nicht gläubig, aber ich bin neugierig auf das, was als Nächstes passiert." Und Marie de Hennezel fügt hinzu: „Nicht der Glaube, sondern die Struktur des Lebens, das Sie gelebt haben, erlaubt Ihnen, sich *den Armen des Todes* zu überlassen."

Kapitel 14

Die Reise nach Anderswo: Frieden schließen mit dem Tod

Man entdeckt keine neuen Erdteile, ohne den Mut zu haben, alte Küsten für lange Zeit aus den Augen zu verlieren. (André Gide, 1869–1951)

Leider liegt es in der Natur des Todes, dass es keine Überlebenden gibt. Niemand kann uns sagen, was er wirklich ist. Sicher wissen können wir nur, dass er unvermeidlich ist und das Ende unserer Existenz bedeutet; wir – unsere Körper – werden nicht mehr „sein".

Mag sein, dass wir den Tod fürchten, aber er fasziniert uns auch. In der ältesten und größten US-amerikanischen Zitatensammlung, *Bartlett's Familiar Quotations,* finden sich fast 11 Spalten mit Einträgen über den Tod und das Sterben; zum Vergleich: die „Seele" kommt auf sechs Spalten, die „Unsterblichkeit" auf nur eine. Der Tod wird oft noch immer als Tabuthema dargestellt, aber die Indizien legen nahe, dass er heute kein verbotenes, sondern ein hochaktuelles Thema ist. 1987 führte Simpsons Bibliographie der englischen Sprache über 3000 lieferbare Bücher über den Tod und das Sterben auf. Tony Walter[1] hat darauf aufmerksam gemacht, dass das Interesse am Tod stark gestiegen ist. Er nennt den Erfolg der Hospizbewegung und die Zunahme der Trauerberatung, die in westlichen Ländern zu verzeichnende Flut von Artikeln, Büchern und Fernsehsendungen über den Tod, den Erfolg von gemeinnützigen Organisationen mit Bezug zum Thema Tod, etwa der Krebsstiftungen, sowie die Tatsache, dass es in den USA schon vor 30 Jahren mehr als 1000 College-Kurse zum Thema Tod und Sterben gab. Interviews mit Hinterbliebenen finden sich regelmäßig in den Medien, und in Großbritannien haben mehrere Journalisten persönliche und tief berührende Texte über ihre eigene unheilbare Krankheit geschrieben.

Wir, die wir das Sterben noch vor uns haben, empfinden den nahenden Tod als bedrohlich und unangenehm zugleich. Am meisten fürchten wir die *Art* unseres Sterbens, die Schmerzen, die Momente vor dem letzten Atemzug, wenn wir erkennen, dass wir dem Unvermeidlichen nicht entgehen können. Wir fürchten den Tod, weil wir uns ans Weiter-So klammern und der Tod der Paukenschlag ist, der das Ende markiert; er bedeutet, dass wir alle, die wir lieben, und alles, was wir schätzen, verlieren und zurückzulassen müssen. Wir kennen ihn nicht, und er ist unumkehrbar. Er löscht unser Ich-Gefühl aus, und uns wird klar, dass unser Ego, das wir unser ganzes Leben hindurch gehegt und gepäppelt haben, sich auflösen wird und nichts von ihm bleibt. Es wäre einfacher, wenn wir nicht so an der linearen Auffassung kleben würden, dass das Leben ein absolutes Ende hat, und stattdessen einer zyklischen Auffassung folgen würden, die Tod und Wiedergeburt als Teil desselben Kreislaufs sieht.

Wahrscheinlich wegen unserer eigenen Angst unterlassen wir es so oft, einem Sterbenden bei der Einstimmung auf den Tod zu helfen. Wir haben nur wenige spezielle Rituale, um den Tod vorzubereiten oder ihn als etwas Besonderes kenntlich zu machen. Ann Liddell, die mit alten Menschen arbeitet, betonte in ihrem Schreiben an uns die Notwendigkeit dieser Vorbereitung, der oft weder das medizinische Personal noch die Familie gerecht werden. „Ich habe in Java gelebt, wo alle Lebensphasen wunderschön und angemessen vorbereitet werden – sogar wenn die Füße eines Babys zum ersten Mal den Boden berühren, wird das mit einer eigenen Feier und einem Ritual begangen –, und bin immer wieder schockiert, wenn ich hierher zurückkomme … Wie wir unsere Alten behandeln, ist für sie absolut unerklärlich."

Kinder und Trauer

Es fällt uns nicht nur schwer, Sterbende auf den Tod vorzubereiten; viele Menschen bereiten auch sich selbst oder ihre Kinder nicht auf einen Todesfall in der Familie vor. Nichts kann den Tod von Mutter oder Vater für ein Kind erträglich machen; aber wenn man weiß, dass der Tod unvermeidlich ist, wird er fast sicher als noch schlimmer empfunden, wenn das Kind unter dem Vorwand, es „schützen" zu wollen, nicht auf ihn vorbereitet wird. Der folgende Brief veranschaulicht dies sehr gut.

Mein Vater starb, als ich 11 Jahre alt war. Meiner Mutter war gesagt worden, dass er sterben würde – mir wurde es verschwiegen – ich hatte keine Ahnung, wie krank er war. Die Ärzte sagten ihr, es sei unwahrscheinlich, dass er die Nacht überleben würde, deshalb schickte sie mich zu meinen Paten. Weil ich nicht wusste, was los war, verbrachte ich einen sehr vergnügten Abend und wurde zu meiner üblichen Schlafenszeit ins Bett geschickt. Mitten in der Nacht wachte ich auf. Mir war zum Heulen. Ich lag nur da und schluchzte mir das Herz aus dem Leib. Ich wusste, dass mein Vater gestorben war. Ich weinte mich in den Schlaf zurück. Morgens kam meine Patin an mein Bett und weckte mich sanft. Sie kniete sich neben mich und sagte mir, mein Vater sei in den frühen Morgenstunden gestorben. Ich habe immer geglaubt, dass mein Vater mich in dieser Nacht besucht hat, um sich von mir zu verabschieden.

Ich war ein Teenager, fast noch ein Kind, und hatte keine Vorstellung vom Ernst der Lage. Ich hatte allen Grund zu glauben, dass er nach seiner Operation wieder nach Hause kommen würde. Das war vor 30 Jahren, und ich habe mich immer gefragt, was in dieser Nacht geschehen war. Es war eine extrem beeindruckende Erfahrung – etwas Ähnliches ist mir weder vorher noch nachher je passiert.

Es gibt eine naheliegende Erklärung für diese Erfahrung – die Schreiberin hatte irgendwie die Gefühle der Erwachsenen in ihrem Umfeld mitbekommen und begriffen, dass ihr Vater schwer krank war; also fragten wir bei ihr nach, ob sie diese Interpretation für möglich hielte. Wir wollten auch wissen, ob der Besuch ihr beim Trauern geholfen hatte – schließlich fehlte ihm ganz klar der „Wohlfühl-Faktor", der nach einem Abschiedsbesuch meist beschrieben wird. Sie antwortete:

Das kann ich nicht ausschließen. Die Emotionen der anderen müssen sehr stark gewesen sein, aber ich kann kategorisch ausschließen, dass ein Teil meines Wesens wusste, dass er sterben würde. Wenn ich etwas aufgeschnappt haben sollte, muss es unterbewusst gewesen sein.

Die Erwachsenen um mich herum – auch mein Vater – müssen sich große Mühe gegeben haben, mich vor der wahren Situation zu ‚schützen'. Mein Vater starb in der Woche vor Weihnachten, und als ich mit meiner Mutter Weihnachtseinkäufe machte, kaufte ich auch ein Geschenk für ihn. Ich hatte keine Ahnung, dass mein Vater todkrank war. Ich dachte, er würde Weihnachten zu Hause sein – ich hatte keinen Grund, etwas anderes anzunehmen.

Hat der Abschiedsbesuch meinen Kummer erträglicher gemacht? Definitiv nicht. Ich habe mich nicht von meinem Vater verabschiedet. Es war Nacht, es war dunkel, ich war allein, ich war nicht vorgewarnt, und unter diesen Umständen fand ich mich mit seinem Tod konfrontiert. Es war ein Schock, der aus dem Nichts kam. Heute, als Erwachsene, denke ich, dass die Erfahrung meinen Trauerprozess gestoppt hat. Ich habe nicht so getrauert wie die Menschen um mich herum. Jahrelang habe ich geglaubt, mein Vater sei bei mir. Erst mit Anfang 20 fing ich an, den Tod meines Vaters zu betrauern; bis dahin konnte niemand verstehen, warum ich so viel weinte. Ich trauerte ohne Anlass, ohne Zusammenhang mit seinem Tod, und konnte es niemandem erklären. Ich glaube nicht, dass es gut ist, so inkohärent zu trauern – wahrscheinlich macht es den Schmerz für jeden Betroffenen noch unerträglicher.

Am Schwierigsten für mich war, dass ich niemanden hatte, mit dem ich reden oder weinen konnte; das führte zur Unterdrückung von Gefühlen und zu einem langen, verwirrenden Trauerprozess; ich brauchte Jahre, um mit ihm klarzukommen. Mit meiner Familie kann ich immer noch nicht darüber sprechen.

Die Lektion für uns scheint deshalb zu lauten: Wenn in der Familie jemand eine tödliche Krankheit hat, kommen Kinder besser mit der Situation zurecht, wenn man sie allmählich auf das mögliche Ende vorbereitet und sie nicht vollkommen von der Realität abschirmt; vor allem sollte man ihnen erlauben, sich zu verabschieden. Außer einem vorübergehenden emotionalen Aufschub für die Erwachsenen, die sich außerstande fühlen, mit dem Kummer des Kindes und ihrem eigenen fertigzuwerden, bringt es nichts, es im Unklaren zu lassen. Machen Sie es dem Kind leicht, seine Fragen zu stellen, und beantworten Sie diese so ehrlich wie möglich.

Wenn man einem Kind sagen muss, dass jemand gestorben ist, den es geliebt hat, sollte es die Nachricht von einem Elternteil oder jemand anderem erfahren, den es kennt und dem es vertraut. Am besten geschieht dies bald und mit einfachen Worten, ohne Beschönigungen und Umschreibungen; halten Sie dabei das Kind in den Armen. Tränen sind normal, und wie der obige Brief unterstreicht, ist es extrem wichtig, dass das Kind jemanden hat, mit dem es trauern und reden kann. Wenn das Kind den Körper sehen möchte: Erlauben sie es ihm. Es bestätigt, dass dieser Tod endgültig ist, und lässt das Kind ein letztes Lebewohl sagen. Oft ist es auch hilfreich, sich ein einfaches Ritual auszudenken, an dem es sich beteiligen kann. Vielleicht will es einen Abschiedsbrief schreiben oder ein Lieblingsspielzeug oder sonst etwas, das ihm gehört, in den Sarg legen. All dies hilft ihm, seine Gefühle zu äußern und das Geschehene als real zu akzeptieren; beides ist wichtig, damit es seine Trauer verarbeiten kann.

Das Leben abrunden

Viele Sterbende fühlen sich isoliert, weil wir oft nicht wissen, was wir ihnen oder den Hinterbleibenden sagen sollen. Als Freund oder Familie eines Sterbenden neigen wir vielleicht zu der Ansicht, wir müssten uns dem Tod entgegenstellen, und folgen dem Rat von Dylan Thomas: „Im Sterbelicht sei doppelt zornentfacht." Die Sterbenden selbst sehen das möglicherweise gelassener. Als Elisabeth Kübler-Ross[2] die fünf Phasen definierte, die der Sterbende durchläuft, bevor er schließlich seinen Tod akzeptiert – Leugnen, Zorn, Verhandeln, Depression und schließlich Annehmen –, arbeitete sie mit Krebspatienten im Endstadium. Viele von ihnen waren wahrscheinlich junge Leute, die sich unfreiwillig mit einem vorzeitigen Tod konfrontiert sahen. Kübler-Ross war vorsichtig genug, darauf hinzuweisen, dass nicht jeder jede Phase durchmacht – tatsächlich ist es für jeden Untrainierten nicht immer einfach, die Phasen zu erkennen. Was wie Leugnen aussieht, könnte zum Beispiel der Versuch des Patienten sein, geliebte Menschen vor seinem wahren Zustand zu schützen.

Nun, heute sterben die meisten Menschen im Westen im hohen Alter. Und die meisten alten Menschen empfinden nicht das Bedürfnis, „Im Sterbelicht … doppelt zornentfacht" zu sein. Sehr viel wahrscheinlicher ist es, dass sie dem Tod mit Gleichmut entgegensehen – und vielleicht, wenn das hohe Alter zur Last wird, begrüßen sie ihn sogar. Es scheint ein fast instinktives Bedürfnis zu geben, sich auf den Tod vorzubereiten, wenn man älter wird – auf das eigene Leben zurückzublicken und es zu bewerten. Das Bedürfnis, über alte Zeiten zu sprechen, alte Freunde ausfindig zu machen, die in einer bestimmten Phase Ihres Lebens eine wichtige Rolle gespielt haben, zu denen Sie aber den Kontakt verloren haben – all dies kann man als ein Verhalten betrachten, das das Leben abrunden und den Tod vorbereiten soll.

Wahrscheinlich werden Sie den Tod weniger fürchten, wenn Sie aus einer Kultur kommen, die offen über ihn spricht und ihn als Trittstein zu weiteren Erfahrungen betrachtet. Die Angst ist auch geringer, wenn Ihr Glaube Sie gelehrt hat, mit Verlusten umzugehen, und wenn Sie eine spirituelle Praxis (etwa das Meditieren) erlernt haben, die der Vergänglichkeit dieser Welt die Möglichkeit der Transzendenz entgegensetzt. Zehn Prozent der Bevölkerung hatten tiefe und eindrückliche transzendente Erfahrungen (die in fragebogenbasierten Studien definiert waren als: „die der Natur zugrundeliegende Struktur intuitiv erfassen"); diese Erlebnisse bestätigen ihnen, dass ihr jetziges Leben nur ein kleiner Teil des generell Erfahrbaren ist und das Transzendente die grundlegende Eigenschaft der Erfahrung ist.

Vielen Menschen gelingt es aber auch, ohne Transzendenzbezug dem Tod gelassen entgegenzusehen – wie Marie de Hennezels[3] Patientin (S. 306), die ihr sagte: „Ich bin nicht gläubig, aber ich bin neugierig auf das, was als Nächstes passiert." De Hennezel meint, dass angesichts des Todes dieses „Vertrauen in die Entfaltung der Dinge" wichtiger ist als ein Glaube, der nicht auf dem Erleben eines tiefen inneren Vertrauens beruht.

Wenn wir die in diesem Buch geschilderten Erfahrungen akzeptieren, scheint die Angst vor dem Tod unbegründet zu sein. Ein häufiges Element in Nahtod- und Lebensende-Erfahrungen ist die Überzeugung, dass die Existenz nach dem Tod des Körpers weitergeht und ein körperloses Sein eine Realität besitzt. Deshalb verwundert es wahrscheinlich nicht, dass als eine der geradezu universellen Konsequenzen aus all diesen Erfahrungen die Angst vor dem Tod verlorengeht.

Interessanterweise hat Bruce Greyson[4] gezeigt, dass jeder, der dem Tod knapp entronnen ist, die Angst vor dem Tod verliert. Van Lommel[5] hat eine Gruppe von Patienten studiert, die während eines Herzstillstands dem Tod sehr nahe kam; er stellte fest, dass zwar nur 10 Prozent eine Nahtoderfahrung hatten, die Angst vor dem Tod aber bei allen zurückging. Das Gleiche scheint für Menschen zu gelten, die eine Sterbebettvision hatten. Was auch immer sie erlebt haben mögen – offenbar führt es zu Gelassenheit im Angesicht des Todes. Auch die Einstellung von Angehörigen, die solche Erfahrungen miterleben oder erzählt bekommen, wird nachhaltig beeinflusst.

Die vielleicht wichtigste Konsequenz für alle, die dem Tod ins Auge geblickt haben, ist allerdings die Wirkung auf ihr *jetziges* Leben. Die Erfahrung lässt sie ihr Leben mehr schätzen, ohne dass sie sich an es klammern; sie genießen jeden Tag, als wäre es ihr letzter. So beschreibt jedenfalls Elizabeth Rogers die Wirkung ihrer Nahtoderfahrung:

Ich habe jetzt das Gefühl, dass jeder Tag ein neues Geschenk für mich ist. Materielle Dinge sind nicht annähernd so wichtig wie früher, und ich sehe jetzt gelassen und froh dem Tod entgegen. Vorher [vor ihrer Nahtoderfahrung] hatte ich eigentlich keine Angst vor dem Tod, aber ich dachte lieber nicht an ihn. Jetzt freue ich mich auf das Sterben, auf den Tod. Er macht mir überhaupt keine Angst. Neulich fragte mich jemand, was ich antwor-

ten würde, wenn man mir sagen würde, ich müsste jetzt sterben. Ich habe geantwortet: ‚Ich würde sagen, das ist ein sehr schönes „Jetzt"…'

Wenn wir im *Jetzt* leben, kann unsere Einstellung zum Leben *und* zum Tod sich von Grund auf wandeln. Niemand hat diese Wahrheit bewegender und klarer ausgedrückt als der Dramatiker Dennis Potter in seinem letzten Interview mit Melvyn Bragg im März 1994; ein paar Wochen zuvor hatte er erfahren, dass er Krebs im Endstadium hatte, und ein paar Wochen später starb er.

Auch wenn das Morgen noch so vorhersehbar ist … es bleibt etwas Unvorhersehbares, ein „Man weiß es nicht." Das Einzige, das Sie mit Sicherheit wissen, ist die Gegenwart, und diese Jetztheit ist für mich so voller Leben, dass ich auf geradezu perverse Weise fast heiter bin. Wissen Sie, ich kann das Leben feiern.

Unter meinem Fenster in Ross … blüht jetzt alles … und wenn ich mir das ansehe, sage ich nicht einfach ‚Oh, das blüht aber schön'. Ich sehe es vielmehr als die weißeste, duftigste, blühendste Blütenpracht, die es überhaupt geben kann … Die Dinge sind sowohl trivialer, als sie je waren, als auch wichtiger, als sie je waren, und zwischen Trivialem und Wichtigem scheint es kaum einen Unterschied zu geben. Die Jetztheit von allem ist so wunderbar … Fakt ist, wenn du die Gegenwart siehst, Junge, dann siehst du sie! Und Junge, du kannst sie feiern.

Eckhart Tolle, einer der in Kapitel 12 genannten Vertreter der Transzendentalphilosopie, hat die Kraft des „Jetzt", des gegenwärtigen Augenblicks, in seinen Werken ausführlich beschrieben. „Die Aufmerksamkeit für das Jetzt bedeutet nicht, dasjenige zu leugnen, was in deinem Leben notwendig ist; es bedeutet zu erkennen, was an erster Stelle steht … Das Jetzt ist dein Freund, nicht dein Feind. Erkenne es an. Würdige es."

Wenn wir nie eine Transzendenz-Erfahrung hatten, können wir darüber nur spekulieren, wie eine transzendente Existenz wohl sein könnte oder ob sie überhaupt mehr ist als eine theoretische Möglichkeit. Aber vielleicht können wir mehr erfahren, wenn wir den Menschen zuhören, die die Erfahrungen aus erster Hand kennen, über die wir anderen nur reden können. Deshalb besteht der erste Schritt vielleicht einfach darin, wie Alfred Russel Wallace zu akzeptieren, dass solche Dinge vernünftigen und verständigen Menschen tatsächlich widerfahren, auch wenn wir sie im Moment noch nicht in einen befriedigenden Bezugsrahmen einpassen können. Ein Puzzle lässt sich schließlich auf zweierlei Weise zusammensetzen. Man kann an den Rändern anfangen und einen ordnenden Rahmen aufbauen – Himmel oben, grüne Felder unten –, in den man den Rest des Bildes einpasst. Erwachsene gehen im Allgemeinen so vor. Aber beobachten Sie einmal ein kleines Kind mit einem Puzzle. Es wird wahrscheinlich einfach herumprobieren, ob zufällig herausgegriffene Teile zusammenpassen, ohne zu versuchen, einen Überblick über das ganze Bild zu bekommen. Im Moment sind wir mehr oder weniger in der Lage des Kindes. Wir haben noch keine Konzepte, um einen befriedigenden kontextuellen Rahmen zu bauen – schließlich wissen wir noch nicht einmal, was Bewusstsein ist. Das Beste, was wir tun können, besteht daher im Moment darin, dass wir uns die Teile ansehen, die wir haben, und herausfinden, wie weit wir beim Zusammensetzen eines kohärenten Ganzen kommen.

Rekapitulieren wir also, wie weit wir mit unserem Puzzle sind. Zunächst müssen wir anerkennen, dass unsere Wissenschaft subjektive Erfahrungen nicht genau versteht. Aber wenn wir nicht das traditionelle wissenschaftliche Bezugssystem verwenden, sondern die subjektiven Erfahrungen und Beobachtungen „vernünftiger und verständiger" Menschen für bare Münze nehmen, legen deren Angaben nahe, dass Bewusstsein nicht auf das Gehirn beschränkt ist, sondern sich ausdehnen kann und auf ganz reale Weise Menschen verbindet, die enge und liebevolle Beziehungen haben. Sodann sehen wir, dass unsere Auffassung vom Universum, das wir normalerweise mit unserem Alltagsbewusstsein wahrnehmen, möglicherweise sehr begrenzt ist. Laut der 2006 verstorbenen Künstlerin Thetis Blacker, die mit Anfang zwanzig eine Transzendenz-Erfahrung hatte, „ist es nur *ein* kleiner Fleck, *ein* kleiner Teil, *ein* winziges Atom dessen, was wir wahrnehmen können." Denjenigen, die dieses transzendente Universum sehen, erscheint es von Liebe und Licht erfüllt und seltsamerweise als eine Einheit, zu der wir alle gehören und von der wir nicht getrennt sind.

Das nächste Puzzlestück hat mit dem zu tun, was bei den Herzstillstand-Todeserfahrungen geschieht. Näher als bei ihnen werden wir der mentalen Verfassung von Menschen nicht kommen, die klinisch gesprochen die Reise in den Tod angetreten haben. Ihre Erfahrungen deuten darauf hin, dass wir, wenn der Tod naht, einen hoch aufgeladenen spirituellen Bereich betreten, der starke persönliche Bedeutung hat; er spiegelt das Erkennen jener transzendenten Realität aus Liebe, Frieden und Licht, die von Menschen mit transzendenten oder mystischen Erfahrungen beschrieben werden. Manchmal erscheinen spirituelle Wesenheiten, von denen es heißt, sie würden aus Licht bestehen.

Die in diesem Buch beschriebenen Sterbebettvisionen und –Koinzidenzen passen genau in diese Ecke des Puzzles. Manche Sterbenden gehen in einen Bereich aus Licht und Liebe über, der dem von Menschen mit Herzstillstand-Todeserfahrungen gleicht. In diesem Bereich und manchmal unabhängig von ihm erscheinen Menschen im Zimmer, gewöhnlich verstorbene Angehörige, die offenbar den Sterbenden auf einer Reise von der irdischen Realität ins Anderswo begleiten sollen. Ihre Anwesenheit ist auch für zuvor bewusstlose oder verwirrte Sterbende so offensichtlich real und anschaulich, dass sie unmittelbar vor dem Tod einen lichten Moment haben können: Sie setzen sich auf und strecken die Hand aus, um die unsichtbare Wesenheit zu begrüßen, die sich ihrer annimmt und sie weiter ins Anderswo führt.

Wenn wir uns den letzten Augenblicken nähern, gelangt der Sterbende in einen neuen spirituellen Bereich, der sich auch auf Personen auswirken kann, die ihm – im wörtlichen und im übertragenen Sinne – nahestehen: Manchmal nehmen sie so wie der Sterbende selbst das Licht und die mit ihm einhergehende friedliche Stimmung wahr. Dies legt eine Verbundenheit des Bewusstseins der beiden Beteiligten nahe, die nur möglich wäre, wenn das Bewusstsein sich zumindest unter diesen besonderen Umständen über das Gehirn hinaus ausdehnen würde. Die „Besuche" des Sterbenden bei nahestehenden Menschen im Moment des Todes, offenbar um ihnen ein letztes Lebewohl zu sagen oder ihnen zu versichern, dass „alles in Ordnung ist", scheinen nur durch eine Ausdehnung des Bewusstseins erklärbar. Und wenn, was oft vorkommt, die Besuchten gar nicht wissen, dass der Besucher krank ist oder im Sterben liegt, und vielleicht jahrelang überhaupt nicht an ihn gedacht haben, ist das ein sehr starkes Indiz dafür, dass der „Besuch" von dem Sterbenden initiiert wurde – was in der logischen Folge bedeutet, dass irgendein Aspekt des Bewusstseins dieser Person den Tod des Körpers überlebt hat. Das sterbende Bewusstsein tritt nicht nur mit Freunden und Angehörigen in Kontakt; beim Verlassen des Körpers kann es auch eine Spur hinterlassen: Katzen und Hunde scheinen das sterbende Bewusstsein zu spüren, und manchmal beeinflusst es sogar die Materie – Uhren bleiben stehen, Glocken läuten. Dies wirft Fragen zu unserem derzeitigen Verständnis von der Struktur des Universums auf.

Alle Erfahrungen, die uns berichtet wurden, weisen den Tod als Teil eines strukturierten, unterstützenden Prozesses aus. Und sie legen nahe, dass die Angst vor dem Tod wegfallen und sich die Chance für einen Neuanfang auftun würde, wenn wir besser verstehen würden, was beim Tod geschieht. Beginnt mit ihm vielleicht eine neue Reise? Denken wir an die „Reiseterminologie", die der Sterbende bei seinem letzten Lebewohl so oft zu verwenden scheint. Die Aussagen des Sterbenden führen zu dieser Schlussfolgerung, auch wenn uns derzeit nichts zeigt, wohin die Reise gehen könnte.

Um das Puzzle vervollständigen zu können, werden wir unser aktuelles wissenschaftliches Bezugssystem verlassen und hoffen müssen, auf diese Weise eine Erklärung zu finden. Machen wir uns aber auch klar, dass die Erfahrungen an sich einen Wert besitzen und wegen ihrer starken emotionalen und spirituellen Wirkung eine Bedeutung für uns haben – und die darf nur derjenige beurteilen, der die Erfahrung hatte. Die Erfahrungen hinterlassen bei den Trauernden einen starken und nachhaltigen Eindruck und sind für sie in den folgenden Jahren eine Quelle des Trostes. Sie helfen ihnen, mit etwas zurechtzukommen, das sie nicht mehr als absoluten Verlust empfinden. Hören wir dazu noch einmal Ali, deren Erfahrung wir auf den Seiten 210 bis 212 wiedergegeben haben:

Die ganze Erfahrung – wenn das überhaupt das richtige Wort ist – hat meinem jetzigen Leben sehr viel mehr Sinn gegeben. Ob ich wirklich gesehen oder gespürt habe, was ich gesehen und gespürt zu haben glaube – in jedem Fall hat es eine sehr positive Einstellung und ein tröstliches Verständnis für den gesamten Vorgang von Tod und Sterben hinterlassen, vor allem für den Augenblick des Todes. Ich weiß jetzt, dass es nichts gibt, das ich fürchten muss; es ist ein so friedlicher und begnadeter Moment, der mir zweifelsfrei bewiesen hat, dass der Geist, die Seele, außerhalb des Körpers existieren; ich habe es gesehen!

Die Indizien deuten darauf hin, dass wir mehr sind als unsere Hirnfunktion, mehr als nur ein Staubkorn in der Schöpfung, und dass etwas, ob wir es nun als Seele oder Bewusstsein betrachten, in der einen oder anderen Form weiterbesteht und eine Reise nach „Anderswo" antritt. Sie legen nahe, dass wir nach Hause kommen, wenn wir ins Licht gehen, und die inneren Bereiche eines Universums aus universeller Liebe berühren.[6] Dies ist das Land der Sterbenden. Bis dahin besteht das Beste, das wir tun können, vielleicht einfach darin, weiterzuleben, uns auf den Tod vorzubereiten und uns dabei von dem leiten zu lassen, was wir über das Sterben gelernt haben. Denken Sie auch an die folgende Zen-Geschichte, die, wie immer im Zen, unsere Aufmerksamkeit auf das Leben im Jetzt lenkt, denn für die Lebenden ist der Tod das Fest der anderen.

Ein Edler fragte Meister Hakuin:
„Was geschieht, wenn ein Erleuchteter stirbt?"
„Warum fragst du mich?"
„Weil du ein Zen-Meister bist."
„Ja, aber kein toter."

Anmerkungen

Kapitel 1

1. Kellehear, A. (2007): *A Social History of Dying*, Cambridge University Press.
2. Gurney, E., Myers, F. W. und Podmore, F. ([1886]2005): *Phantasms of the Living*, Adamant Media Corporation.
3. Barrett, Sir William (1926): *Deathbed Visions*, Rider and Co.
4. Osis, K. und Haraldsson, E. ([1977] 1986): *At the Hour of Death*, Hastings House.
5. Parnia, S., Waller, D., Yeates, R. und Fenwick, P. (2001): 'A qualitative and quantitative study of the incidence, features and aetiology of near-death experiences in cardiac arrest survivors', *Resuscitation* **48**, 149–56.
6. van Lommel, P., van Wees, R., Meyers, V. und Elfferich, I. (2001): 'Near-death experience in survivors of cardiac arrest: a prospective study in the Netherlands, *Lancet* **358**, 2042; Swaninger, J., Eisenberg, P. R., Schechtman, K. B. und Weiss, A. N. (2002): 'A prosective analysis of near-death experiences in cardiac arrest patients', *Journal of Near-Death Studies* **20**(4), 215–32; Greyson, B. (2003): 'Incidence and correlates of near-death experiences on a cardiac care unit', *General Hospital Psychiatry* **25**, 269–76; Sartori, P. (2008): *A Five Year Clinical Study of Near-Death Experiences in a Welsh Intensive The Unit*, Edwin Mellen Press.
7. Osis K. (1961): *Deathbed Observations by Physicians and Nurses*, Parapsychology Foundation Inc.: Osis and Haraldsson, *At the Hour of Death*.

Kapitel 2

1. Dewi Rees, W. (1971): 'The hallucinations of widowhood', *British Medical Journal* **4**, 37–41; McCready, W. C. and Greeley, A. M. (1976): *The Ultimate Values of the American Population*, Sage; Osis, K. und Haraldsson, E. (1977): 'Deathbed observations by physicians and nurses: a cross-cultural survey', *The Journal for the American Society for Psychical Research* **71**(3).

2. Weisman. A. D. (1972): *On Dying and Denying: A Psychiatric Study of Terminality,* Human Sciences Press; Callanan, M. und Kelley, P. (1992): *Final Gifts: Understanding the Special Awareness, Needs and Communications of the Dying,* Hodder & Stoughton; Heyse-Morse, L. H. (1996): 'On spiritual pain of dying', *Mortality* **1**(3), 297–315; Patterson, E. M. (1997): *The Experience of Dying,* Prentice-Hall; Brayne S. Lovelace, H. und Fenwick, P. (2006): 'An understanding of the occurrence of deathbed phenomena and its effects on Palliative Care Physicians', *American Journal of Hospice and Palliative Medicine* **23**(1), 17–24.
3. Seravalli, E. (1988): 'The dying patient, the physician and the fear of death', *New England Journal of Medicine,* 29 December, 1728–30.
4. Patterson, *The Experience of Dying.*

Kapitel 3

1. Osis, K. und Haraldsson, E. ([1977] 1986): *At the Hour of Death,* Hastings House.
2. Osis, K. und Haraldsson, E. (1977): 'Deathbed observations by physicians and nurses: a cross-cultural survey'. *The Journal for the American Society for Psychical Research* **71**(3).
3. Osis und Haraldsson, 'Deathbed observations'.
4. Brayne S., Lovelace, H. und Fenwick, P. (2006): 'An understanding of the occurrence of deathbed phenomena and its effects on Palliative Care Physicians', *American Journal of Hospice and Palliative Medicine* **23**(1), 17–24.

Kapitel 5

1. Kircher T. T. und Thienel, R. (2005): 'Functional brain imaging of symptoms and cognition in schizophrenia', *Progress in Brain Research* **150**, 299–308.
2. Houran, J. und Lange, R. (1997): 'Hallucinations that comfort: contextual mediation of deathbed visions', *Perceptual and Motor Skills* **84**, 1490–1504.
3. Barrett, Sir William (1926): *Deathbed Visions,* Rider and Co.
4. Brayne S., Lovelace, H. und Fenwick, P. (2006): 'An understanding of the occurrence of deathbed phenomena and its effects on Palliative Care Physicians'. *American Journal of Hospice and Palliative Care* **23**(1), 17–24.
5. Brayne S., Lovelace, H. und Fenwick, P. (2008): 'Perceptions of nursing home carers on the spiritual experiences of residents at the end of life', *European Journal of Palliative Care.*

6. Houran und Lange, 'Hallucinations that comfort'.
7. Lerma, J. (2007): *Into the Light*, Career Press Inc. [Deutsche Ausgabe: *Ins Licht*, 2012, AMRA Verlag.]
8. Osis, K. und Haraldsson, E. ([1977] 1986): *At the Hour of Death*, Hastings House.
9. Betty, L. Stafford (2006): 'Are they hallucinations or are they real? The spirituality of deathbed and near-death visions', *Omega* **53**(1–2), 37–49.
10. Fontana, D. (2005), *Is There an Afterlife?*, O Books.

Kapitel 6

1. Sheldrake, R. und Smart, P. (2003): 'Experimental tests for telephone telepathy', *Journal of the Society for Psychical Research* **67** (July), 184–99.
2. Fenwick, P. und Fenwick, E. (1995): *The Truth in the Light*, Headline; Levine, S. (1982): *Who Dies?*, Doubleday; Moody, R. A. (1975): *Life After Life*, Mockingbird Books [Deutsche Ausgabe: *Leben nach dem Tod*, 2001, Rowohlt Taschenbuch].
3. Kelly, R. E. (1992): 'Present at the moment of death: implications for counseling of emergency service personnel', *The Forum Newsletter: Newsletter of the American Association of Death Education and Counseling* **17**(4), 1 and 17–19.
4. Kelly. R. E. (2002): 'Post mortem contact by fatal injury victims with emergency service workers at the scenes of their death', *Journal of Near-Death Studies* **21**(1), Fall 2002, Human Sciences Press, Inc., 25.
5. Parnia, S., Waller, D., Yeates, R. und Fenwick, P. A. (2001): 'Qualitative and quantitative study of the incidence, features and aetiology of near-death experiences in cardiac arrest survivors', *Resuscitation* **48**, 149–56; van Lommel, P., van Wees, R., Meyers, V. und Elfferich, I. (2001): 'Near death experience in survivors of cardiac arrest: a prospective study in the Netherlands', *Lancet* **358**, 2042; Schwaninger, J., Eisenberg, P. R., Schechtman, K. B. und Weiss, A. N. (2002): 'A prospective analysis of near-death experiences in cardiac arrest patients', *Journal of Near-Death Studies* **20**(4), 215–32; Greyson, B. (2003): 'Incidence and correlates of near-death experiences on a cardiac care unit', *General Hospital Psychiatry* **25**, 269–76.
6. http://www.biomindsuperpowers.com/Pages?CIA-InitiatedRV.html.
7. Uts, J. und Josephson, B. (1996): *The Journal of Scientific Exploration* **10**(1) (http://www.stat.ucdavis.edu/users/utts/).
8. Tarnas, R. (1991): *The Passion of the Western Mind*, Ballantine Books.
9. Tarnas, R. (2007): *Cosmos and the Psyche: Intimations of a New World View*, Plume.

Kapitel 7

1. Greeley, A. M. (1975): *Sociology of the Paranormal: A Reconnaissance*, Sage.
2. Haraldsson, E. *et al.* (1976): 'National survey of psychical experiences and attitudes towards the paranormal in Iceland', in W. G. Roll, R. L. Morris und D. Morris (eds), *Research in Parapsychology*, The Scarecrow Press.
3. Guggenheim, B. und Guggenheim, J. (1996): *Hello from Heaven*, Bantam Books. [Deutsche Ausgabe: *Trost aus dem Jenseits*, 2007, FISCHER Taschenbuch.]
4. Dewi Rees, W. (1971): 'The hallucinations of widowhood', *British Medical Journal* **4**, 37–41.
5. Fontana, D. (2005): *Is There an Afterlife?*, O Books.

Kapitel 8

1. Radin, D. (1997): *The Conscious Universe*, Harper.
2. Playfair, G. (1980): *This House is Haunted: An Investigation of the Enfield Poltergeist*, Souvenir Press; Fontana, D. (1991): 'A responsive poltergeist: a case from South Wales', *Journal of the Society for Psychical Research* **58**, 341–50; Fontana, D. (1992): 'The responsive South Wales poltergeist a follow-up report, *Journal of the Society for Psychical Research* **58**, 827, 225–31.
3. Howarth, G. (2000): 'Dismantling the boundaries between life and death', *Morality* **5**(2), 127–38.
4. Kellehear, A. (2000): *Eternity and Me: The Everlasting Things in Life and Death*, Hill of Content.
5. Sheldrake, R. (1999): *Dogs That Know When Their Owners Are Coming Home*, Arrow Books. [Deutsche Ausgabe: *Der siebte Sinn der Tiere*, 2007, FISCHER Taschenbuch]
6. Dosa, D. M. (2007): 'A day in the life of Oscar the cat', *New England Journal of Medicine*, **357**(4), 328–9.
7. Brayne, S., Lovelace, H. und Fenwick, P. (2008): 'End-of-life experiences and the dying process in a Gloucestershire nursing home as reported by nurses and care assistants', *American Journal of Hospice and Palliative Medicine*.

Kapitel 10

1. Vanstone, James W. (1974): *Athapaskan Adaptations: Hunters and Fishermen of the Sub-Arctic Forests*, Aldine Publishing Company.
2. Birket-Smith, Kaj (1930): *Contributions to Chipewyan Ethnology: Report of the Fifth Thule Expedition 1921–24*, Vol. VI, No. 3, Gyldendal.
3. Levy, Jerrold E. (1998): *In the Beginning: The Navajo Genesis*, University of California Press.
4. Kluckhohn, C. und Leighton, D. (1946): *The Navajo*, Oxford University Press.
5. Aristotle, *De Anima* 1.2, 405a, 19–21. [Deutsche Ausgabe: Klaus Corcilius (Hrsg./Übers.): *Aristoteles, Über die Seele. De anima* (Philosophische Bibliothek), 2017, Felix Meiner Verlag.]
6. Walter, T. (1994): *The Revival of Death*, Routledge.
7. http://www.religioustolerance.org/rel_comp.htm.
8. Dalai Lama (1997): *Sleeping, Dreaming and Dying: An Exploration of Consciousness*, Wisdom Publications.
9. Qu'ran Surah, Chapter 3: Al-Imran, verse 185.
10. Sanford, J. A. (1991): *Soul Journey*, Crossroad, p. 64.
11. Grof, S. und Halifax, J. (1977): *The Human Encounter with Death*, Clarke, Irwin and Co. [Deutsche Ausgabe: *Die Begegnung mit dem Tod*, 2000, Klett-Cotta]

Kapitel 11

1. Dennett, D. C. (1991): *Consciousness Explained*, Penguin. [Deutsche Ausgabe: *Philosophie des menschlichen Bewusstseins*, 1994, HOFFMANN UND CAMPE.]
2. Koch, C. und Greenfield, S. (2007): 'How does consciousness happen?', *Scientific American*, October, 50–7.
3. Nagel, T. (1974): 'What is it like to be a bat?', *Philosophical Review* **83**, 435–50. [Deutsch-englischsprachige Ausgabe: What Is It Like to Be a Bat?/Wie ist es, eine Fledermaus zu sein? – Übersetzt und herausgegeben von Ulrich Diehl 2018, Reclam.]
4. Searle, J. (1992): 'The problem of consciousness', in P. Nagel (ed.), *CIBA Foundation Symposium No. 174, Experimental and Theoretical Studies of Consciousness*, pp. 61–80, John Wiley.
5. Velman, M. und Schneider, S. (eds) (2007): *The Blackwell Companion to Consciousness*, Blackwell. [Eine vergleichbare deutschsprachige Publikation wäre: Amthor, F. (2019): *Das menschliche Gehirn für Dummies*, Wiley-VCH.]

6. Bennett, M. R. und Hacker, P. M. S. (2003): *Philosophical Foundations of Neuroscience*, Blackwell. [Deutsche Ausgabe: *Die philosophischen Grundlagen der Neurowissenschaften*, 2015, wbg Theiss.]

7. Kuhn, T. (1962): *The Structure of Scientific Revolutions*, University of Chicago Press. [Deutsche Ausgabe: *Die Struktur wissenschaftlicher Revolutionen*, 1996, Suhrkamp Verlag.]

8. Kuhn, T. (1967): *The Essential Tension: Selected Studies in Scientific Tradition and Change*, University of Chicago Press.

9. Velman, M. (ed.) (2000): *Investigating Phenomenal Consciousness*, John Benjamins Publishing Company.

10. Wallace, A. R. ([1874] 1975): *On Miracles and Modern Spiritualism*, Arno Press.

11. Tarnas, R. (2006): *Cosmos and the Psyche*, Viking Press. [Deutsche Ausgabe: *Idee und Leidenschaft: die Wege des westlichen Denkens*, 1997, Rogner und Bernhard bei Zweitausendeins.]

12. Carr, B. (ed.) (2006): *Universe or Multiverse*, Cambridge University Press.

13. Schwartz, J. M., Stapp, H. P. und Beauregard, M. (2005): 'Quantum physics in neuroscience and psychology: a neurophysical model of mind-brain interaction', *Philosophical Transactions of the Royal Society of London: B, Biological Sciences* **29**, 360 (1458), 1309–27.

14. Goswami, A., Reed, R. E. und Goswami, M. (1995): *Self-aware Universe: How Consciousness Creates the Material World*, Tarcher. [Deutsche Ausgabe: *Das bewusste Universum*, 2013, Lüchow Verlag.]

15. Clarke, C. (1996): *Reality Through the Looking Glass: Science and Awareness in the Post-Modern World*, Floris Books; Lockwood, M. (1989): *Mind, Brain, and the Quantum*, Oxford University Press; Penrose, R. (2001): 'Consciousness, the brain, and spacetime geometry: an addendum. Some new developments on the Orch OR model for consciousness', *Annals of the New York Academy of Science* **929**, 105–10; Hameroff, S., Nip, A., Porter, M. und Tuszynski, J. (2002): 'Conduction pathways in microtubules, biological quantum computation, and consciousness', *Biosystems* **64**, 1–3, 149–68.

16. Radin, D. (2006): *Entangled Minds: Extrasensory Experiences in a Quantum Reality*, Pocket Books, Simon & Schuster Inc.

17. Radin, D. (1997): *The Conscious Universe: The Scientific Truth of Psychic Phenomena*, HarperCollins.

18. Achterberg, J. Cooke, K., Richards, T., Standish, L. J., Kozak, L. und Lake, J. (2005): 'Evidence for correlations between distant intentionality and brain function in a functional magnetic resonance imaging analysis', *Journal of Alternative and Complementary Medicine* **11**(6), 965–71.

19. Orme Johnson, D. Dillbeck, M. C., Wallace, R. K. and Landreth, G. S. III (1982): 'Inter-subject EEG coherence. Is consciousness a field?', *International Journal of Neuroscience* **16**(3–4), 203–9.
20. Sheldrake, R. und Smart, P. (2003), 'Experimental tests for telephone telepathy', *Journal of the Society for Psychical Research* **67** (July), 184–99.
21. Benor, D.J. (2002): *Spiritual Healing*, Vision Publications.
22. Huxley, A. (2004): *The Perennial Philosophy*, HarperPerennial. [Deutsche Ausgabe: *Die ewige Philosophie*, 2008, Hans-Nietsch-Verlag OHG.]
23. Wei Wu Wei (2004): *Open Secret*, Sentient Publications. [Deutsche Ausgabe: *Das Offenbare Geheimnis*, 2017, Sentient Publications.]
24. Merrell-Wolff, F. (1994): *Experience and Philosophy: A Personal Record of Transformation and a Discussion of Transcendental Consciousness*, State University of New York Press.
25. Tolle, E. (2001): *The Power of Now*, Group West. [Deutsche Ausgabe: *Jetzt! Die Kraft der Gegenwart*, 2010, Kamphausen Media GmbH.]
26. Forget, A. (2006): *How to Get Out of this World Alive*, http://bethechange.org.uk.

Kapitel 12

1. Moody, R. (1973): *Life After Life*, Bantam Books. [Deutsche Ausgabe: *Leben nach dem Tod*, 2001, Rowohlt Taschenbuch.]
2. Grey, M. (1985): *Return from Death*, Arkana.
3. Fenwick, P. und Fenwick, E. (1996): *Truth in the Light: An Investigation of over 300 Near-Death Experiences*, Headline.
4. Fenwick und Fenwick, *Truth in the Light*, Ring, K. (1984): *Heading Toward Omega: in Search of the Meaning of the Near-Death Experience*, William Morrow; Sutherland, C. (1992): *Transformed by the Light: Life After Near-Death Experiences*, Bantam Books: Nichol, G., Stiell, I. G., Hebert, P., Wells, G. A., Vandemheen, K. und Laupacis, A. (1999): 'What is the quality of life for survivors of cardiac arrest? A prospective study', *Academic Emergency Medicine* **6**, 95–102.
5. Nichol *et al.*, 'What is the quality'.
6. Sabom, M. (1982): *Recollections of Death: A Medical Investigation*, Simon & Schuster.
7. Parnia, S., Waller, D., Yeates, R. und Fenwick, P. (2001): 'A qualitative and quantitative study of the incidence, features and aetiology of near-death experiences in cardiac arrest survivors', *Resuscitation* **48**, 149–56.
8. Parnia, S. (2005): *What Happens When We Die*, Hay House.

9. van Lommel, P. van Wees, R., Meyers, V. und Elfferich, I. (2001): 'Near-death experience in survivors of cardiac arrest: a prospective study in the Netherlands', *Lancet* **358**, 2042.
10. Schwaninger, J., Eisenberg, P. R., Schechtman, K. B. und Weiss, A. N. (2002): 'A prospective analysis of near-death experiences in cardiac arrest patients', *Journal of Near-Death Studies* **20**(4), 215–32.
11. Greyson, B. (2003): 'Incidence and correlates of near-death experiences on a cardiac care unit', *General Hospital Psychiatry* **25**, 269–76.
12. Sartori, P. (2008): *A Five Year Clinical Study of Near-Death Experiences in a Welsh Intensive Therapy Unit*, Edwin Mellen Press.
13. Sartori, *A Five-Year Clinical Study*; Sartori, P., Badham, P. und Fenwick, P. (2006): 'A prospectively studied near-death experience with corroborated out-of-body perceptions and unexplained healing', *Journal of Near-Death Studies*, **25**(2), 69–84.
14. Sabom, M. (1982): *Recollections of Death: A Medical Investigation*, Simon & Schuster.
15. Ring, K. und Cooper, S. (1997): 'Near-death and out-of-body experiences in the blind', *Journal of Near-Death Studies*.
16. Sartori, *A Five-Year Clinical Study*; Sartori *et al.*, 'A prospectively studied near-death experience'.
17. https://www.resuscitationjournal.com/article/S0300–9572(14)00739–4/fulltext

Kapitel 13

1. Morse, M. und Perry, P. (2001): *Transformed by the Light*, HarperOne. [Deutsche Ausgabe: *Verwandelt vom Licht*, 1994, Droemer Knaur.]
2. Department of Health (2003): *Building on the Best: Choice, Responsiveness and Equity in the NHS*.
3. Kübler-Ross, E. (1969): *On Death and Dying*, Macmillan. [Deutsche Ausgabe: *Interviews mit Sterbenden*, 2014, Verlag Herder GmbH.]
4. Saunders, C. (1970): 'The moment of truth: care of the dying person', in L. Person (ed.), *Death and Dying*, The Press of Case Western University.
5. Brayne, S., Lovelace, H. und Fenwick, P. (2008): 'End-of-life experiences and the dying process in a Gloucestershire nursing home as reported by nurses and care assistants', *European Journal of Palliative Care*.
6. Saunders, C. (1965): 'The last stages of life', *American Journal of Nursing* **65** (March), 1–3.
7. Saunders, G. (1992) in T. Walter (1994): *The Revival of Death*, Routledge, p. 29.

8. Guardian (18 August 2007), Family Section, 2.
9. Brayne *et al.*, 'Perceptions of nursing home carers'.
10. Walter, T. (1994): *The Revival of Death*, Routledge.
11. Brayne, S., Farnham, C. und Fenwick, P. (2006): 'An understanding of the occurrence of deathbed phenomena and its effect on palliative care clinicians', *American Journal of Hospice and Palliative Care*, January/February.
12. de Hennezel, M. (1997): *Intimate Death*, Little, Brown & Co.
13. de Hennezel, *Intimate Death*.

Kapitel 14

1. Walter, T. (1994): *The Revival of Death*, Routledge.
2. Kübler-Ross, E. (1970): *On Death and Dying*, Tavistock. [Deutsche Ausgabe: *Interviews mit Sterbenden*, 2014, Verlag Herder GmbH.]
3. de Hennezel, M. (1997): *Intimate Death*, Little, Brown & Co.
4. Greyson, B. (2003): 'Incidence and correlates of near-death experiences on a cardiac care unit', *General Hospital Psychiatry* **25**, 269–76.
5. van Lommel, P., van Wees, R., Meyers, V. und Elfferich, I. (2001): 'Near-death experience in survivors of cardiac arrest: a prospective study in the Netherlands', *Lancet* **358**, 2042.
6. Tolle, E. (2003): *Stillness Speaks*, New World Library. [Deutsche Ausgabe: *Stille spricht*, 2003, Arkana.]

Glossar
wichtiger Fachbegriffe

Archetyp: Als Archetyp bezeichnet die Analytische Psychologie die dem kollektiven Unbewussten zugehörig vermuteten Grundstrukturen menschlicher Vorstellungs- und Handlungsmuster. Nach Carl Gustav Jung, dem Begründer der Analytischen Psychologie, ist ein Archetyp unanschaulich und unbewusst, in seiner Wirkung aber u. a. in symbolischen Bildern erfahrbar, wie beispielsweise in Träumen, Visionen, Psychosen, künstlerischen Werken, Märchen und Mythen.

Deprivation, sensorische: Eine sensorische Deprivation ist der Entzug von sensorischen Reizen, also von Sinneseindrücken. Wird der Mensch vollständig von Außenreizen abgeschirmt, stellen sich bald Halluzinationen und ein verändertes Bewusstsein ein. Reizdeprivation kann für neurologische und psychologische Experimente oder zur Bewusstseinserweiterung eingesetzt werden, zum Beispiel mittels eines Isolationsraums.

Dysfunktion: Dysfunktion ist die Bezeichnung für eine Funktionsstörung, die in verschiedenen Wissenschaften benutzt wird. In der Biologie und Medizin bezeichnet der Begriff eine krankhafte, das heißt fehlende oder mangelhafte Funktion, z. B. eines Organs, in der Psychologie und Psychiatrie eine psychische Störung, die man sich als Folge einer mangelhaften Funktion des Gehirns vorstellt.

Empirie, empirische Wissenschaften: Empirie bezeichnet die methodisch-systematische Sammlung von Daten sowie die daraus abgeleiteten Erkenntnisse. Als empirische Wissenschaften oder Erfahrungswissenschaften gelten Disziplinen, in denen die Objekte und Sachverhalte der Welt, wie z. B. Planeten, Tiere, Verhaltensmuster von Menschen durch Experimente, Beobachtung oder Befragung untersucht werden.

funktionelle Magnetresonanztomographie (fMRT): Die funktionelle Magnetresonanztomographie ist ein bildgebendes Verfahren, um physiologische Funktionen im Inneren des Körpers darzustellen, insbesondere können damit aktive Hirnregionen mit hoher räumlicher Auflösung dargestellt werden.

Halluzination (hypnagoge und hypnopompe): Unter Halluzination versteht man eine Wahrnehmung, für die keine nachweisbare externe Reizgrundlage vorliegt. Eine Halluzination hat per Definition für den Halluzinierenden Realitätscharakter. Unter hypnagogen Halluzinationen versteht man optische und akustische Sinnestäuschungen im Halbschlaf beim Einschlafen. Die traumartigen Erlebnisse in der Aufwachphase werden hypnopompe Halluzinationen genannt.

Kausalität: Kausalität ist die Beziehung zwischen Ursache und Wirkung. Sie betrifft die Abfolge von Ereignissen und Zuständen, die aufeinander bezogen sind. Demnach ist A die Ursache für die Wirkung B, wenn B von A herbeigeführt wird.

Koinzidenz, Sterbebett-Koinzidenzen: Koinzidenz ist ein zeitliches und/oder räumliches Zusammenfallen von Ereignissen, die keine erkennbare gemeinsame Ursache haben. Dessen ungeachtet wird der Begriff im allgemeinen Sprachgebrauch manchmal dazu verwendet, einen vermuteten kausalen Zusammenhang koinzidenter Ereignisse anzudeuten. Von einer Sterbebett-Koinzidenz spricht man, wenn Menschen, die dem Sterbenden emotional nahestehen, von seinem Tod wissen, obwohl sie räumlich von ihm entfernt sind und unter Umständen gar nicht wissen, dass er krank war. Die Erfahrungen sind kurz und können die Form eines „Besuchs" durch den Sterbenden annehmen, der angibt, er sei gekommen, um sich zu verabschieden.

Neurotransmitter: Neurotransmitter sind molekulare Botenstoffe von Nervenzellen, mit denen die elektrischen Signale einer Nervenzelle an einer speziellen Kontaktstelle, der Synapse, in chemische Signale umgebildet werden, die bei der nachgeordneten Zelle (z. B. wiederum eine Nervenzelle oder aber eine Sinnes- oder Muskelzelle) wieder elektrische Signale hervorrufen können.

Palliativmedizin: Palliativmedizin bezeichnet die aktive, ganzheitliche Behandlung von Patienten mit einer nicht heilbaren Erkrankung und einer begrenzten Lebenserwartung zu der Zeit, in der die Erkrankung nicht mehr auf eine kurative Behandlung anspricht oder keine kurative Behandlung mehr durchgeführt werden kann und die Beherrschung von Schmerzen, anderen Krankheitsbeschwerden, psychologischen, sozialen und spirituellen Problemen höchste Priorität besitzt.

Palliativpflege: Palliativpflege umfasst das pflegerische Fachwissen sowie spezielle Maßnahmen und Leistungen, die innerhalb des ganzheitlichen Konzeptes der Palliativmedizin von Pflegefachkräften erbracht werden und der Verbesserung der Lebensqualität von Pflegebedürftigen mit unheilbaren, lebensbedrohlichen oder terminalen Erkrankungen und ihrer Angehörigen dienen.

paranormal: Das Adjektiv „paranormal" bezeichnet etwas nicht auf natürliche Weise Erklärbares oder Übersinnliches (sogenannte Psi-Phänomene).

Parapsychologie: Die Parapsychologie versteht sich selbst als wissenschaftlichen Forschungszweig, der angeblich jenseits des normalen Wachbewusstseins liegende psychische Fähigkeiten, die das normale Erkenntnisvermögen überschreiten, und ihre Ursachen sowie ein mögliches Leben nach dem Tod untersucht.

Positronen-Emissions-Tomographie (PET): Die Positronen-Emissions-Tomographie ist ein bildgebendes Verfahren der Nuklearmedizin. Die PET erzeugt Schnittbilder von lebenden Organismen, indem es die Verteilung einer schwach radioaktiv markierten Substanz im Organismus sichtbar macht und so biochemische und physiologische Funktionen abbildet.

Präkognition: Präkognition ist die wissenschaftlich nicht nachgewiesene Fähigkeit, ein zukünftiges Ereignis oder einen Sachverhalt wahrzunehmen oder vorherzusagen. Zum Zeitpunkt der Voraussicht steht für das Erkennen kein rationales Wissen zur Verfügung – die Kausalität ist aufgehoben, weil die Präkognition zeitlich vor dem Ereignis liegt.

prämonitorischer Traum: Ein prämonitorischer Traum ist ein Traum, der einem realen Ereignis vorausgeht und dessen Auftreten vorherzusagen scheint.

Psychokinese: Psychokinese, auch Telekinese genannt, bezeichnet eine Bewegung oder Ortsveränderung von Gegenständen, die angeblich im Zusammenhang mit spiritistischen Erscheinungen oder durch geistige Kräfte bestimmter Personen auftreten. Die Parapsychologie versucht, Nachweise für Psychokinese zu finden.

Quantenmechanik: Die Quantenmechanik ist eine physikalische Theorie, mit der die Eigenschaften und Gesetzmäßigkeiten von Zuständen und Vorgängen der Materie beschrieben werden. Im Gegensatz zu den Theorien der klassischen Physik erlaubt sie die zutreffende Berechnung physikalischer Eigenschaften von Materie im Größenbereich der Atome und darunter und bildet die Grundlage zur Beschreibung der Phänomene der Atomphysik, der Festkörperphysik und der Kern- und Elementarteilchenphysik, aber auch verwandter Wissenschaften wie der Quantenchemie.

Quantenverschränkung: Von Quantenverschränkung spricht man, wenn ein zusammengesetztes physikalisches System, z. B. ein System mit mehreren Teilchen, als Ganzes betrachtet einen wohldefinierten Zustand einnimmt, ohne dass man auch jedem der Teilsysteme einen eigenen wohldefinierten Zustand zuordnen kann. Wenn zwei Teilchen (z. B. zwei Elektronen) miteinander verschränkt sind, dann führt die Zustandsmessung des einen automatisch und ohne Zeitverzögerung zu einer Zustandsänderung des anderen – und dies selbst über große Entfernungen hinweg. Obwohl keinerlei Information zwischen den Quantenteilchen ausgetauscht wird, ist ihr Zustand voneinander abhängig. Mit der klassischen Physik lässt sich diese Verschränkung nicht vereinbaren.

Synchronizität: Als Synchronizität bezeichnete der Psychiater und Psychoanalytiker Carl Gustav Jung zeitlich korrelierende Ereignisse, die nicht über eine Kausalbeziehung verknüpft sind, jedoch als miteinander verbunden, aufeinander bezogen wahrgenommen und gedeutet werden.

Telepathie: Telepathie ist die Bezeichnung für die angebliche Fähigkeit, Gedanken, Antriebe, Empfindungen oder Gefühle in einer Art Fernwirkung von sich auf eine andere Person oder von einer anderen Person auf sich zu übertragen; mitunter als Gedankenlesen oder Gedankenübertragung bezeichnet. Die Parapsychologie versucht, Nachweise für telepathische Wahrnehmungen zu finden.

Transzendenz: Transzendenz bezeichnet in Philosophie, Theologie und Religionswissenschaft ein Verhältnis von Gegenständen zu einem bestimmten Bereich möglicher Erfahrung oder den Inbegriff dieses Verhältnisses. Als transzendent gilt, was außerhalb oder jenseits eines Bereiches möglicher Erfahrung, insbesondere des Bereiches der normalen Sinneswahrnehmung liegt und nicht von ihm abhängig ist.

Bildquellenverzeichnis

Seite 41: Bayerische Staatsbibliothek München, Xylogr. 16, fol. 2v

Seite 70: Bayerische Staatsbibliothek München, Xylogr. 16, fol. 3v

Seite 108: Bayerische Staatsbibliothek München, Xylogr. 16, fol. 4v

Seite 128: Bayerische Staatsbibliothek München, Xylogr. 16, fol. 5v

Seite 162: Bayerische Staatsbibliothek München, Xylogr. 16, fol. 6v

Seite 174: Bayerische Staatsbibliothek München, Xylogr. 16, fol. 7v

Seite 201: Bayerische Staatsbibliothek München, Xylogr. 16, fol. 8v

Seite 228: Bayerische Staatsbibliothek München, Xylogr. 16, fol. 9v

Seite 244: Bayerische Staatsbibliothek München, Xylogr. 16, fol. 10v

Seite 266: Bayerische Staatsbibliothek München, Xylogr. 16, fol. 11v

Seite 280: Bayerische Staatsbibliothek München, Xylogr. 16, fol. 12v

Register

Verweise auf Kapitel sind fett gedruckt.